Julie López es una periodista independiente especializada en cubrir narcotráfico y temas de seguridad. Sus reportajes han aparecido en *Prensa Libre*, *Plaza Pública*, *El Faro*, *BBC Mundo* y las revistas *Proceso* y *Gatopardo*. Es exbecaria de la Sociedad Interamericana de Prensa (SIP), Fulbright y Chevening, y tiene maestrías en periodismo y relaciones internacionales. Publicó investigaciones con el Woodrow Wilson Center y el Inter-American Dialogue en Estados Unidos, y Flacso en Guatemala. Fue catedrática de periodismo en la Universidad Internacional de Florida en Miami. En 2012 y 2016 publicó Gerardi: muerte en el vecindario de Dios y El Chapo Guzmán: la escala en Guatemala. Su reportaje "El imperio narco", en El Diario NY, ganó el premio Félix Varela al mejor trabajo publicado en español en Estados Unidos en 2009 y fue la base para Negocios blancos en la cuerda floja, su tercer libro.

NEGOCIOS BLANCOS

EN LA CUERDA FLOJA

JULIE LÓPEZ

NEGOCIOS BLANCOS

EN LA CUERDA FLOJA

Grijalbo

Título original: N*egocios blancos en la cuerda floja*

Diseño de cubierta: Penguin Random House Grupo Editorial
Fotografía de cubierta: Composición a partir de imágenes deiStock by Getty Images
Fotografía de la autora: Archivo personal

ISBN: 979-889-098-709-9

Impresión digital bajo demanda

156016905

A mi querida madre Lidia, por acompañarme siempre.

A todos los periodistas que, a pesar de todo,
siguen contando historias.

Lo que los personajes hacen revela quiénes son. Lo que dicen revela cómo se ven a sí mismos.

AARON SORKIN

ÍNDICE

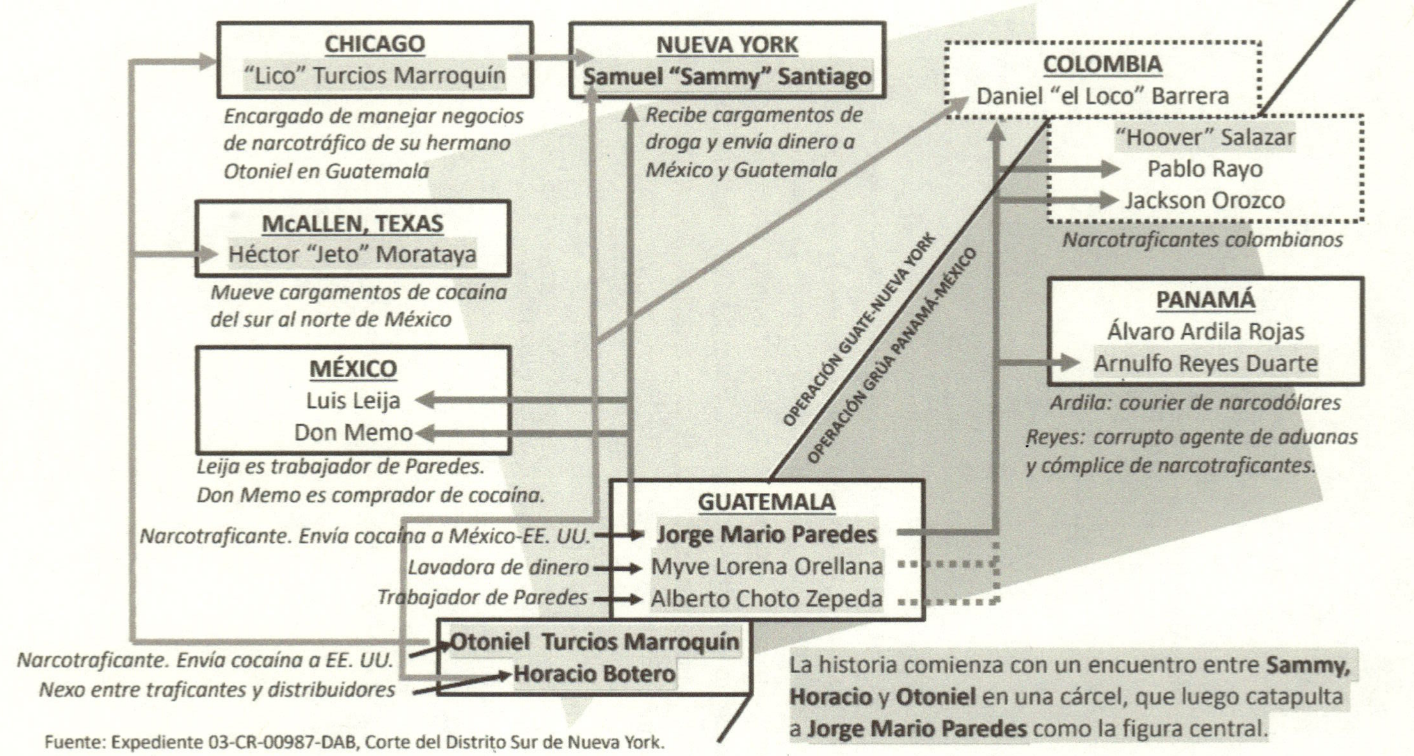

Fuente: Expediente 03-CR-00987-DAB, Corte del Distrito Sur de Nueva York.

La relación entre los protagonistas de esta historia aparece en este diagrama con base en la información que la Fiscalía del Distrito Sur de Nueva York plasmó en el expediente. Algunos de los nombrados rechazan esta versión, particularmente Jorge Mario Paredes Córdova, quien siempre insistió en que él no es la persona que buscaba la fiscalía.

Introducción

Dicen que no hay casualidades, ¿verdad? Pero nada de esto hubiera sucedido si Horacio Botero, Samuel Santiago y Otoniel Turcios no se hubieran conocido en los años noventa en una cárcel en Nueva York. Después de salir libres, Horacio, de Colombia, y Otoniel, de Guatemala, volvieron a mover cocaína y dinero en esa ciudad aprovechando los oficios y contactos del dominicano Samuel. Sammy recibía los cargamentos y les mandaba millones de dólares de regreso. Una fiscalía de Nueva York aseguró después que, en esos menesteres, otro guatemalteco también era protagonista: Jorge Mario Paredes Córdova. Así lo juraban en confesiones firmadas Sammy y Horacio. En cambio, Jorge Mario insistía en que nunca conoció a Sammy, que sólo traficó en Guatemala, y que nada de lo que le endilgaban era verdad.

Bueno, pero que Horacio, Sammy y Otoniel fueran viejos a amigos cuando traficaron juntos entre 2000 y 2003 no impidió que mostraran una cara y ocultaran otra. Cada uno escondía secretos que hubieran puesto nerviosos a los demás, y que se guardaron por puro sentido de supervivencia, para que esta vaina caminara sin sustos innecesarios y que nadie se despeinara.

Nunca pensaron que un accidente tonto en una autopista de Pensilvania llevaría a la DEA (Administración Federal Antidrogas de Estados Unidos) directo a Sammy en Manhattan y a descubrir su discreta operación de narcotráfico por pura carambola. No ayudó que el dominicano fuera una bomba de tiempo andante. No sólo sabía demasiado, como algunos pecadillos de los demás. Les había ocultado el detallito de que estaba en libertad condicional por vender 800 kilos de heroína en el Bronx, conspirar con unos cuantos pandilleros para asesinar a un abogado y transportar fusiles de asalto entre Florida y

Nueva York. Cositas así. Estaba libre sólo porque recibió una sentencia blanda de cárcel; nada más la cumplió, se hizo útil como el *courier* de coca y narcodólares de Otoniel, Horacio y un sujeto apodado "el Gordo" en Guatemala, que luego identificó como Jorge Mario.

Por eso la recaptura de Sammy en Nueva York los jodió a todos. Los tumbó otra vez como quien juega a los bolos, y devolvió al dominicano, a Horacio y a Otoniel a una cárcel en Nueva York. Una fiscalía en esa ciudad les cayó encima y fue detrás de Jorge Mario, que los demás describieron como el cerebro de la operación y un gran capo del narcotráfico que movía toneladas de cocaína. Él, por el contrario, insistía en que tenían a la persona equivocada.

Una calurosa mañana de mayo de 2008 la policía hondureña capturó inesperadamente a Jorge Mario en San Pedro Sula (donde tenía dos años de residir) y lo reunió con el destino que, según la acusación en Nueva York, había evadido desde 2003. Todos los demás cayeron, años antes o después, en esa ciudad, en Chicago, Belice, Panamá y Colombia. La captura de Sammy en realidad desmadró todo el asunto.

Jorge Mario llevaba un año detenido en Nueva York, y estaba en las vísperas de su juicio, cuando la fiscalía neoyorkina le colgó otro delito encima: el tráfico de cocaína desde Panamá a México, y a Estados Unidos, en un caso de 2005 que llamó *Operación Grúa* (porque la policía encontró 1 347 kilos ocultos en una grúa, de los que le achacaba 347). La operación en Nueva York había movido menos droga, pero la captura de Sammy en 2003 con las manos en 265 kilos en el corazón de Manhattan fue el hilo que la fiscalía jaló para llegar hasta la madeja completa. Jorge Mario admitió que traficó cocaína hasta 2004, pero insistió en que no era suyo ni el cargamento en Panamá ni el que Sammy tenía cuando la DEA lo sorprendió. Lo que el dominicano tenía entre manos, dijo Jorge Mario, era un encargo de Otoniel y Horacio. Al principio, el colombiano fingió demencia sin saber que la DEA lo tenía grabado diciéndole a Sammy por teléfono desde Guatemala: "Yo mismo pesé la merca", antes de que la enviaran a Nueva York. Pero los de las tres letras también tenían grabado al sujeto apodado el Gordo preguntando por teléfono por el mismo cargamento, alguien a quien el dominicano identificó como Jorge Mario.

Casi todos los capturados —en el caso de Nueva York y la *Operación Grúa*— tenían dos cosas en común: se delataron entre sí y echaron al agua a Jorge Mario. Esa fue su moneda de cambio para evitar largas condenas de cárcel. De esta forma Horacio, Sammy y Otoniel salieron libres otra vez, mientras que el otro sigue encerrado.

Comencé a escribir del caso en 2009, intrigada porque él era el único acusado que se declaró "no culpable" y fue a juicio por la insistencia de su abogada, Linda George. Un abogado criminalista de Nueva Jersey, con 35 años de experiencia, me dijo hace un tiempo que "sólo si la fiscalía está segura de que conseguirá una condena" lleva un caso a juicio, y eso pasa sólo en 2% de los casos criminales, incluyendo los de narcotráfico.[1] En el otro 98% los acusados se declaran culpables porque saben que están perdidos y que la evidencia en su contra es sólida. De paso, le ahorran el juicio al Departamento de Justicia y firman un acuerdo para colaborar con la fiscalía y delatar a otros narcos a quienes los fiscales les quieren poner las manos encima.[2] Por todo eso, la decisión de Jorge Mario y su abogada de ir a juicio parecía un suicidio.

La señora George pretendía probar ante el jurado que la voz de Jorge Mario no aparecía en las grabaciones que tenía la DEA. Es lo mismo que él decía. Claro, no convencieron, y en 2009 ese jurado decidió al final del juicio que era culpable de traficar cocaína desde Panamá, Guatemala y México a Estados Unidos.

Yo elucubraba si Jorge Mario no quiso delatar a nadie para evitar una venganza contra él y su familia, o si cerró la boca por lealtad, aunque eso implicara muchos años tras las rejas, y por eso fue a juicio y puso su suerte en manos de un jurado —un grupo de 12 neoyorkinos comunes y corrientes que una corte elige al azar, con el visto bueno de la fiscalía y la defensa, y que tenían la obligación ciudadana de decidir si el acusado era culpable o no—. Pero no fue nada de eso. Jorge Mario fue a juicio porque confió en la persona equivocada: su

[1] J. López. "Cómo cazar un narcotraficante". *Prensa Libre*. 7 de mayo de 2019. Edición electrónica. Enlace: https://www.prensalibre.com/tribuna/plus/como-cazar-un-narco/.

[2] *Idem*.

defensora Linda George. Años después me lo contó en una carta que escribió de puño y letra. Es lo que argumentó cuando apeló la sentencia: 31 años de cárcel, por receta de la jueza Deborah Batts. Parecía el castigo ejemplar que la fiscalía decía buscar, pero en realidad la sentencia mínima era de 30 años y la máxima cadena perpetua (morir en la cárcel). Aunque no lo parecía, Batts fue benevolente.

El juicio, además, fue una caja de sorpresas. El primer día, el 30 de septiembre de 2009, yo iba segura de que podía permanecer anónima en medio de la pequeña multitud que atiende estas cosas. En cambio, me encontré con todas las bancas vacías. Yo era la única sentada allí, fuera del acusado y sus abogados, los fiscales, el jurado y la jueza al frente de la sala. Me sentía tan obvia como un huevo duro sobre una bandeja.

En esos juicios, el público no puede entrar con grabadoras, cámaras o teléfonos. Entonces, llegué armada con una gruesa libreta de apuntes y varios bolígrafos para escribir cuanto viera y escuchara, incluyendo mis divagaciones de qué chingados hacía yo allí. Nadie me había pedido cubrir las audiencias. Estaba allí por mi gusto y gana, diciéndome que era para incluir algo del juicio en un reportaje que había escrito para *El Diario NY*, un periódico en español de la ciudad. Pero no era sólo eso.

¿Era también curiosidad? Sí. ¿Idiotez? De plano. Y especialmente la necia intuición de que yo tenía que escribir esta historia. No me pregunten por qué. Son cosas que una sabe porque sabe. Esa terquedad me hizo mantener esta consigna entre ceja y ceja durante 15 años, y escribir estas líneas hasta el día de hoy. El reportaje incluyó una mínima parte de la información que reuní del caso, un texto que recorté prometiéndome que el resto lo guardaría para un libro —un viejo truco que al parecer tenemos varios periodistas, lo cumplamos o no—. Cuando decidí que ya era hora de cumplir la promesa, todavía tenía muchas preguntas, pero lo que se ventiló en el juicio y tener acceso a más documentos para esa época me permitieron atar algunos cabos.

El Diario NY publicó mi reportaje entre el 12 y 15 de octubre de 2009, cuando el juicio llevaba dos semanas, con un titular en portada en grandes letrotas amarillas: “Olvídense de la Conexión Francesa:

llegó la Conexión Chapina". Era mucho menos tibio del que yo había escrito y que dejaron para las páginas interiores: "El soplón que hundió traficantes desde Colombia hasta Nueva York", en referencia a Sammy.

Publicar eso me puso un poco nerviosa, aunque la sala sin público en las audiencias de las primeras semanas parecía mostrar cuánto impacto tenía ese caso para el público en general, el resto de la prensa y la lucha contra el narcotráfico: ninguno. La evidencia contra Jorge Mario incluía los 265 kilos que Sammy recibió, y los 347 del cargamento incautado en Panamá, aunque la fiscalía le achacaba el trasiego de "múltiples toneladas" de cocaína. En contraste, el año del juicio, 2009, el Cártel de Sinaloa traficaba hasta 10 000 kilos de cocaína por mes a Estados Unidos, por barco, tren y en contenedores remolcados por tráileres, según la periodista mexicana Anabel Hernández. La incautación, en contraste, también era mínima.

De cualquier manera, después de las capturas de Sammy, Horacio, Jorge Mario, Otoniel y los demás, y el juicio, parecía que los fiscales habían empleado toda su artillería en una operación casera que se sostenía en compromisos de palabra, algunos de diente a labio, y que se desplomaron como un castillo de naipes y cargaron con todos.

La fiscalía insistió en que Jorge Mario Paredes era una pieza clave en el narcotráfico regional. Él respondía que lo pintaban más grande de lo que era y al final pareció que su gran equivocación —además de traficar cocaína, claro— fue declararse "no culpable" para ir a un juicio que lo ha mantenido encarcelado durante 17 años. ¿Y los otros narcotraficantes que lo delataron? Ninguno permaneció encerrado más de nueve.

En 2022, cuando retomé este libro después de una pausa de varios años, le envié una carta a Jorge Mario Paredes en la cárcel en Lompoc, California (a 239 kilómetros al noroeste de Los Ángeles). Le expliqué que quería incluir su voz en esta historia, y no sólo la de sus abogados, los fiscales, la DEA y otros acusados. Le dije que quería entender por qué fue a juicio. Entonces, respondió con una revelación bomba: que nunca quiso ir.[3] Eso me dejó con muchas más pre-

[3] Carta que recibió la autora después de escribirle en septiembre de 2022. La carta está escrita con la misma letra con la cual escribió una carta a la jueza Batts en

guntas, algunas de las cuales respondió durante los siguientes meses. También dijo que no quería que nada en este libro perjudicara a su familia, y accedí, omitiendo datos que podrían ponerla en riesgo.

Conforme escribía, fui entendiendo que la insistencia de la señora George en ir a juicio quizá tuvo que ver con que así iba a ganar más dinero que si le recomendaba a Jorge Mario declararse culpable, colaborar con la fiscalía y negociar una sentencia corta de cárcel.

Por cierto, Thomas Liotti, uno de los abogados que Jorge Mario despidió para contratar a la señora George, denunció ante la corte del caso que esta abogada no era ninguna mansa paloma. Tenía un antecedente peculiar: en los años noventa aceptó públicamente, al declararse culpable, que perteneció a una red de apuestas ilegales de la mafia de Nueva Jersey. Si todavía trabajaba como abogada era porque no fue a juicio y ella sí colaboró con la fiscalía.

Mientras tanto, Jorge Mario sigue pidiendo recortes a su sentencia, aún sin éxito, salvo por una reforma legal que en la década pasada bajó su condena de 31 a 21 años (que el Buró Federal de Prisiones rebajó después a 20), y ahora podría salir en enero de 2028.

En 2003, cinco años antes de su captura, la fiscalía había hilvanado la acusación en su contra con las declaraciones de Sammy y las llamadas telefónicas que el dominicano recibió en teléfonos pinchados por la DEA. Esta agencia grabó todo y vigiló al dominicano las 24 horas durante una operación de tres meses. La transcripción de esas escuchas telefónicas es de película. Por algo, un año antes, HBO había estrenado la famosa serie *The Wire*, basada en las intervenciones telefónicas judiciales que montaba la policía de Baltimore.

Mientras yo leía las transcripciones de las llamadas a Sammy, pensaba: *you cannot make this stuff up*. Nadie podría inventar algo así, y entonces emergió como una de esas historias que demuestran que la realidad tiene más imaginación que la ficción. En los siguientes capítulos les explico por qué.

---

septiembre de 2008, y calzada con la misma firma suya que aparece en documentos del expediente en la corte.

1
El largo brazo de la fiscalía

La Fiscalía del Distrito Sur de Nueva York alcanzó a Jorge Mario Paredes Córdova en el peor momento: cuando no lo esperaba.

El 1 de mayo de 2008 Jorge Mario salió de la colonia Jardines del Valle, en San Pedro Sula, Honduras, donde vivía con su esposa y dos hijos. Es una zona residencial rodeada de lujosos comercios, y flanqueada por calzadas principales, que los hondureños describen como de "clase media alta", o de "gente bien", y donde comparten espacio casas modestas pero bonitas y mansiones de millonarios. Sus residentes resultan sorprendidos ocasionalmente cuando, en los telenoticieros o la prensa, la policía identifica a alguno de sus vecinos como narcotraficante, después de su captura, o cuando un juzgado asegura una propiedad por lavado de dinero.

Jorge Mario conducía una camioneta agrícola Toyota blanca, y eran las 10 de la mañana cuando viró sobre una calle principal y se encontró de frente con un retén.[1] "Parecía un puesto de control normal, rutinario, donde lo detienen a uno y lo registran", dijo después, y por eso al principio no se alarmó. No describió a los hombres en el retén como "policías", pero en Honduras (como en otros países) sólo agentes policiacos o soldados pueden detener vehículos en la vía pública. Por eso Jorge Mario detuvo la marcha sin pensar más.[2]

"Me acompañaban mi sobrino, mi hermano, un primo y otra persona, pero se dirigieron sólo hacia mí", recordó de los sujetos que

---

[1] Caso 03-CR-00987 contra Jorge Mario Paredes Córdova, en la Corte del Distrito Sur de Nueva York. Documento 206, página 3 (preparado por los fiscales Bansal y Strauber): "Paredes fue capturado en San Pedro Sula por autoridades hondureñas (la fuerza de tarea policial que trabaja con la DEA). El vehículo en el que él y otras personas viajaban fue detenido justo afuera de una comunidad residencial. Los otros ocupantes fueron liberados sin incidentes".

[2] Caso 03-CR-00987 en Corte Distrito Sur NY. Documento 310 fechado el 24 de junio de 2009. Páginas 103 y 104.

se acercaron a la ventanilla del conductor. "Ese día, iba a hacer un negocio de ganado, porque a eso me dedicaba en Honduras, y de ahí me iba a dar una vuelta a la playa con mis hijos, ya que era feriado por el Día del Trabajo".[3]

La cotidianidad con la que iba a esa cita de negocios hacía creer que había olvidado que lo buscaba una fiscalía en Estados Unidos, y que el Departamento de Justicia ofrecía 5 millones de dólares por información que llevara a su captura —aunque esta fue la razón por la que se trasladó a Honduras—.

En Guatemala, donde nació y vivió años atrás, un tribunal había ordenado su detención a solicitud de Estados Unidos, que tenía una orden internacional para su captura desde mayo de 2005. No hubo ninguna señal pública de ello, pero ese año otros ocho guatemaltecos fueron enviados a Estados Unidos por narcotráfico.[4] Además, en los siguientes meses el nombre de Jorge Mario Paredes hizo bulla por otras razones.

Antes que acabara el año, la Policía Nacional Civil (PNC) de Guatemala anunció que capturó a ocho guardaespaldas de Jorge Mario porque le dispararon en plena calle a un taxista que no les cedió la vía. Todos salieron libres después de pagar una fianza.[5] Luego, el 4 de enero de 2006, el Ministerio de Gobernación (Mingob) y la PNC comenzaron a publicar campos pagados en periódicos acerca de la orden de captura contra Jorge Mario, a solicitud de Estados Unidos. Las autoridades ofrecían 250 000 quetzales por información que permitiera ubicarlo, unos 33 000 dólares.[6] La suma equivalía al precio de dos kilos de cocaína.

Jorge Mario trató de frenar los campos pagados. El 6 de enero de 2006 presentó un recurso legal ante la Corte Suprema de Justicia

---

[3] Correspondencia electrónica intercambiada entre Paredes y la autora en noviembre de 2023 y el 10 de enero de 2025.

[4] K. Cardona. "Cae 'el Gordo' Paredes". *La Hora*. 3 de mayo de 2008. Edición impresa. Página 3. / Redacción. "Autoridades quieren extraditar a ocho". *elPeriódico*. 13 de febrero de 2006. Edición impresa. Páginas 2 y 3.

[5] *Ibid.* Página 3.

[6] *Idem.*

(CSJ) contra el ministro de Gobernación, Carlos Vielmann, y el director de la PNC, Erwin Sperisen,[7] por violar su derecho a presunción de inocencia —un recurso que la CSJ rechazó—. También pidió a la Sala Primera de Apelaciones anular la solicitud de extradición, porque no podía haber traficado cocaína a Estados Unidos, como decía la fiscalía en Nueva York, cuando nunca había estado en ese país, y ni siquiera tenía una visa estadounidense. La sala rechazó su solicitud.

Es posible que, a estas alturas, desconocía cómo los fiscales neoyorkinos razonaban su caso. El expediente todavía estaba bajo reserva para el público, aunque —en teoría— los acusados y sus abogados tienen derecho a leerlo y saber de qué trata la acusación exactamente.

En febrero Jorge Mario ya aparecía en una lista de 18 extraditables por narcotráfico en Guatemala. Quizá por eso decidió contratar en marzo a Thomas Francis Liotti, un curtido abogado de Long Island, Nueva York.

"Él supo de mí por referencias personales de contactos en el mundillo de la justicia criminal", recuerda Liotti, quien se reconocía como toda una marca en defensa penal.[8] "La gente habla entre sí, y yo tenía una buena reputación en la comunidad neoyorkina". Liotti dice que Jorge Mario ya sabía de la acusación en su contra en Nueva York.

En abril, la corte neoyorquina levantó la reserva sobre el caso. Cualquier persona, incluyendo periodistas, lo podía leer y publicar el contenido. Entonces, *elPeriódico* en Guatemala publicó[9] que a

---

[7] Vielmann y Sperisen, así como otros funcionarios del Ministerio de Gobernación, Policía Nacional Civil y el Sistema Penitenciario, fueron procesados por la ejecución extrajudicial de siete reos en la Granja Penal de Pavón, en el segundo semestre de 2006, en lo que las autoridades llamaron *Operación Pavo Real*, y que primero fue denunciada por la Procuraduría de Derechos Humanos. En 2024 Sperisen fue condenado a 14 años de cárcel en Suiza por el mismo caso, lapso que inicia desde su captura en 2012. Véase D. Aguilar. "Confirman condena de 14 años de prisión contra Erwin Sperisen". *El Periódico Investiga*. 12 de septiembre de 2024. Enlace: https://epinvestiga.com/actualidad/confirman-condena-de-14-anos-de-prision-contra-erwin-sperisen/.

[8] Thomas Liotti. Entrevista personal. Long Island, Nueva York. 16 de noviembre de 2023.

[9] C. Méndez Arriaza. "Por qué Estados Unidos acusa a 'el Gordo' Paredes". *elPeriódico*. 17 de abril de 2006. Edición impresa. Página 8.

Jorge Mario lo buscaba la justicia estadounidense porque en enero de 2003 coordinó por teléfono una entrega de dinero producto de la venta de cocaína en Nueva York, y en marzo coordinó por teléfono el traslado de un cargamento de droga. Con un asunto así ventilado en la prensa, y la orden de captura con fines de extradición aún vigente,[10] planificó moverse hacia Honduras, y para finales de 2006 ya estaba en San Pedro Sula.

En efecto, una fiscalía neoyorkina lo investigaba desde enero de 2003. Si Jorge Mario no estaba en la lista de 33 extraditables (por varios delitos, incluyendo narcotráfico) de febrero de ese año fue porque la fiscalía neoyorkina no lo había acusado todavía. Lo hizo en agosto de ese año con base en las deliberaciones de un "Gran Jurado" y evidencia que la DEA reunió.[11] Era un caso donde aparecían otras nueve personas acusadas: los guatemaltecos Otoniel Turcios Marroquín, Héctor Eduardo Morataya Oliva, Lionel Isaías Turcios Marroquín (hermano de Otoniel), Myve Lorena Orellana Morales, Byron Berganza Espina y Marco Antonio Lara Paiz; el salvadoreño Carlos Lemus Dorión, y los colombianos Horacio Gabriel Botero Tabares y Carlos Fernando Gómez López. Berganza y Lara aparecían relacionados a otra red de narcotráfico, y nada en el expediente los relaciona a los demás acusados, salvo porque Berganza ya capturado y en Nueva York le dijo a la fiscalía que Myve Lorena estaba vinculada a una organización de narcotraficantes mexicanos.

---

[10] Estrada y Acuña. *Op. cit.* Página 3. / L. Cereser. "Capturan y extraditan al Gordo Paredes a EE. UU.". *Prensa Libre*. 4 de mayo de 2008. Edición impresa. Página 2. / K. Reyes. "Fiscales, a la caza de supuestos narcotraficantes pedidos por EE. UU.". *elPeriódico*. 12 de febrero de 2006. Edición impresa. Página 3.

[11] Era la acusación S7- 03-CR-987 en el caso 03-CR-00987 en Corte Distrito Sur NY. En Estados Unidos, un Gran Jurado es un grupo de ciudadanos que una corte estadounidense convoca para decidir, con base en evidencia presentada por una fiscalía, si hay suficiente información para acusar formalmente a una persona y para solicitar su captura para ser juzgada. Se diferencia de un jurado convencional en que las conclusiones de un Gran Jurado pueden llevar a la captura de una persona, mientras que el jurado convencional actúa durante un juicio en el cual decide si un procesado es culpable o inocente. Luego, un juez o jueza dicta la sentencia que puede o no consistir en una pena de cárcel.

La vocera de la embajada de Estados Unidos, Kay Mayfield, dijo ese año que se desconocía 90% de los casos de narcotráfico en el país, y que las solicitudes de extradición eran una forma de contribuir con la "débil justicia guatemalteca".[12]

En los siguientes cinco años el Ministerio Público (MP) no acusó a Jorge Mario de ningún delito en Guatemala. Había un acuerdo tácito con las autoridades estadounidenses en el cual el sistema de justicia guatemalteco no iniciaba ningún proceso judicial que pudiera bloquear una extradición, aunque tampoco demostró mayor prisa para capturar a Jorge Mario y enviarlo a Estados Unidos antes de que se fuera a Honduras.

Según la DEA,[13] Jorge Mario vivía en San Pedro Sula bajo una identidad falsa. El Departamento del Tesoro lo identificaba con los alias Mario Cordón o Jorge Mario Arraiza Betancur.[14] La fiscalía en Nueva York también reveló que viajaba entre Honduras y El Salvador como "Esteban Hernández García", con documentos falsos que le consiguió un cómplice,[15] y que la policía hondureña le incautó cuando lo detuvo en 2008. Todo esto lo desmintió su defensa después.

Mientras tanto, Liotti lo defendía en Nueva York, y en Guatemala lo representaban los abogados Víctor Hugo Cano Recinos y su

---

[12] K. Reyes. "Justicia de EE. UU. ha solicitado 33 extradiciones". *elPeriódico*. 7 de febrero de 2003. Edición impresa. Página 6.

[13] El Departamento de Justicia de Estados Unidos designó a Paredes como un Objetivo de Organización Prioritaria Consolidada (o CPOT, por sus siglas en inglés), la categoría para los narcos más peligrosos del mundo. Véase "News from DEA, Domestic Field Divisions, New York City News Releases, 11/06/09". Enlace: https://www.dea.gov/sites/default/files/divisions/nyc/2009/nyc110609ap.html.

[14] El portal *Opensanctions* cita información de la OFAC. Véase https://www.opensanctions.org/entities/NK-cX2uXL4L3Zw3veN57V2yTh/.

[15] El cómplice que le consiguió los documentos falsos era un agente de aduanas corrupto, Arnulfo Reyes Duarte, según el argumento de sumario a cargo de la fiscal Jocelyn Strauber, en la audiencia del 4 de noviembre de 2009 del juicio contra Jorge Mario Paredes. La información proviene también de datos escuchados por la autora en la audiencia de esa fecha. Una corte del Distrito Sur de Texas, en Houston, acusó a Reyes Duarte de delitos vinculados al narcotráfico en diciembre de 2006. Véase el documento 29 del caso 06-CR-00422 archivado el 6 de diciembre de 2006. Reyes Duarte tenía relación con un caso en Panamá del que Paredes fue acusado en 2009.

hijo, Víctor Hugo Cano Chávez, conocidos litigantes guatemaltecos en casos penales. Aun así, lo que ocurrió el 1 de mayo de 2008 en San Pedro Sula los sorprendió a todos.

En el retén a la salida de la colonia Jardines del Valle, Jorge Mario bajó del vehículo como le ordenaron. Quienes le marcaron el alto con un ademán de manos eran "policías hondureños asignados a la unidad especial de la DEA en Honduras", y que actuaban bajo instrucciones de esa agencia.[16] Estos sujetos acabaron con los últimos segundos de libertad de Jorge Mario, en aquella camioneta agrícola, donde potentes ráfagas de aire acondicionado lo mantenían a salvo de las altas temperaturas que le dan a la hondureña ciudad de San Pedro Sula el nombre de Caldera del Diablo.

Los policías rodearon la camioneta y lo forzaron a salir a los 35 grados centígrados del calor húmedo de mayo. Jorge Mario resultó una presencia imponente: vestía una camiseta Lacoste turquesa y pantalón negro de lona, con 330 libras de peso sobre un metro 70 centímetros de estatura. Salió hacia un estatus de detenido, aunque nunca le mostraron una orden de captura. No la tenían —no de un juez hondureño—. Y, así, sudoroso por el calor y el susto, los policías lo sujetaron y le dijeron que debía acompañarlos. Jorge Mario luego dijo que nunca le explicaron a dónde. No tenía idea de qué sucedía cuando ya era obvio que aquel no era un retén normal.

"[Primero] me llevaron a una camioneta, amarrado [de las manos] y vendado [de los ojos]", relató en una carta de 2022. "Me llevaron a un lugar desolado, donde no había casas ni nada, sólo monte", agregó en una audiencia en 2009 en Nueva York, antes del juicio. Como iba con los ojos cubiertos, asumo que podía observar una parte de su entorno por debajo de la venda.

---

[16] La fiscalía de Nueva York luego los identificó en la corte como agentes de la fuerza de tarea de la Policía Nacional de Honduras que asistía a la DEA. También véase *Defendant's motion for an order directing the production of grand jury minutes.* George envió la solicitud de la minuta de la deliberación del Gran Jurado en el caso de Paredes el 30 de marzo de 2009 a la corte. Véase el caso 03-CR-00987 en Corte Distrito Sur NY. Documento 221 fechado el 8 de junio de 2009 para la respuesta de la jueza Batts.

Los policías que lo detuvieron en el retén nunca le explicaron que trabajaban con la DEA. Simplemente lo entregaron (en el sitio desolado que describió) a los agentes estadounidenses por encargo de la fiscalía neoyorkina.[17]

"Después me subieron a la palangana de un pickup, donde me acostaron boca abajo", recordó en su testimonio de 2009, de cuando ya estaba en manos de la DEA. "Me envolvieron la cabeza con una camisa, y no podía ver nada". Parecía que los agentes estadounidenses no esperaban la captura y debieron improvisar para cubrirle el rostro, aunque se supone que ya llevaba una venda puesta. Ese intercambio explicaba por qué Jorge Mario dijo que primero lo metieron en una camioneta (cuando los policías hondureños lo capturaron) y, después, lo transportaron en un pickup (con los agentes de la DEA). Estimó que viajaron entre tres y cuatro horas, con él acostado sobre la plancha caliente del pickup y las manos sujetadas hacia atrás. Debido a su tamaño, habían usado un juego de esposas en cada mano que sujetaron entre sí con esas tiras plásticas con seguro, de las que no se pueden abrir sino cortándolas con tijera o navaja.[18] El lapso del trayecto era consistente con los 192 kilómetros que separan San Pedro Sula del aeropuerto de Palmerola, la Base Aérea José Enrique Soto Cano en Comayagua, al suroeste del país, y que fue un importante centro de operaciones estadounidense en los años ochenta.[19] El pickup se detu-

[17] La carta a la que se hace referencia fue enviada por Paredes a la autora en respuesta a una carta que ella le envió para preguntarle acerca de su caso. Por aparte, respecto a su relato, la abogada Linda George luego dijo que le habían colocado una capucha sobre la cabeza (no una camisa o una venda). Parecía una práctica común. Cuando Estados Unidos extraditó en 2010 al retirado general Noriega a Francia, sin avisarle a su abogado Frank Rubino (que representó a Paredes en 2008), el abogado dijo al diario *Panamá América* que "probablemente le pusieron una capucha negra [a Noriega] y lo sacaron a escondidas en el medio de la noche". En ese entonces, Rubino intentaba negociar el retorno de su cliente a Panamá.

[18] Este detalle lo evidenciaban las fotografías del comunicado de prensa de la DEA, que mostraban su llegada a Miami con Jorge Mario Paredes esposado el 1 de mayo de 2008.Véase DEA."Cocaine Kingpin Charged in U.S.,Apprehended in Honduras". Comunicado de prensa. 5 de mayo de 2008. Enlace: https://www.dea.gov/sites/default/files/divisions/nyc/2008/nyc050508p.html.

[19] La base aérea fue inaugurada como el Aeropuerto Internacional Palmerola en diciembre de 2021.

vo cerca de las dos de la tarde. "Tenía miedo", dijo Jorge Mario en su testimonio de 2009. "No sabía qué iba a pasar conmigo".

Mientras los agentes estadounidenses le acomodaban de nuevo la camisa sobre la cabeza para cubrirle los ojos, observó que estaban a la par de un avión pequeño. Era un Learjet de la DEA. Si ese jet estaba allí era porque "hubo maquinaria en proceso para ello [...] desde el más alto nivel en Nueva York y Washington D. C., en la DEA", explicó un fiscal en un caso similar años antes. "Llevar un avión de esos a otro país implica la aprobación de muchas personas [...] en posiciones extremadamente importantes", agregó.[20] Según Jorge Mario, él se enteró del origen del avión hasta después porque ninguno de los sujetos que lo transportaban se identificó. Tampoco podía entender qué se decían entre sí porque hablaban en inglés. Tuvieron que ayudarle a darse vuelta, a sentarse, bajar de la palangana y ponerse de pie, hablándole en español con acento gringo. Lo guiaron hacia una estrecha escalinata para subir al avión. Recorrió el angosto corredor entre los asientos hasta llegar al final en la parte de atrás del jet, y lo volvieron a acostar boca abajo sobre el suelo. La camisa todavía le cubría la cabeza. Así despegaron.

"Como 20 minutos después del despegue, me sentaron [en uno de los asientos] y me destaparon la cara", dijo luego, cuando testificó en la corte.[21] "Una mujer me dijo que eran de la DEA, me ofreció un vaso de agua, y eso fue todo". La agente tuvo que acercarle el vaso a la boca porque seguía esposado, manos atrás. Fue hasta ese momento, según Jorge Mario, que le dijeron que estaba detenido y lo llevaban a Estados Unidos.

La DEA avisó al Ministerio de Gobernación y a la Fiscalía de Narcoactividad en Guatemala que tenían a Jorge Mario Paredes hasta casi una hora después de despegar, cuando ya habían sobrevolado el país, y nadie podía impedir que aterrizaran en Miami.[22]

---

[20] Caso 03-CR-00987 en Corte Distrito Sur NY. Documento 147.

[21] Caso 03-CR-00987 en Corte Distrito Sur NY. Documento 310. Página 125.

[22] Los datos de la llamada a la fiscalía fueron proporcionados por Leonel Ruiz, jefe de la Fiscalía de Narcoactividad en marzo de 2009, y por una fuente confidencial del Ministerio de Gobernación.

"Yo me imaginaba lo peor, hasta que me llevaron al aeropuerto [en Honduras], y a un avión hasta [traerme a] este país", escribió Jorge Mario en la carta de 2022, refiriéndose a Estados Unidos. "Todavía no entiendo por qué me trajeron secuestrado para este lugar sin ninguna garantía, si a la mayoría los entregan en sus países para que se haga la extradición conforme a la ley".

La explicación era sencilla. La DEA no observó que el Ministerio de Gobernación de Guatemala tuviera algún apuro en capturar a Jorge Mario, aun cuando un tribunal de ese país lo ordenó así, a solicitud de una corte en Nueva York. De manera que no se iba a arriesgar a llevarlo a Guatemala para tener que esperar un engorroso trámite de extradición de hasta dos años cuando el capturado protesta la medida.

Así que ese 1 de mayo la Honduras del presidente Mel Zelaya (extraoficialmente vinculado al narcotráfico desde entonces)[23] capturó a Jorge Mario sin una orden judicial, y empleó un inusual trámite de expulsión para enviarlo a Estados Unidos pocas horas después. El expediente en la corte neoyorkina describió su salida de Honduras así, como una "expulsión". Era un término extraño porque no lo expulsaron hacia su país de origen, sino hacia las manos de la DEA. Un precedente judicial de los años noventa en Estados Unidos establecía que si no protestaba el país donde ocurría la supuesta expulsión, el expulsado no tenía ni voz ni voto en el asunto.

Durante el vuelo, y en custodia de agentes de la DEA, Jorge Mario cayó en la cuenta de que los gringos se habían saltado las trancas de la extradición porque no lo llevaron a Guatemala, su país, que era lo que correspondía. Él se había marchado porque ser extraditado por el gobierno guatemalteco parecía una posibilidad cercana. Les sucedió a otros en el 2005 aunque la última extradición por narcotráfico más sonada desde Guatemala hacia Estados Unidos sucedió en 1992 (16 años antes), cuando el alcalde de Zacapa (un departamento fronterizo con Honduras), Arnoldo Vargas, fue enviado a Nueva York. Para entonces, Vargas llevaba dos años de torpedear su extradición después de su captura, hasta que se le agotaron los recursos legales

[23] Ó. Estrada (2022). *Tierra de narcos.* Grijalbo. Página 135.

y acabó en esa ciudad, donde una corte lo sentenció a 30 años de cárcel. Salió después de 25, por buena conducta.

De cualquier manera, Jorge Mario no se confió y se fue a Honduras, sin saber que se lo llevarían de ese país con más rapidez y menos papeleo. Lo mismo sucedió en 2003 con el guatemalteco Byron Alcides Berganza Espina, "expulsado" de El Salvador para enfrentar cargos por narcotráfico en la misma corte en Nueva York. En 2006 el fiscal Anirudh Bansal dijo que "el sistema de justicia guatemalteco 'simplemente' no funcionaba", y que hubiera sido imposible conseguir una extradición en Guatemala, refiriéndose a cómo fue capturado Berganza.[24] Quizá era un caso que Jorge Mario desconocía, aunque estaba en su expediente. No ayudó que algunos artículos de prensa se referían erróneamente a la "extradición" de Berganza, una gestión que Estados Unidos tampoco hizo.

La jueza Deborah Batts sentenció a Berganza a 22 años de cárcel el 23 de abril de 2008, sólo una semana antes de la captura de Jorge Mario. Si se enteró, y se vio en el espejo de Berganza y Vargas, no debió gustarle para nada. Eso quería decir que, con 43 años cumplidos, y sentado en ese avión de la DEA, iba camino a envejecer en la cárcel.

En asunto de horas, su vida en Honduras ya era historia. ¿En qué momento se jodió todo? En su expediente la acusación lo pintaba escuetamente como uno de los "conspiradores" en una serie de eventos entre 1999 y 2003 en Nueva York, que tenían que ver con el envío de cocaína desde Guatemala a esa ciudad y la recolección de millones de dólares por la venta. La fiscalía también decía que Jorge Mario era el sujeto que un *confidential source*, o informante de la DEA, identificó como "el Gordo" y el gran organizador de toda esa vuelta. El expediente no revelaba quién era el informante, y Jorge Mario sólo podía intentar adivinarlo.

Los años que la acusación mencionaba fueron una época en la que el narcotráfico iba mejor que nunca en Guatemala. Estados Unidos hasta sancionó al país por sus escasos esfuerzos para controlarlo. Le retiró la estrellita de colores de la cartilla de calificaciones porque

---

[24] Méndez Arriaza. *Op. cit.*

los decomisos de cocaína cayeron de 10 000 kilos en 1999 a una décima parte en 2000. Aunque subieron a 4 100 kilos en 2001, para el primer semestre de 2002 apenas había incautado 431 kilos. Como si fuera poco, la policía "descubrió" (sí, así entre comillas) que sus propios agentes antinarcóticos habían robado cocaína decomisada de una bodega. Era un sitio donde no hacían inventarios desde 1982. Así que no había manera de saber cuánto había y cuánto se robaron. Primero reportó un faltante de 3 000 kilos, que luego se redujo a una cifra oficial de 1 604 kilos. Meses después, hubo otros casos de cocaína que desaparecía en operaciones de decomiso. El Departamento de Estado de los Estados Unidos no estaba nada contento.[25]

"El gobierno de Portillo está influenciado por el narcotráfico", fue el tipo de frases que Otto Reich, subsecretario de Estado, soltó en una alocución de octubre de 2002 ante el Congreso de su país, refiriéndose a la administración presidencial de Alfonso Portillo (2000-2004). "El combate a la corrupción es palabrería", dijo Reich.[26]

El mismo mes, sólo tres semanas después de las explosivas declaraciones del subsecretario, el Ministerio de Gobernación publicó una lista de los nueve narcotraficantes más fuertes del país, y que la prensa calificó como "los más buscados". La lista no incluía a Jorge Mario. Luego, el ministro de Gobernación Adolfo Reyes Calderón aclaró que ninguno tenía orden de captura. Y no la tenían no porque no las hubieran pedido. El MP las pidió, pero el Organismo Judicial nunca las autorizó. Esa lista de nueve nombres después se redujo a ocho. Además, parecía que eran "los más buscados" sólo por el Ministerio de Gobernación, porque a cuatro ni siquiera los investigaba el MP, aunque Estados Unidos pedía a dos de ellos en extradición.[27]

---

[25] S. Valdez. "Se roban del Doan 3 mil kilos de coca". *Siglo Veintiuno.* 27 de marzo de 2002. Edición impresa. Página 4. / B. Barillas. "Saqueo de cocaína fue de 1 604 kilos". *Siglo Veintiuno.* 4 de junio de 2002. Edición impresa. Página 13.

[26] J. Jiménez. "Droga por todos lados". *Siglo Veintiuno.* 11 de octubre de 2002. Edición impresa. Páginas 1 (portada) y 5. / J. C. Llorca. "EE. UU.: El combate a la corrupción es palabrería". *elPeriódico.* 11 de octubre de 2002. Edición impresa. Página 3.

[27] C. Orantes. "Gobierno favorece al narcotráfico". *Siglo Veintiuno.* 28 de octubre de 2002. Edición impresa. Páginas 2 y 3.

Reich nunca mencionó que su país tampoco era ajeno al narcotráfico ni a la corrupción. A mediados del año 2000 autoridades de Estados Unidos descubrieron a 28 agentes de Aduanas e Inmigración ligados a mafias de ese país y de México —la mayoría de narcotráfico—. "Hasta iban en camiones para pasar retenes en Estados Unidos", escribió el periodista Jesús Blancornelas en su libro *El cártel*, refiriéndose a los agentes.[28] "Vendieron droga personalmente y transmitieron a los cárteles las estrategias oficiales de antemano", agregó Blancornelas. Parte de esta información provenía de investigaciones del periodista Alfredo Corchado, publicadas en el *Dallas Morning News*, que destacó casos entre El Paso, Texas, en Estados Unidos, y Ciudad Juárez, en México (algo que tuvo poca difusión en Guatemala, donde Reich somataba la mesa).

Es decir, la cocaína llegaba a Estados Unidos no sólo porque narcotraficantes latinoamericanos conspiraban para traficarla, sino también porque tenían la ayuda en ese país de agentes federales corruptos. Para entonces, en las fronteras estadounidenses detenían sólo 12.2% de la cocaína que los traficantes ingresaban de contrabando, según estimaciones de la DEA incluidas en un cable diplomático de 2003 (03GUATEMALA1902) que años después filtró WikiLeaks.[29]

Justo en esa frontera, entre El Paso y Ciudad Juárez, había una base de operaciones de la Organización Arriola que movió cocaína durante años entre México y Estados Unidos. Según la DEA y la fiscalía neoyorkina, esa cocaína incluyó al menos un cargamento que Jorge Mario Paredes envió desde Guatemala, y que llegó a las manos de su

[28] J. Blancornelas (2005). *El cártel*. Random House Mondadori. Páginas 128 y 129.

[29] El cable "reference id" 03GUATEMALA1902 está fechado el 24 de julio de 2003 y firmado por el entonces embajador de Estados Unidos en el país, John Hamilton. En la segunda página indica que Guatemala incauta un estimado de 5.6% de la cocaína que pasa por su territorio, mientras que el gobierno de Estados Unidos incauta 12.2% de la cocaína que ingresa a ese país. Este cable fue descargado el 10 de noviembre de 2011 de esta dirección: http://www.cablegatesearch.net/cable.php?id=03GUATEMALA1902 que en 2025 ya no está disponible. La autora tiene una copia impresa. El documento sí aparece aquí: https://archive.org/details/03GUATEMALA1902/page/n1/mode/2up.

distribuidor en Nueva York en 2003. Eran 265 kilos de cocaína transportados íntegros hasta el Midtown de Manhattan. Sólo ocho días después, el 1 de febrero de 2003, el presidente George W. Bush anunció que Guatemala estaba "descertificada", una sanción que implicaba el retiro de ayuda estadounidense para combatir el narcotráfico.

Para 2008, un Jorge Mario recién capturado debía saber (porque sus abogados tenían acceso al expediente en la corte de Nueva York, y por publicaciones de prensa al respecto en 2006) que una fiscalía en Estados Unidos lo relacionaba con ese cargamento, y le endilgaba llamadas telefónicas para preguntar por la coca y el dinero de la venta. La fiscalía neoyorkina no revelaba aún quiénes más estaban en esa movida, ni quiénes eran los "coconspiradores" y el informante que lo incriminaron. Desde un principio les dijo a los agentes de la DEA en Miami que nada tenía que ver con esos 265 kilos de cocaína traficados en 2003 que el expediente mencionaba. Pero allí estaba, con aquella factura endosada exactamente cinco años después, y en el peor momento: cuando su cotidiana vida en San Pedro Sula parecía haberle hecho bajar la guardia. Así que ese 1 de mayo estaba donde nadie en el negocio quiere estar: camino a una cárcel en Estados Unidos.

El jet que transportó a Jorge Mario aterrizó en Miami, aunque él no tenía idea de dónde estaban. "Varios agentes se acercaron y comenzaron a tomarme fotos cuando salí del avión; lo mismo cuando iba bajando y me [llevaron] caminando", recordó en un testimonio a la corte. Una foto en un comunicado de prensa de la DEA lo mostraba bajando por la escalinata del avión, con las manos sujetadas hacia atrás.

Los agentes lo escoltaron hasta una oficina donde el agente Todd Phillips le informó sobre su estatus: "Oficialmente detenido por autoridades de Estados Unidos". Le tomaron huellas de un dedo índice y le pidieron que firmara en una tableta electrónica. La DEA no hizo todo esto en Honduras porque no tenía jurisdicción, aunque el expediente en la corte de Nueva York indica que "la DEA arrestó al señor Paredes en Honduras". Aun así, Phillips dijo al diario guatemalteco *elPeriódico*, en una entrevista telefónica, que desconocía desde dónde habían trasladado a Jorge Mario hacia Estados Unidos. "Yo lo recibí en el aeropuerto [en Miami], pero no sabía de dónde lo traían", dijo el agente, sin ofrecer más detalles.[30]

Sentado tras un escritorio, Phillips le dijo que estaba acusado de conspiración para introducir cocaína a Estados Unidos y para distribuir la droga en ese país. Jorge Mario estaba de pie enfrente, la camisa Lacoste turquesa oscurecida por el sudor, y su mirada fija en el suelo, pero perdida bajo un ceño fruncido; tenía hebras de cabello pegado a la frente empapada. Eran las ocho de la noche. Phillips la registró como la hora de captura en un formulario de la Corte del Distrito Sur de Florida.

Habían transcurrido al menos dos horas desde que bajó del avión en Miami, que lo fotografiaron y pasó por los trámites de su captura en Estados Unidos. Después, lo hicieron subir a una furgoneta y lo llevaron al Centro Correccional de Miami, a una celda individual. Durmió poco. Estaba en arenas movedizas.

Sin todas las cartas sobre la mesa de cómo la fiscalía lo amarró al caso, de quién habló, o de toda la información que sirvió para acusarlo y pedir su captura, y cómo acabó eso en manos de los fiscales en Nueva York, Jorge Mario no entendía con precisión por qué estaba detenido en Florida. Pero lo sabría en los siguientes meses. También iba a descubrir otros hechos en Nueva York, Guatemala y Colombia, ocurridos hacía muchos años, que inevitablemente llevaron a que el brazo de la fiscalía lo alcanzara en Honduras.

[30] C. Acuña y L. Á. Sas. "Novia de 'el Gordo' Paredes, extraditada a Estados Unidos". *elPeriódico.* 7 de mayo de 2008. Edición impresa. Página 4.

2

Érase una vez en Nueva York

Todo comenzó en Nueva York, cuando la policía capturó al colombiano Gabriel Horacio Botero Tabares en 1993, al dominicano Samuel Santiago en 1994 y al guatemalteco Otoniel Turcios Marroquín en 1997. Los tres cayeron por traficar drogas en la ciudad, y los tres coincidieron en el Metropolitan Correctional Center (MCC), una cárcel para detenidos que aún no recibían una condena. El MCC es un búnker de 12 pisos, con capacidad para 449 internos, con un área para población general y celdas de aislamiento para los más peligrosos. El edificio está a un par de cuadras del puente Brooklyn, y al otro lado de la calle de la sede del Departamento de Policía de Nueva York (NYPD) y de la Corte del Distrito Sur en Manhattan, uno de los cuatro distritos judiciales en los que se divide el estado para una balanceada distribución de casos.[1] ¿Por qué pararon los tres en ese lugar? Lo explica, en parte, cómo era la ciudad en aquellos años.

La Nueva York de los noventa era como "una nueva Gotham", como "la explosión de una supernova liberando energía reprimida durante décadas por la guerra contra sus calles malvadas", escribió Anthony Fieldman.[2] Aún repuntaba el crimen, pero el inicio de la administración de Bill Clinton (1993-2001) marcó el comienzo de un *boom* en la economía, notorio en ciudades como Nueva York. Había suficiente dinero en circulación para satisfacer todo tipo de apetito, incluyendo aquel por la cocaína.

---

[1] Las ciudades por lo general están divididas en cuatro distritos (norte, sur, este y oeste) para efectos de asignación de casos. Cada uno es una jurisdicción judicial para las fiscalías y las cortes, entre otras cosas, para una distribución más efectiva de procesos y evitar la saturación de uno en particular.

[2] A. Fieldman. "Tenías que estar allí". *Medium*. 24 de abril de 2022. Enlace: https://anthonyfieldman.medium.com/you-had-to-be-there-726cac868d50.

Los *dealers* no hacían muchos esfuerzos por ocultarse, según recuentos de la época. La gente que no tenía interés en comprar drogas nunca iba al norte de Central Park, pasada la calle 96. En el Midtown, decían, el Bryant Park era un narcosupermercado al aire libre. No había policías ni cámaras de seguridad en todas las esquinas y estaciones del *subway*, el tren subterráneo. Además, los neoyorkinos practicaban el lema "no se meta en lo que no le importa" mucho más que el actual "si ve algo, diga algo" (un anuncio omnipresente en el *subway* de 2001 a la fecha, después de los ataques terroristas el 9/11).[3] Naturalmente, los criminales aprovecharon la situación.

Había 38 homicidios por semana, en promedio (un alto contraste con los cinco semanales en 2019). En algunas partes de la ciudad era ineludible la sensación de que se caminaba al borde del caos cuando Rudy Giuliani fue electo como el nuevo alcalde de Nueva York (1994-2001). Para entonces, los neoyorkinos estaban desesperados por reducir el crimen, y desencantados. Giuliani ganó por un margen estrecho, pero era el exjefe de la Fiscalía del Distrito Sur de la ciudad en los años ochenta, y lo percibían como "el gran defensor de la ley y el orden". Además, llevaba bajo el brazo la meta de "aplastar a los distribuidores de droga y a sus clientes".[4] Era el nuevo *sheriff* e iba contra todos. Hasta barrió con los que limpiaban vidrios de los vehículos en los semáforos contra la voluntad de los conductores y luego los amenazaban si no querían pagar.

Pronto, *The New York Times* comenzó a preguntar si "Giuliani era el Mussolini de Manhattan", porque se dispararon las quejas de brutalidad policiaca, particularmente contra migrantes, gais e indi-

---

[3] Chat en Reddit. "¿Cómo era la vida en Nueva York entre finales de los años 90 y el año 2000, antes del 9/11?". Fechado en 2000. Enlace: https://www.reddit.com/r/AskNYC/comments/ctexy9/what_was_life_like_in_nyc_in_the_late_90s2000_pre/?rdt=63734.

[4] A. L. Henning Santiago. "How Rudoph Giuliani became New York City's mayor". *City & State New York*. 15 de octubre de 2019. Enlace: https://www.cityandstateny.com/politics/2019/10/how-rudolph-giuliani-became-new-york-citys-mayor/176823/.

gentes.[5] Aun así, muchos le aplaudían por limpiar Times Square de prostitutas, tiendas de videos porno y la venta a mansalva de drogas (aunque sus predecesores habían comenzado con esa tarea), cuando esa famosa intersección estaba muy alejada de lo que es hoy. En esa época los únicos restaurantes grandes en el sector, fuera de los de comida rápida, eran Olive Garden y Chevys.

En 1993, en las vísperas de la era Giuliani, Horacio le vendió cocaína a un sujeto en Manhattan, sin saber que era un policía encubierto. Así se ganó un viaje *express* al MCC. En 1994, en plena cacería del nuevo alcalde, la policía capturó a Samuel (Sammy) por vender heroína y resistirse a ser capturado. En esa época los dominicanos controlaban la distribución de drogas en la ciudad.[6] Pero también los de otras nacionalidades intentaban abrirse camino. En esas estaba Otoniel cuando la policía lo capturó en 1997.

En esa década, al menos la mitad de las sentencias por tráfico o venta de narcóticos en Nueva York tenía que ver con cocaína, la droga más popular. Estas cifras eran mayores que el promedio nacional,[7] una muestra de cuán grande era la demanda en la ciudad. En diciembre de 1995 la policía decomisó 59 kilos de cocaína que se hubieran vendido en al menos 2 millones de dólares, según *The New York Times*. En 1996 la policía también descubrió otros 1 630 kilos ocultos en 30 toneladas de zanahorias desmenuzadas para alimentar caballos.[8] Retirar tanta cocaína de circulación la hizo escasa y disparó el precio del gramo hasta 200 dólares.[9]

---

[5] N. Smith, "Giuliani Time: The Revanchist 1990s". *Social Text* núm. 57 (invierno de 1998). Publicado por Duke University Press.

[6] A. S. Inzunza, J. L. Pardo y P. Ferri (2015). *Narcoamérica*. Tusquets. Página 63.

[7] National Drug Intelligence Center (NDIC). "New York Drug Threat Assessment. Overview: Nueva York". Noviembre de 2002. Enlace: https://www.justice.gov/archive/ndic/pubs2/2580/overview.htm.

[8] Drug Enforcement Administration (DEA). "History 1994-1998". Página 87. Enlace: https://www.dea.gov/sites/default/files/2021-04/1994-1998_p_76-91.pdf.

[9] A. Isacson. "Coyuntura de la Política Antidrogas en los Estados Unidos". Washington Office on Latin America (WOLA), Washington D. C. 23 de agosto de 2023. Páginas 8 y 9. Enlace: https://colombiapeace.org/files/2023-08-23_isacson_congreso.pdf. Precios ajustados por pureza e inflación en dólares estadounidenses de 2021.

Entre 1999 y 2000 Horacio y Otoniel, que estaban ilegalmente en el país, fueron deportados a Colombia y Guatemala, respectivamente, después de que cumplieron sus sentencias. Sammy, quien desde antes de su captura ya vivía legalmente en Estados Unidos, quedó libre en las calles de Nueva York.

Colombia, 1999

Horacio salió de Medellín en agosto de 1999 con una meta: regresar a Nueva York, donde le quedaba la hija de un matrimonio en ruinas. Lo habían deportado a Colombia después de cumplir seis años de cárcel. Así se encontró de nuevo en la tierrita, sin un peso, y sin saber hacer otra cosa que mover droga o fabricarla. Volvió a la casa de su madre.

Con 40 años cumplidos, rondaba el metro 65 de estatura y tenía un rostro bastante moreno. Para quien lo recuerde, era extrañamente parecido al expresidente pakistaní Pervez Musharraf (2001-2008), pero con un musical acento paisa. Ni una sola foto suya flotaba en la internet, ni 25 años después. Era delgado. Tenía una cabeza poblada de cabello ondulado y entrecano, y un semblante serio, de ojos pequeños pero intensos, con una expresión difícil de leer.

"Cuando llegué [a Medellín yo] estaba en la quiebra", recuerda Horacio. "Me mantenía con un negocio de joyería que dejó mi papá, me quedé tres meses, y salí otra vez como ilegal para Estados Unidos, sin trabajo, pero sólo pude llegar hasta Guatemala. [Entonces,] llamé al amigo guatemalteco que conocí en el MCC, Otoniel Turcios, quien también había estado preso por narcotráfico".[10]

Otoniel fue deportado a Guatemala en 1999, poco antes que Horacio, después de dos años de cárcel.[11] Era moreno. ¿Cuánto? Es difícil decir a partir de la única foto en blanco y negro que un diario

---

[10] Testimonio post-arresto de Botero (2005) revelado por la fiscal Jocelyn Strauber en la audiencia del 4 de noviembre de 2009, en el juicio contra Paredes, y escuchado por la autora en persona.

[11] R. González y K. Reyes. "Juez beliceño resuelve hoy situación jurídica de Turcios". *elPeriódico*. 28 de octubre de 2010. Edición impresa. Página 3.

beliceño publicó cuando fue capturado años después, no había otra disponible en la internet. De esa imagen sobresalía un semblante severo. Las cejas, con arcos pronunciados, como si las estuviera alzando. Sus ojos pequeños, acunados en ojeras, estaban tan separados que parecía caber un tercero en medio. Miraban pareciendo entrecerrarse. La nariz ancha, labios delgados y mentón partido se sostenían en un cuello tan grueso como su rostro. El cabello oscuro, semiondulado, estaba peinado sin una hebra fuera de lugar.

"[Lo llamé] para saludarlo", dijo Horacio. "Había una buena amistad [...] entre los presos". El colombiano hablaba de los tiempos en el MCC, sabiendo que la amistad que hizo con Otoniel en la cárcel neoyorkina lo hacía confiable. El colombiano iba dispuesto a no arruinar lo que parecía ser su única oportunidad para hacer plata, porque Otoniel iba a ser su boleto para volver a Nueva York.

"Nos reunimos y hablamos de negocios del narcotráfico", recordó Horacio de esa primera conversación en persona con Otoniel en Guatemala. "Le dije que había muchas cosas que podíamos hacer: traer cocaína de Colombia, cortar droga [mezclar la coca pura con otras sustancias] para que rindiera más, que aprendí a hacer en los laboratorios en Colombia, y las cosas se materializaron". Parecía que la pasantía de Horacio en la cárcel en Nueva York no había sido, después de todo, una pérdida total, y para Otoniel, la movida de darle su número de teléfono en Guatemala, "por cualquier cosa", emergía ahora como una magnífica decisión.

"Hablamos y dijo que tenía un amigo que vivía en Guatemala y con quien podíamos trabajar en México o Panamá, y que traía cocaína de Colombia para México y Estados Unidos", recuerda de aquella conversación. Otoniel le adelantó que lo presentaría como alguien que tenía "algo que ofrecer". Era irónico que él cumplió una sentencia de sólo dos años de cárcel en Nueva York bajo la condición de que iba a participar, por orden de la corte, en un programa para el control del abuso de sustancias narcóticas. Pero como la cabra tira al monte, ahora aquí estaba, a pocos meses después de salir de la cárcel, metido de nuevo en el negocio.

"Le dije que sí, pero [Otto me explicó que] había que esperar un par de meses", continuó Horacio. "Entonces, me conseguí una pieza [habitación] pequeña y me organicé. Esperé [trabajando] en un negocio de flor de harinas para panaderías". Esto no era broma. El tipo lo testificó años después en la corte.[12] "[Después Otto] me dijo que me iba a presentar a Jorge Mario Paredes, y me lo presentó", agregó. Debía ser en octubre o noviembre de 1999.

Horacio relató después que se encontró con Jorge Mario en una gasolinera, junto a la tienda de conveniencia Super 24, en El Rancho, una aldea en El Progreso (62 kilómetros al nororiente de la capital guatemalteca), a la orilla de la carretera. Es un lugar de paso y de mucho movimiento de personas, vehículos y autobuses que transitan desde y hacia la costa del Atlántico, en el oriente del país.

En una cuchilla en la carretera, y a los costados, hay puestos de comida como en un mercado, y flota sobre ellos un olor permanente a fritangas y humo de diésel. La temperatura ronda los 26 grados centígrados de calor seco. Los autobuses se detienen a recoger y dejar pasajeros sin apagar el motor, mientras los que van más lejos sacan medio cuerpo por las ventanas, si es que las pueden abrir en los autobuses más viejos, para comprar mango verde, tajadas de plátano verde frito, panes con carne asada o pacaya envuelta en huevo. Otros vendedores suben al autobús con cubetas repletas de gaseosas o canastas rebosantes de comida frita, y la nube de aromas invade el interior. La gente, más afanada en comer algo antes de seguir el viaje, o en no perder el autobús, no se fija en el prójimo.

En el lugar es tan común la circulación de camionetas agrícolas o pickups de doble cabina con vidrios polarizados que los transeúntes o comensales en los puestos de comida los miran sin ver. Es el medio de transporte preferido de los grandes finqueros de la zona y, sí, también de los narcotraficantes. Que alguien lleve una pistola al cinto es normal en el oriente del país —aunque la ley prohíba a

[12] Estas son declaraciones de Botero que la autora escuchó y de las que tomó nota en la audiencia del 1 de octubre de 2009, en el juicio de Paredes en Nueva York.

cualquier persona (salvo policías, soldados o los guardias de seguridad privada) llevar una pistola a la vista—.

"Llegamos primero; el señor Paredes llegó poco después", continuó Horacio. "Iba con varias personas, trabajadores, compañeros, y todos portaban armas, pistolas de nueve milímetros. Se veía por fuera. Hablamos de cómo nos conocimos [con Otto] en Estados Unidos, en la cárcel, que podíamos hacer algo, que yo sabía hacer un corte para agregarle a la mercancía otra sustancia más rendidora. [Dijo] que le interesaba, que sería bueno mirar eso. Entonces, le [ofrecí] hacer una muestra".

Según Horacio, "el señor Paredes" le dio la cocaína para producir la muestra.

El colombiano decía que debía agregar "*lime* [cal, en inglés] y ácido sulfúrico" a 80 gramos de cocaína pura. En el libro *The Fruit Palace* (Picador, 1985), Charles Nicholl, el autor, incluye una receta similar que le mostró en Bogotá un cocinero de coca o "mano verde" (les llaman así porque se manchan las manos de verde al manipular las hojas de coca al inicio del proceso para elaborar cocaína). El cocinero había aprendido a fabricar cocaína a finales de los años setenta en Cali. Horacio se empleaba en el mismo oficio, en la misma época, pero en Medellín. Nicholl escribió que el mano verde primero usaba cal o carbonato de sodio para que las hojas de coca sudaran los alcaloides. Luego, las cubría con kerosén y vertía encima ácido sulfúrico diluido para atrapar esos alcaloides de las hojas, que se deshacían en agua. Agregaba más cal para retener los alcaloides, volver la mezcla blanca y lechosa, y activar los estimulantes en la droga. Al final, colaba y secaba la mezcla para lograr un aspecto cristalizado. El proceso duraba dos días y medio.

El mano verde le había dicho a Nicholl que el balance era clave: "Demasiado ácido [sulfúrico], y la coca sale agria, ácida. Demasiado carbonato, y la coca sale jabonosa". Horacio replicó la parte final del proceso para reproducir la calidad de la Perlada (la coca de más alta pureza) aun después de mezclarla con otros ingredientes. Y, a juzgar por la reacción que recibió después de entregar la muestra, había logrado el balance exacto.[13]

"Me tardé dos o tres días", recordó el colombiano. "Era suficiente para ver si les gustaba. Llamé a Otto (Otoniel) cuando la tenía terminada, y me dijo: 'Nooo; está bonita; vamos a enseñársela a Jorge Mario a ver qué dice'". La mezcla mostraba las características de cocaína acabada y de buena calidad, según Horacio: era blanca y brillaba. Tenía fragmentos cristalizados.

Se reunieron otra vez cerca de El Rancho, a la orilla de la carretera, adentro de un vehículo.

"Yo fui con Otto; llegamos primero", recuerda Horacio. Llevaba la muestra en una hielera pequeña. En ese calor, cualquiera llevaba una, y nadie iba a sospechar que no contenía gaseosas o cervezas. "Luego, llegaron otros dos carros con varias personas. Se bajaron, y Otto y yo nos montamos en el carro de don Jorge Mario. Desde el principio [todos] lo llamaban el Gordo, pero no a su cara [...]. Yo lo llamaba don Mario o Jorge Mario. Le mostramos el producto, y dijo: 'Oh, está bueno; vamos a hacer una prueba, un ensayo con unos cinco kilos'. Jorge Mario iba a dar la cocaína". Por cada 750 gramos de cocaína, había 250 de corte, según el colombiano. Es decir, mantenía una pureza del 75 por ciento.

"Todo se organizó en una semana", recuerda Horacio. "Tenían una casa en Río Hondo, Zacapa, que habían dispuesto para eso, [donde] estaban Carlos Vargas [a quien don Jorge Mario describía como un socio] y varios trabajadores. Conseguimos una prensa, bolsas de plástico, cedazos, cinta aislante para empacar cuando se acaba el trabajo, un molino de carne para pulverizar la perica [cocaína] y el corte [la sustancia para mezclar], una prensa de molde cuadrado o gato hidráulico de 30 toneladas para aplicar la presión necesaria [y compactar la mezcla final], acetona para que se riegue bien, microondas para calentar y secar bien [el producto final], [que luego] se enfría, se empaca, y se ve como si viniera de Colombia, con buena

[13] Charles Nicholl (1989). *The Fruit Palace*. Picador. Páginas 95-97. La primera edición de este libro se publicó en 1985.

consistencia".[14] Horacio dijo que un trabajador de don Jorge Mario lo ayudó en el proceso.

Días después, el colombiano llamó a Otto y le dijo: "Ya está lista", y Otoniel llegó en seguida. "La vio y llamó a Jorge Mario", recuerda Horacio. El colombiano tomó nota de que a "don Mario" le bastó darle un vistazo al producto final para decirle: "Eso está muy bien; vamos a trabajarlo [y] organizarlo". Según Horacio, después recibió una primera orden de 50 kilos.

"Carlos Vargas y Otto tenían otro lugar, una finca en Zacapa retirada en el monte, separada del caserío, y Carlos Vargas me llevó con unos trabajadores. Observé si se podía usar para hacer el laboratorio, y Otto y yo fuimos a comprar los ingredientes. Fue rápido. Todo estaba sincronizado. Como Jorge Mario ya conocía los resultados de mi trabajo, llegó un carro y se llevó [los kilos] a la capital".

Horacio dijo que repitió el procedimiento en 400 kilos durante tres o cuatro meses, y que cada cargamento era de 70, 80 o hasta de 100 kilos. "A mí me pagaba Otto; me daba que 5 000 o que 3 000 y hasta 60 000 dólares", decía el colombiano. "Yo sabía que sacaban cocaína para México y Estados Unidos. Los muchachos me lo decían. El mismo Jorge Mario me dijo".

Una vez Horacio preparó un cargamento voluminoso. Dijo que don Mario le había prometido un porcentaje de la ganancia por la venta, y le cumplió. Luego le hizo otro encargo.

"Me pidió sacar el porcentaje de pureza del cargamento que él recibía [de Colombia]", relató, refiriéndose a que debía calcular cuánta de la cocaína era pura, para saber si valía realmente lo que había pagado por ella. "Para medir la pureza, se descompone el ácido clorhídrico [un componente del clorhidrato de cocaína] con bicarbonato y agua caliente", explicó. "Cuando el líquido pesa 10

[14] Declaraciones de Botero el 1 de octubre de 2009 en el juicio, de las que tomó nota la autora. Según el expediente, la mercancía que manejaban era cocaína terminada, y no base de coca (un paso previo a la coca terminada), pero la calidad era alta. El proceso para hacer el corte era un poco similar al proceso de fabricación del hidroclorato de cocaína. Véase Bruce Porter (2015). *Blow.* St. Martin's Press. Páginas 16 y 17. La primera edición se publicó en 1993.

gramos, y tres gramos son de bicarbonato ya cocinado, se usa hielo para darle un choque térmico. Así se forma la piedra cuyo peso es igual al grado de pureza". Esto que hacía el colombiano debió impresionar a Otoniel, que también lo ocupó para este menester.

"Me llamó Otto, [para pedirme] si le podía hacer ese trabajo, y le dije que sí, que con mucho gusto", recordaba Horacio (lo que sugería que Otoniel recibía cargamentos de un proveedor distinto si necesitaba verificar el grado de pureza). "[Me llevaron a] una granja cerca de la capital [de Guatemala], un rancho con lugar para asados y fiestas. Había un garaje grande con varias camionetas Mercedes Benz, BMW, Toyotas, y jaulas con aves, faisanes, pavos reales, codornices, patos, loros, guacamayas. Me mostraron qué había que hacer: había kilos de diferente tipo y marcas como Herradura, Correcaminos, Media Luna y Coca Cola, y yo debía determinar el porcentaje de pureza de [cada uno]". Las marcas, que tenían un logotipo impreso en etiquetas pegadas sobre cada kilo, servían para rastrearlas hacia un laboratorio específico en Colombia (en caso de reclamos por baja calidad o que se quisiera comprar más producto al mismo sitio).[15]

En esa época, la policía y la Fiscalía de Narcoactividad decían que tenían la atención puesta en el narcotráfico principalmente en Izabal, Zacapa y Chiquimula, todos colindantes con Honduras, y en Escuintla y San Marcos, con costa al Pacífico, y San Marcos además colindante con México. Sin embargo, nada de esto interrumpió las tareas de Horacio ni los demás.

Pero ¿de dónde salía toda la coca que pasaba por las manos de Horacio? Los fiscales neoyorkinos decían que, entre 1998 y 1999, Jorge Mario recibió al menos seis cargamentos de 300 a 350 kilos de cocaína desde Colombia, que los traficantes Pablo Rayo Montano y Jackson Orozco Gil primero enviaron en lanchas rápidas hasta Panamá, y después en camión hasta Guatemala. Horacio decía que

---

[15] Esta explicación la ofreció Byron Linares Cordón, cuando declaró en el juicio contra los hermanos Eliú y Waldemar Lorenzana Cordón en Washington D. C., en 2016. Linares era primo hermano de los Lorenzana, y había sido contador del narcotraficante Otto Herrera cerca de 2003. Fue capturado en 2011 y extraditado a Estados Unidos, donde era acusado de narcotráfico.

esta era la coca a la que le medía la pureza y luego cortaba para "don Jorge Mario".

En México, agregaban los fiscales, Luis Leija, un trabajador de Jorge Mario, llevaba la cocaína hasta la frontera sur de Estados Unidos, y otro grupo la vendía en Houston, Texas.[16] No por nada el Departamento de Estado de Estados Unidos decía que Guatemala era propicia para almacenar y traficar cocaína. El país sólo interceptaba 3% de los estimados 200 000 kilos que pasaban por su territorio.[17] Era una época cuando unos 3.8 millones de estadounidenses consumían cocaína.[18] Semejante demanda producía tremendas ganancias, y Luis también se encargaba de mover el dinero de esa venta en Estados Unidos de México a Guatemala para Jorge Mario, según la fiscalía. Cabe decir que ni los fiscales ni el expediente divulgaron el origen de la coca que sólo llegaba a manos de Otoniel.

Mientras tanto, los fiscales sí decían que otra de las tareas de Horacio era buscarle proveedores de cocaína a Jorge Mario, y que con este fin lo presentó con el colombiano Daniel "el Loco" Barrera en Panamá entre 1999 y 2000. Allí los tres acordaron cómo enviar la cocaína a Guatemala y la forma de pago. Los acompañaron Otoniel y Juan Alberto Choto Zepeda, un trabajador de don Jorge Mario, y "una mujer conocida como Lorena", a quien la fiscalía identificó como "la novia de Paredes"[19] (algo que él desmintió después).[20]

---

[16] Documento 8 del caso 1:14-CV-01764-DAB archivado el 18 de agosto de 2014. Página 4. El número del caso era distinto al caso 03-CV-00987 porque eran argumentos y evidencias que la fiscalía presentó en una fase de apelación, en oposición a las razones por las que Paredes argumentaba que su sentencia debía ser corregida y reducida.

[17] J. López y E. Hernández. "Guatemala sigue como bodega de narcos". *Siglo Veintiuno*. 27 de febrero de 1992. Edición impresa. Página 2. / J. López. "Departamento de Estado: Por Guatemala pasan 200 mil kilos de cocaína". *Siglo Veintiuno*. 19 de octubre de 1998. Edición impresa. Página 3.

[18] PBS, Frontline. "A Social History of America's Most Popular Drugs". Enlace: https://www.pbs.org/wgbh/pages/frontline/shows/drugs/buyers/socialhistory.html. También véase www.usdoj.gov/dea/concern/cocaine.htm.

[19] Se trataba de Myve Lorena Orellana, también acusada en el caso. Véase Documento 8 del caso 1:14-CV-01764-DAB archivado el 18 de agosto de 2014. Página 4.

[20] Paredes aseguró que estuvieron involucrados en una relación sentimental hasta 2001 y que nunca tuvieron un vínculo de negocios. Véase Documento 197 del caso

El Loco Barrera envió los primeros 1 400 kilos en un buque colombiano hacia la costa del Atlántico en Guatemala. Horacio y Otoniel organizaron el traslado de los costales con los ladrillos de coca a un barco más pequeño, para luego almacenarlos temporalmente en un chalet en Río Dulce, Izabal. Luego hundieron el buque porque era menos costoso que devolverlo a Colombia. Entonces, Lorena viajó a Panamá para pagarle al Loco Barrera, y Horacio recibió 70 000 dólares por arreglar ese negocio.[21]

Ahora, Horacio al fin estaba ganando la plata que necesitaba para largarse a Nueva York, pero después de unos meses en Guatemala, intuyó que debía acomodarse a la idea de una escala más larga de lo planificado en el país —gracias a las gestiones de Otto—. En realidad, todo esto había resultado mejor de lo que había previsto, aunque Horacio sabía que, con la clase de responsabilidad que ahora tenía encima, los interinatos cortos sólo acababan en un ataúd —por muerte natural o con ayuda—. No se iba a arriesgar a eso anunciando que "gracias", pero que debía pasar a retirarse. Ya que tenía la confianza de sus nuevos patrones, y estaba ganando los fajos de dólares que le permitirían volver a Estados Unidos, ahora debía esperar un poco más. ¿Cuánto tiempo? No lo sabía aún.

03-CR-00987-DAB del 2 de mayo de 2008. Página 3. (Para 2025, este documento había sido archivado como el número 193-2).

[21] Documento 8 del caso 1:14-CV-01764-DAB. Otros datos provienen de las notas que la autora tomó durante la audiencia del 1 de octubre de 2009, del juicio contra Paredes en Nueva York.

3
Baile de máscaras

"Todos me llamaban León", decía Horacio del apodo que le colgaron en Guatemala para evitar los nombres personales, particularmente por teléfono. Lo tomó como un voto de confianza, aunque sabía que no se podía relajar y debía ser muy juicioso con lo que decía. El colombiano, como los demás, tenía secretos que guardar. Por eso ofreció una versión quirúrgicamente editada de su pasado. En eso lo guiaba el sentido común que le permitía mantenerse vivo después de llevar 23 años metido en el narcotráfico.

"Me había retirado del estudio en cuarto de primaria", recordó Horacio, años después.[1] "Vivía con mis padres y hermanos en Medellín, [en] Antioquia [...], y ayudaba en un laboratorio de fabricación de cocaína de Pablo Escobar Gaviria. Hacía toda clase de oficios que se presentaran: servir líquidos, verter ácidos, empacar, secar [ladrillos de cocaína] y hacer mandados para los primos de Escobar y todo el mundo".

Comenzó en 1976, a los 16 años, como ayudante de los "mano verde", los cocineros, de quienes aprendió el oficio. Aún era un adolescente cuando ya tenía acceso a materia prima para armar "sucitos, morenitas, hermanastras de la blanca", los diferentes nombres para los puros de bazuco o pasta de cocaína seca (aún marrón). La disponibilidad era tentadora. La pasta no causa la fiebre fría de cuando se aspira la cocaína, pero cuando el olor agridulce y maderado del humo de un sucito flota hacia las fosas nasales, produce destellos de euforia, benevolencia (de "todo está bien con el mundo"), y una disposición platicadora en medio de un estado de alerta.[2]

---

[1] Lo dijo en el juicio de Paredes, el 1 de octubre de 2009. Tenía 49 años.

[2] El bazuco era pasta de cocaína en estado seco, "un polvo áspero de aspecto melocotón-marrón, el producto intermedio entre el proceso de las hojas crudas de coca y el producto final [...], que se fuma en lugar de ser aspirado [...]. Una buena

Era una época cuando los colombianos ganaban mucha plata produciendo cocaína. En 1982 había 10.4 millones de consumidores en Estados Unidos (casi tres veces más que a finales de los años noventa).[3] En Colombia el kilo se vendía en 6 000 a 7 000 dólares, y al tocar suelo estadounidense el precio se disparaba hasta 35 000 dólares. Cerca de 50 000 kilos de cocaína pura salían de Colombia por año con un destino principal: Estados Unidos. Regresaban al país cerca de 2 millardos (*billions*) de dólares (más de lo que producía el café, su mayor producto legal de exportación).[4] En una operación como la de Escobar, los dólares les salían a todos hasta por las orejas. Era mucha tentación para quien manejaba fajos de billetes y droga ajenos.

"[Entonces,] me volví adicto, y comencé a robar mercancía, maquinaria, cocaína sin terminar y pasta de coca", recordaba Horacio, de cuando tenía 26 años. Y, claro, pasó lo que tenía que pasar.

"Me descubrieron por [las] muchas cosas que estaba haciendo mal", admitió. "La última [fue no] entregar un dinero. Tomé una parte y pasé tres, cuatro días enfiestado. Me buscaron para matarme, por lo sucio y cochino que me había vuelto". Narraba el episodio años después pronunciando "sucio" y "cochino" con énfasis, como un autorregaño.

Lo que le quedaba de sentido común le recomendó que debía irse muy lejos para escapar de los matones de Escobar. Atravesó México como lo hacen miles de migrantes indocumentados, y llegó a Los Ángeles. Luego se movió para Miami, y acabó en Nueva York entre 1986 y 1987.

Quince años después, en Guatemala, y metido en el negocio hasta las rodillas otra vez, sabía que nada de eso debía llegar a oídos de Otoniel y don Jorge Mario. Si lo sabían capaz de robar coca y dinero y escapar, sospecharían que aún conservaba ese impulso, y que podía acabar pellizcando las muestras que le daban para cortar o medirles el grado de pureza, y luego desaparecer.

---

base tiene el 90% de pureza, aunque rara vez se encuentra afuera de Sudamérica (en los años 80)" Nicholl. *Op. cit.* Páginas 46 y 47.

[3] PBS, Frontline. *Op. cit.*

[4] Nicholl. *Op. cit.* Páginas 56 y 58.

El colombiano se había limitado a contarles a Otoniel y a don Jorge Mario que llegó a Nueva York y se le dio por traficar coca, dejando fuera el detallito de que recorrió 6653 kilómetros por tierra entre Medellín y Estados Unidos para huir del castigo de Escobar. "[Llegué] a buscar a un amigo con quien había trabajado en Colombia", relató de su llegada a la Gran Manzana. "[Así acabé] administrando una agencia de envío de droga entre Colombia y Estados Unidos, cuidaba mercancía, y luego la repartía y recogía miles de dólares por la venta de la cocaína: 600, 800 y hasta 1200 o 1500 kilos".

Horacio siempre llevaba un revólver por seguridad suya y de la droga. También conseguía pistolas y metralletas para el resto del grupo en la agencia. En esa época la cocaína era la droga reina. En Estados Unidos, en los años ochenta, los consumidores gastaban 35 millardos de dólares en ella al año.[5] Mientras almacenaba, vendía y transportaba, el colombiano también se convirtió en uno de esos consumidores. "Me frené un poco cuando tuve una niña con Teresita, mi mujer", relató años después. Dejaba pasar lapsos de 15 a 20 días, o hasta de un mes, entre los lineazos de coca y fumar piedras de crack. Aquella era una reincidencia que don Jorge Mario y Otoniel tampoco debían saber.

Nunca admitió si el consumo dosificado lo volvió más distraído, porque siguió moviendo coca en las calles neoyorkinas hasta que le vendió producto a un agente federal encubierto en Manhattan.

"Trabajé hasta 1993, cuando me arrestaron", relató Horacio, que acabó en el MCC. Ocurrió unos meses antes de que Escobar muriera acribillado sobre un tejado en Medellín. En Nueva York, el colombiano no fue a juicio porque cooperó con la fiscalía a cambio de una condena reducida: siete años de cárcel. Tenía 33 años. Lo dejaron libre después de seis. En ese lapso conoció en la cárcel al dominicano Samuel y a Otoniel. Luego lo deportaron a Colombia, en mayo de 1999, cuando los matones de Escobar ya eran historia. Tres meses después estaba en Guatemala, llamando por teléfono a Otoniel.

---

[5] *Ibid.* Página 31.

Múltiples rutas y coca a manos llenas

Los fiscales sostenían que Jorge Mario buscó de nuevo a los colombianos Orozco y Rayo a principios del año 2000, y que se reunieron en Panamá para planificar cómo mover la cocaína directamente desde Colombia hasta México, sin detenerse en Centroamérica. Decían que usaron lanchas rápidas, con motores extras, para viajar a toda velocidad por el océano Pacífico entre Tumaco, Colombia, y Huatulco, México.

Desde Colombia, Orozco avisaba por teléfono: "La muchacha ya salió del aeropuerto", después de que la lancha salía de la costa colombiana. En México, según el expediente, Jorge Mario le telefoneaba luego para decirle: "Felicitaciones; es una niña", para confirmar de recibido. La fiscalía aseguró que, entre los años 2000 y 2002, traficaron entre 10 y 15 cargamentos. Cada uno pesaba entre 2000 y 2500 kilos. Orozco después testificó que Jorge Mario era el *middleman*, un intermediario para un mexicano que sólo identificó como "don Memo", quien recibía la merca y la vendía en México. Rayo y don Memo se repartían las ganancias por la mitad.[6] Nada en el expediente revelaba cuánto supuestamente recibía don Jorge Mario en este arreglo.

Años más adelante, Jorge Mario insistió en que nunca traficó afuera de Guatemala. Sin embargo, publicaciones de prensa citaban a la policía divulgando que tenía un registro migratorio mostrando que viajó siete veces, principalmente hacia México y Costa Rica, entre julio y agosto de 2002, y se reunió con un costarricense y un panameño que la DEA identificó como narcotraficantes.[7] Además, la fiscalía aseguraba tener recibos bancarios de pagos que Jorge Mario hizo para gestionar visas a México en 2002 y 2003, que aparecían

---

[6] Caso 03-CR-00987 en Corte Distrito Sur NY. Página 15, línea 20 en declaración de Jackson Orozco Gil, evidencia o *exhibit* G-16 de la fiscalía. Paredes siempre negó que estuviera involucrado en tráfico de drogas en otros países además de Guatemala.

[7] Estrada y Acuña. *Op. cit.* Página 3.

estampadas en su pasaporte, y que los viajes coincidían con algunos eventos en el caso.[8]

Mientras todo esto sucedía, en Guatemala le encontraron otro uso a Horacio cuando ya cumplía casi un año en el país, aparte de sus tareas de corte y cata. No iban a desperdiciar lo que sabía de Nueva York, ni la temporadita que pasó allá vendiendo droga, y le pidieron ubicar a alguien confiable para vender cocaína en esa ciudad sin intermediarios, para ganar más plata por la venta al consumidor en Estados Unidos. Esta vez, los cargamentos saldrían de Guatemala.

Recomendar a un vendedor era, para Horacio, otra oportunidad de asegurar su retorno a Nueva York, a donde todavía esperaba llegar, aunque se había detenido en Guatemala más de lo que esperaba. Y esto de conseguirles un contacto en la ciudad sólo iba a prolongar su escala, pero si iba a ganar más dinero, tal vez sólo necesitaba esperar un poquitito más para salir de todo esto. Entonces, el colombiano les recomendó a Sammy, el dominicano Samuel, su excompañero del bote en Nueva York, y quien contaba entre sus contactos a bodegueros, soldadores, mecánicos y mensajeros que movían cualquier cosa con discreción en el gigante enjambre urbano que era esa ciudad.[9]

Sammy había salido del MCC a mediados del año 2000, un año después que Horacio. Debía tener una residencia en Nueva York, como mínimo, porque aún estaba en esa ciudad cuando el colombiano lo telefoneó para pedirle diferentes encargos menores para Otoniel, que la hiciera de mandadero. Para cerrar el trato, que debía ocurrir cara a cara, el dominicano viajó a Guatemala por primera vez en diciembre de ese año. Tomemos en cuenta que estaba en libertad condicional, y que sólo pudo salir sin permiso de Nueva York y cruzar ilegalmente la frontera terrestre Estados Unidos-México, para luego viajar a Guatemala con un documento falso —si es que los controles en los aeropuertos estadounidenses le hubieran impedido volar directamente a Guatemala—.

---

[8] Caso 03-CR-00987 en Corte Distrito Sur NY. Documento 254 y 262 del 22 y 23 de septiembre de 2009, respectivamente.

[9] Jocelyn Strauber, en presentación de argumentos contra Paredes en la audiencia del 4 de noviembre de 2009, en el juicio en su contra.

"Durante esa visita, [Horacio] Botero le dijo a [Samuel] Santiago que estaba planeando volver al negocio del narcotráfico [como si los cortes y la cata de la coca de los últimos meses no tuvieran relación con eso] y quería que trabajara con él desde Nueva York", según la fiscalía. "Entonces, [Horacio] Botero y Otto Turcios presentaron a [Jorge Mario] Paredes y a Samuel". Los fiscales dijeron que, en esa reunión, Jorge Mario estaba rodeado de personas armadas.[10]

Salvo por Horacio y Otoniel, que conocieron al dominicano en la cárcel, nadie sabía cómo era Sammy hasta que llegó a Guatemala. No había, ni hay ahora, ninguna foto suya disponible en la internet. Era un auténtico fantasma del que sólo escuché la voz (años después) cuando la reprodujeron en una corte de Nueva York, en la grabación de una llamada telefónica. La llamada era de 2003. Ya tenía 48 años, pero conservaba la voz de un muchacho, que siempre sonaba como si estuviera a punto de carcajearse, con su entonación dominicana y algunos modismos del español hispano-estadounidense, que aspiraba el final de las sílabas diciendo "do" en lugar de "dos", o "ete" en lugar de "este". Cuando llegó a Guatemala, debió haberse mostrado lo suficientemente seriecito porque convenció y al regresar a Nueva York le pidieron los primeros encargos.

"Horacio Botero y Otoniel Turcios, comenzaron a referirle a Samuel Santiago a sujetos que necesitaban vehículos y caletas", reportó la fiscalía. Eran automóviles para transportar droga o dinero en la ciudad. "Después [...], Samuel Santiago también les conseguía sitios seguros para contar enormes fajos de dólares, que luego [según lo supo] enviaban a México y Guatemala".

En febrero de 2001 Samuel regresó a Guatemala para reunirse con Horacio y Otoniel. La fiscalía aseguraba que, "en este viaje", Horacio le dijo a Samuel que lo emplearían para recibir y vender cocaína que querían enviar a Nueva York. "A mediados de 2001 Samuel Santiago comenzó a recibir cantidades relativamente pequeñas de cocaína

---

[10] Parte de este recuento aparece en el documento 8 del caso 03-CR-00987 en la Corte Distrito Sur NY, y parte fue presentada por la fiscal Jocelyn Strauber en el juicio contra Paredes, el 1 de octubre de 2009. Esta información sólo la podrían haber revelado Horacio Botero o Samuel Santiago.

de Horacio Botero y Otoniel Turcios para distribuirlas en la ciudad. Parte de esa cocaína la transportaban al sureste de Estados Unidos, y Sammy instruía a otros sujetos y socios suyos para que la llevaran a Nueva York", dijeron los fiscales. Aquel era el último año de Giuliani en la alcaldía, y fue en el que menos cocaína incautaron en Nueva York.[11] Había terminado de limpiar y transformar Manhattan y otros sectores de la ciudad, pero no aplastó totalmente a los distribuidores de droga, como pretendía. Simplemente los obligó a ser discretos.

Para finales de 2001 el hermano de Otto Turcios, Lico (Isaías Turcios Marroquín), que vivía en Chicago, se reunió con Samuel en Nueva York. Lico le dijo que esperaba un cargamento de 100 kilos de cocaína en esa ciudad y le pidió que alquilara una bodega para almacenarlo. Samuel lo hizo. También distribuyó la coca. Después, en otra reunión en Nueva York, Lico le pidió asegurarse de que otro sujeto recibiera una porción de las ganancias de la venta del mismo cargamento. El dominicano le consiguió un automóvil con una caleta para ocultar el transporte de dinero y supo que el auto había llegado a Guatemala sin problemas. Todo esto ocurría a pesar de que los ataques terroristas del 11 de septiembre de 2001 sacudieron la ciudad, y había muchos más policías y soldados en las calles.

Caminando hacia la garganta de la DEA

En Guatemala, en la administración del presidente Portillo (2000-2004),[12] el desplome en el decomiso de cocaína llevó a Estados Unidos a clasificar al país en 2003 entre los poco o nada comprometidos con la lucha antinarcótica.[13] Para los narcos, el negocio iba mejor que nunca: la policía guatemalteca decomisaba menos de 1% de las

---

[11] National Drug Intelligence Center (NDIC). *Op. cit.*

[12] Diez años después, en 2009, la fiscalía de Nueva York pediría la captura y extradición de Portillo por lavado de dinero. En 2010, seis años después de dejar la presidencia, sería capturado para iniciar un largo camino de extradición.

[13] Además del retiro de apoyo financiero en seguridad para Guatemala, aquello equivalía a una regañina pública para el país.

estimadas 400 toneladas de coca traficadas por el país anualmente, según el gobierno estadounidense.[14]

En 2002 Samuel viajó otra vez a Guatemala porque Horacio le pidió que se reuniera con Jorge Mario, según la fiscalía en Nueva York. Ya lo había visto en dos viajes anteriores, cuando había viajado para hablar con Otoniel y Horacio de los encargos que hacía para ambos en aquella ciudad (aunque el colombiano, según su propio testimonio, en realidad actuaba como facilitador para Otto y Jorge Mario). El 6 de junio Sammy llegó por tercera vez a Guatemala y Horacio lo recogió en el aeropuerto en la capital. Los fiscales dijeron que al día siguiente se reunió con "don Jorge Mario".

Sammy dijo que el colombiano lo llevó a una reunión en una casa, donde también estaba Otoniel. Agregó que una mujer, quien dijo llamarse Lorena —así, a secas, sin ofrecer el apellido—, le enseñó algunas muestras de cocaína para que las examinara (en otro documento, la fiscalía dice que Juan Choto, trabajador de Jorge Mario, llevó las muestras en una hielera). Samuel las examinó allí mismo, hizo pruebas porque se trataba de producto de un nuevo proveedor (ya tenían los químicos con que hacerlo), y después de comprobar que la calidad era buena, aceptó vender la droga en Nueva York. Como tenía un origen distinto a la droga que había movido antes, tuvo que cerciorarse de que fuera de alta calidad y que podía venderla a un buen precio. No quería acabar con cocaína almacenada que nadie quería comprar, o por la que iban a pagar demasiado poco, porque no servía.

Sammy regresó a Nueva York el 9 de junio —la fecha de entrada a Estados Unidos aparecía estampada en su pasaporte (es un misterio cómo, porque estando en libertad condicional ni siquiera podía haber salido del estado y menos del país)—. Años después, los abogados de Jorge Mario sostendrían que nunca se reunió con Sammy y que además estaba fuera de Guatemala en esos días, que regresó hasta el 8 de junio, como lo indicaba la fecha estampada en

[14] Byron Barillas. "Hay que buscar quién está lavando dinero". *Siglo Veintiuno*. 8 de abril de 2004. Edición impresa. Página 7.

su pasaporte. Sin embargo, Sammy y Horacio aseguraron a la fiscalía que Jorge Mario estuvo en la reunión del 7 de junio en Guatemala, y los fiscales sostuvieron que podían comprobarlo.

Decían que, después de esa reunión en Guatemala, Jorge Mario le envió a Nueva York al menos 900 kilos de cocaína a Samuel, una vez que comprobó que la operación funcionaba bien. La cocaína salía de Guatemala o México, según el expediente. Que en Nueva York les pagaran 18 000 dólares[15] por kilo, 10 000 más que en México, explicaba por qué necesitaban a un sujeto como Sammy, y por qué decidieron enviar la merca directamente a Estados Unidos.

Mientras tanto, el dominicano tenía varias ollas sobre el fuego en Nueva York y otras ciudades estadounidenses, aparte del negocio con la gente en Guatemala. Esa versatilidad lo convertía en un riesgo para todos, porque se exponía más, aunque traficaban cantidades mucho menores que los grandes cárteles.

Entre 2001 y 2003 el Cártel de Sinaloa y Vicente Carrillo (del Cártel de Juárez) enviaron entre 1.2 y 1.8 toneladas de cocaína por vagón en trenes de ocho a 10 vagones que salían de la Ciudad de México hacia Los Ángeles, Chicago y Nueva Jersey (desde donde trasladaban la droga a Nueva York). En esos años, el Cártel de Sinaloa traficó al menos 50 000 kilos a Estados Unidos, y a cambio recibió entre 500 millones y 800 millones de dólares. En 2002 la DEA sólo le puso las manos encima a una mínima parte de esa droga en Queens y Brooklyn, Nueva York, y Chicago.[16]

Más cocaína en circulación bajó el precio y la hizo más accesible. Por eso aumentaron las muertes por sobredosis (sólo con cocaína o mezclada con opioides). Para 2003 el precio del gramo rondaba los 165 dólares (17% menos que en 1995),[17] aunque subió a finales de

---

[15] Parecía haber una inconsistencia con los precios, o el precio del kilo de cocaína había fluctuado tremendamente, porque el autor Charles Nicholl menciona que el kilo en los años ochenta en Nueva York se vendía en 35 000 dólares y el mismo precio es asignado por un miembro del Cártel de Sinaloa en 2008, mientras que en 2001 se cotizaba en 18 000 dólares. Véase Nicholl. *Op. cit.* Páginas 56 y 58. / A. Hernández (2020). *El traidor, el diario secreto del hijo del Mayo.* Grijalbo. Página 134.

[16] Hernández. *Op. cit.* Páginas 104, 105 y 107.

[17] Isacson. *Op. cit.* Página 10.

la década por el costo de riesgo de vender en las calles, en ciudades como Nueva York, con más vigilancia y en alerta por posibles represalias después de la invasión a Irak en 2003.

Al alcalde Michael Bloomberg (2002-2013) no lo amilanó promover la política *stop and frisk*, la revisión aleatoria de pies a cabeza en la calle de sujetos que la policía considerara sospechosos, por si les encontraban drogas o armas. Ignorando las críticas, los policías aplicaron la *racial profiling* y detenían en la calle a cualquier persona de color —especialmente negros y latinos, árabes, pakistanís, indios, etcétera—. Esto, claro, le ponía la lupa encima a Sammy y a su gente.

Una bomba de tiempo

Nueva York se mantenía en máxima alerta desde 2001 por los ataques del 9/11, con las calles y puentes principales llenos de policías. Aun así, Sammy ayudó a mover y a almacenar dinero en esas condiciones, que sólo arreciaron con el alcalde Bloomberg. Por eso a nadie le sorprendió que aquel hombre iba fresco de regreso a esa ciudad, con nuevos encargos después de su visita a Guatemala en junio de 2002. No imaginaban que el dominicano estaba a punto de hacer explotar esa operación en mil pedazos, y que las ondas expansivas los alcanzarían a todos.

Pero Sammy tenía otros motivos para estar nervioso, aunque nunca lo demostró. Había detallitos de su pasado reciente y remoto que, como Horacio, prefirió ocultar. Eran cosas como su libertad condicional en Nueva York, por los delitos que lo llevaron a la cárcel en 1994. Por eso el dominicano era como una llamita sobre un sendero de pólvora desde que puso un pie afuera de la ciudad y del país, en diciembre de 2000, para viajar por primera vez a Guatemala. Era inexplicable que, con libertad condicional, tuviera un pasaporte expedido legalmente y permiso para viajar afuera del país (algo sólo otorgado en casos extremos, como tener que visitar a familiares gravemente enfermos, si lo podía demostrar). De hecho, el expediente mostraba que Sammy había visitado México, cruzando la frontera de forma ilegal en varias ocasiones. Si fue así, simplemente podía llegar a un aeropuerto mexicano y tomar un vuelo a Guatemala, como cuando llegó en avión en 2002 —algo que podía hacer con un pasaporte estadounidense o un pasaporte con una visa estadounidense—. Otro asunto es que, si su pasaporte era falso, ¿cómo hizo para entrar en Estados Unidos y que un agente de migración lo sellara con su fecha de ingreso —el 9 de junio— sin advertir que había algo raro con el documento? Quién sabe.

Como sea, Sammy iba sumando *strikes* al violar su libertad condicional cuando volvió a traficar y salió del estado y del país. Sólo eso ya le garantizaba el retorno a la cárcel, pero para él parecía que era sólo una raya más para el tigre. Desde que salió libre, no había hecho más que ayudar a ocultar y mover millones de dólares en Nueva York, que salían de la venta de cocaína, y otras tareas que le encargaron Horacio y Otoniel.

Pese a los riesgos que corría, el dominicano no se había despeinado en lo absoluto. ¿Por qué?

No era un simple mandadero cuando cayó en el MCC, donde se encontró con Horacio, justo cuando Giuliani comenzaba a barrer la ciudad.

El 6 de julio de 1994 la policía detuvo al dominicano por vender 800 kilos de heroína y apuntarle con una pistola a un policía en la avenida Ogden, en el Bronx —una avenida donde la venta de drogas y resultar baleado eran hechos cotidianos—. No le ayudó a Sammy que el arma con que encañonó al policía había sido usada antes en un homicidio múltiple, que además tenía relación con el narcotráfico.[18]

---

[18] Hay una referencia hemerográfica de 1996 por el caso contra varios miembros de la pandilla Latin Kings, por asesinato, incluyendo a un Samuel Santiago, alias "King Sammy", de 31 años, en Nueva York. Aparece otro caso de enero de 2000 contra un Samuel Santiago por la "venta criminal de una sustancia controlada, en tercer grado" (drogas). Sin embargo, por la falta de detalles acerca de Santiago es imposible saber si se trata de homónimos o de la misma persona. En el expediente de Paredes (Caso 03-CR-00987 en Corte Distrito Sur NY), el documento 242 (página 3) lo describe como uno de tres coconspiradores en un caso de 1994. Véase el caso 94-CR-480-

En julio de 1996, aún detenido, la fiscalía confirmó que el dominicano pertenecía a la Organización Velásquez, que desde finales de los años ochenta vendía cocaína y enviaba al más allá a quien le estorbara (entre otros crímenes) en Nueva Jersey, Nueva York y Florida.[19]

La acusación contra Sammy decía que también "trató de hacer explotar una casa en Nueva Jersey" y que en 1991 "se trasladó con otros [sujetos] del Bronx a Jackson Heights, en Queens, para 'matar a alguien'", pero fallaron en el intento. Tenía entonces 35 años cuando él y otros 39 cómplices trataron de matar a John Sutter, un abogado de Long Island a quien la organización ordenó aniquilar porque no le pareció cómo había defendido a uno de los jefes de una acusación por narcotráfico. Participar en el asesinato del abogado les iba a permitir a algunos cómplices de Sammy pagar derecho de piso.[20]

El fallido asesinato del abogado ocurrió entre Astoria y Queens Boulevard, una calzada donde estaba el Sage Diner, un sitio de reunión para Sammy y los suyos, y a donde regresaría años después con intenciones muy diferentes.

El dominicano, continuaba su larga lista de antecedentes en el expediente, usaba el sobrenombre "Apache" y también había viajado a Miami, "para encontrarse con personas que tenían una minivan con armas de fuego; luego, recibió la minivan en Nueva York y ayudó a descargar las armas".[21]

JFK. Fue acusado de otros cargos relacionados con drogas en el caso 96-CR-126. Ambos casos están en la Corte del Distrito Sur de Nueva York.

[19] Caso 1:96-CR-00126-KPF en Corte Distrito Sur NY. Documento 677 archivado 19 de junio 2007. Página 3.

[20] *Ibid.* Página 4. El expediente impide acceso a casi todos los documentos salvo por la acusación contra Santiago. Sin embargo, algunos antecedentes del caso y de la organización fueron tomados de la acusación contra Andrew Bennett, que estaba encargado de perpetrar el asesinato del abogado y cómplice en el mismo caso con Santiago y otras 38 personas.

[21] Los antecedentes figuran en el documento 242 del expediente del caso 03-CR-00987 en la Corte Distrito Sur NY. Este documento replica una audiencia en la que la abogada defensora de Paredes, Linda George, cita los números de expediente de las acusaciones contra Santiago de 1994 (S1-94-CR-480-JFK) y 1996 (S1-96-CR-126-JFK). Los datos constan en la evidencia o *exhibit* B, bajo el registro 4-1-98.

En 1998 Sammy había cumplido cuatro años de cárcel de una sentencia de seis, a los que seguían cuatro años de libertad supervisada por los hechos de 1994. Era un castigo relativamente suave, porque sólo por haberle apuntado al policía con una pistola lo podrían haber encerrado durante 14 años.

En una audiencia del 1 de abril de 1998 el juez federal John F. Keenan debía decidir cuánto tiempo pasaría el dominicano en la cárcel, tiempo de la sentencia que ya cumplía y por las otras acusaciones que enfrentaba. Para persuadir al juez, su abogada defensora, Julie Vianale, argumentó que su cliente había tenido un "papel menor" en los delitos señalados.

"Iba de acompañante y no tuvo un papel activo, aunque sí sabía qué hecho iban a cometer", dijo Vianale de cuando Sammy acompañó a otros sujetos para asesinar al abogado, aunque reconoció que su cliente sí pertenecía a la Organización Velásquez.

Una semana antes de la audiencia, Sammy se había declarado culpable de las otras acusaciones. Eso quería decir que firmó un acuerdo para colaborar con la fiscalía (tenía que delatar o sapear a otros), que podría persuadir al juez a reducir otra sentencia de 44.5 meses (tres años y ocho meses) que recibió por el intento de asesinato, el asunto de las armas y las otras cositas. La abogada le pidió al juez reconsiderar la sentencia porque su cliente ya estaba cooperando con la fiscalía. "He visto un gran cambio en sus actitudes", le dijo Vianale al juez Keenan.

Sammy también abogó por sí mismo.

"Sólo quisiera que usted me diera la oportunidad de mostrar a la corte y a mi familia de que cambié y soy un hombre diferente", pidió el dominicano.

T5, según lo indicado en el citado documento 242 a partir de la página 3. El texto indica que Santiago estaba libre bajo supervisión cuando se involucró en la conspiración S-8 en 2001, el caso con Horacio Botero, los hermanos Turcios y Paredes (quien nunca admitió haberlo conocido en persona). En realidad, Santiago se involucró desde diciembre de 2000, cuando viajó a Guatemala por primera vez, según se reveló en el juicio en octubre de 2009 en Nueva York.

Keenan era un juez de la vieja guardia, con 69 años cumplidos, y 15 de ser un juez federal nominado por el presidente Ronald Reagan. Otros jueces de carrera lo consideraban un mentor. Estaba casi totalmente calvo y tenía una expresión engañosa de abuelito apacible. Le precedía la fama de exasperarse con los dramas en la corte, de los cuales había tenido suficientes, como en juicios como los de la ex primera dama de Filipinas Imelda Marcos y la comisionada de asuntos culturales para Nueva York y ex reina de belleza Bess Myerson.[22]

Todo apuntaba a que Sammy podía olvidarse de intentar conmover a Keenan. Pero, contra todo pronóstico, el juez accedió.

"*Serve two more years*", le dijo. Debía cumplir sólo dos años más de cárcel, un año y ocho meses menos de lo que dictaba su sentencia original. Esa decisión lo devolvió a la calle alrededor de junio de 2000, aunque con cinco años de libertad bajo supervisión por delante. Al parecer, era una disposición sólo en papel. Sólo seis meses después, Sammy iba como pasajero en un avión rumbo a Guatemala para cerrar un trato y emplearse como intermediario en la compraventa de cocaína en Nueva York, y el alquiler de casas y bodegas discretas en la ciudad para contar el dinero de las ventas.

Por eso, el dominicano era una bomba de tiempo: si lo capturaban, no iba a tener otra opción que echar a todos al agua para salvarse, pero nada de esto lo inquietaba. Después de haber violado su libertad condicional tantas veces, viajaba confiado y sin sobresaltos. O tal vez disfrutaba caminar sobre el filo de la navaja, como si resbalar y cortarse sólo les sucediera a otros.

Sammy recibió los primeros cargamentos en Nueva York sin problemas, entre junio y noviembre de 2002. Luego, envió el dinero de la venta hacia México. Ocultó los billetes en pickups Dodge Ram que llevaba a un taller a pocos pasos de la intersección entre la calle 172 y la avenida Jerome, en el Bronx. En ese sitio, le soldaban caletas a la carrocería, para que los fajos de dólares llegaran im-

[22] J. P. Fried. "John F. Keenan, U.S. Judge in Myerson and Marcos Trials, Dies at 94". *The New York Times*. 28 de octubre de 2024. Enlace: https://www.nytimes.com/2024/10/28/nyregion/john-f-keenan-dead.html.

pecables y pasaran la frontera sin ser detectados. El sitio era bastante bullicioso, casi debajo de donde corría el *subway* sobre un puente elevado, y donde abundaban los talleres y las ventas de repuestos de vehículos. De allí salían los pickups para cruzar la frontera en El Paso o McAllen, Texas, hacia Tamaulipas, México. Según la fiscalía, trabajadores del Gordo recibían el dinero y lo llevaban a Guatemala. Este método de transporte era popular entre los narcos, que solían enviar cantidades que rondaban los 2 millones de dólares por viaje.[23]

El dominicano también tenía otros patrones, entre proveedores y transportistas. Encontraba compradores para carga que llegaba a Miami, o *couriers* que llevaran la coca desde Florida hasta California si hacía falta. También ayudaba a abrir rutas nuevas con cargamentos de prueba, de 10 o menos kilos —que los traficantes llamaban "una familia pequeña"—. Llevaba cinco meses en esas, mientras que ayudó a mover cerca de 1 000 kilos de la gente en Guatemala, según la fiscalía. Y habían coronado como reloj suizo, hasta que las cosas comenzaron a salir mal.

El 2 de noviembre de 2002 la DEA capturó a Steve Francis, un distribuidor que le compraba cocaína a Sammy. Francis se salía de un guion donde todos los malos del paseo eran latinos. Este era un gringo que los agentes encontraron en un apartamento en Riverdale, un vecindario en el Bronx, al norte de Manhattan.

Cargaba 50 kilos de cocaína en tres cajas de cartón. Minutos antes había pagado 200 000 dólares por esa droga en otro apartamento del mismo edificio. Era droga del Gordo, según esa agencia federal. Y ese dinero, que la DEA también confiscó, debía haber llegado hasta Sammy para pagar el transporte de más cargamentos y enviar una parte a Horacio. Aquella hubiera sido una comisión para el colombiano por los buenos resultados que sumaban en Nueva York, pero se había esfumado.

Los Riverdale Apartments, en la avenida Arlington y la calle 254, donde ocurrió todo, no eran ningún palomar. Estaban en un

[23] Ricardo Ravelo (2008). *Herencia maldita*. Random House Mondadori. Páginas 113-121.

vecindario cuidado y de alta plusvalía, con jardineras retocadas y grama impecable, sin indigentes, ni basura en la calle, ni pestilencias flotantes sobre las áreas peatonales. Así eran en 2003 (y así seguían en 2023). No era un edificio de Park Avenue, pero lo rodeaban residencias espaciosas, que serían un lujo en cualquier vecindario de la ciudad. No por nada Riverdale era y es considerado como "uno de los mejores lugares para vivir en Nueva York".

Para finales de los años noventa, un apartamento sobre la avenida Arlington no costaba menos de 75 000 dólares. La renta oscilaba entre 750 y los 2 000 dólares, sin incluir la cuota de mantenimiento.[24] Eso explicaba que un traficante —que manejaba 200 000 dólares por una sola transacción— pudiera pagar esa renta.

En esa época, según la fiscalía, Sammy hablaba frecuentemente con Jorge Mario por teléfono para dar fe de que había recibido la cocaína o los dólares por la venta en Nueva York. Entre junio y noviembre de 2002, después de su visita a Guatemala, el dominicano recibió dos cargamentos de 500 kilos de cocaína cada uno.[25] Horacio también le rendía cuentas a Jorge Mario acerca de los movimientos de Sammy, por ser su recomendado, y para tenerlo al tanto de problemas como la captura de Francis, y cómo la DEA le cayó encima a la merca y al dinero en Riverdale. También debía comprobar que era cierto lo que decía el dominicano. Por eso Horacio le dio un número de fax a Sammy, para que le enviara a don Mario las pruebas de la captura del distribuidor y los decomisos.[26] Esas pruebas podían

---

[24] Alan S. Oser. "At a Riverdale Co-op, Resident Owners Take Hold". *The New York Times*. 24 de diciembre de 1995. Enlace: https://www.nytimes.com/1995/12/24/realestate/at-a-riverdale-co-op-resident-owners-take-hold.html. / En el vecindario, que se autodenomina un enclave afluente, la media actual en el precio de una propiedad es de 446 250 dólares (la más alta del Bronx). Véase Riverdale Real Estate Market Trends. "Market Overview for December 2023". Enlace: https://www.propertyshark.com/mason/market-trends/residential/nyc/bronx/riverdale.

[25] Este fue un dato que reveló la fiscal Strauber en la audiencia del 4 de noviembre de 2009, casi al final del juicio contra Paredes.

[26] Caso 03-CR-00987 en Corte Distrito Sur NY, incluye documentos del proceso de apelación: Caso 1:14-CV-01764-DAB. Documento 8 archivado 18 agosto 2014. Página 1.

ser desde la copia de un reporte policial hasta la noticia publicada en un periódico.

Francis nunca apareció en la lista de acusados en el expediente, algo que podía pasar si la fiscalía había abierto un caso separado para el distribuidor, para protegerlo, especialmente si lo había persuadido a cooperar con la fiscalía. En una audiencia del caso años más adelante,[27] la fiscal Strauber dijo que Francis fue capturado el 2 de noviembre de 2002, y lo identificó como un "Samuel Santiago *worker*", un trabajador del dominicano. Pero Francis no era cualquier cosa. La DEA lo describía como un conocido traficante en Nueva York, que el dominicano conoció cuando estuvo preso en el MCC, mientras el juez Keenan decidía qué hacer con él. Evidentemente, Sammy no había desperdiciado su tiempo tras las rejas si había hecho *networking* con tipos como Francis, como lo había hecho años antes con Horacio y Otoniel.

La fallida transacción de cocaína de noviembre de 2002 en Riverdale también involucró a Richard Hall, otro gringo que también debía recoger más cocaína en el apartamento designado para ese propósito, y dejar el pago en otro. Nunca lo logró. La parte del expediente accesible al público no revelaba qué pasó con Hall. Años después, Linda George, la abogada de Jorge Mario, dijo en su juicio que sospechaba que Hall era un infiltrado de la DEA (y por eso había cero rastros de él en los documentos del caso), y que en esos días estaba atrincherado en un hotel en Nueva Jersey, frecuentando un *diner* sobre Queens Boulevard —que tenía todas las pistas del Sage Diner, el mismo que Sammy usaba para sus reuniones—.

En total, el operativo de la DEA en Riverdale les hizo perder 1.1 millones de dólares. Parecía bastante dinero, aunque, según la fiscalía neoyorkina, entre 1997 y ese año, 2002, una mujer que identificó como Myve Lorena Orellana Morales había almacenado 25 millones de dólares "en ganancias por la venta de cocaína a nombre

[27] En la audiencia del 4 de noviembre de 2009 la fiscal Jocelyn Strauber mencionó que la captura de Steve Francis ocurrió el 2 de noviembre de 2002. También la mencionó Linda George, entonces abogada defensora de Paredes. La audiencia fue presenciada por la autora.

de Jorge Mario Paredes Córdova". Los fiscales decían que esa venta incluía el tráfico de 50 000 kilos a Estados Unidos y que ella era la misma "Lorena" que estuvo en la reunión con Jorge Mario, Horacio y Otoniel en 1999 en Panamá con el colombiano el Loco Barrera, y que después regresó a ese país para pagarle a Barrera por el primer cargamento que les envió a Guatemala. Un periódico la identificaba como nacida en Estanzuela, Zacapa.[28] Más adelante, Jorge Mario negó que hubieran tenido "una relación de negocios".[29]

Mientras tanto, en Guatemala se decidió que Sammy debía vender más cocaína para reponer la droga y el dinero que perdieron en Riverdale. Para eso, enviarían otro cargamento a Nueva York con Pipiolo. Era un tipo de quien sólo se sabía el apodo, y que estaba a cargo de una flota de vehículos y choferes que transportaban cocaína por rutas interestatales en Estados Unidos, después de que era traficada desde México.

Antes de que acabara el año, el dominicano recibió otros 100 kilos (de don Mario, Otoniel y Horacio, según la fiscalía), pero esta vez le pidió al Gordo que enviara a su gente a Nueva Jersey a recoger el dinero de la venta. No quería correr más riesgos y perder más plata. "Su familia ya llegó", le dijo Sammy por teléfono para confirmar que tenía los fajos de dólares.[30] Pactaron el punto de entrega en un sitio cerca de una salida hacia la autopista interestatal I-80 en Nueva Jersey, accesible desde Nueva York por el puente George Washington y la autopista I-95.

---

[28] El dato de la "Organización Paredes" aparece en el documento número 126 del expediente (Caso 03-CR-00987 en Corte Distrito Sur NY). La información de Orellana Morales aparece en el periódico salvadoreño *El Diario de Hoy*, el 6 de mayo de 2008, cinco días después de la captura de Paredes en Honduras. También aparece en Acuña y Sas. *Op. cit.* Página 4. También véase el documento 192 (página 3) del caso 03-CR-00987.

[29] Documento 197 del caso 03-CR-00987 en Corte Distrito Sur NY, que contiene las declaraciones "post arresto" de Paredes del 2 de mayo de 2008 en Miami durante un interrogatorio con dos agentes de la DEA. Para 2025, el documento 197 había sido archivado como el número 193-2.

[30] La porción pública del expediente no incluye detalles acerca de cómo las autoridades interceptaron esa llamada y registraron la conversación entre Samuel Santiago y a quien identificaron como Jorge Mario Paredes.

El siguiente cargamento llegó la última semana de enero de 2003. Para recogerlo, Sammy debía moverse al Midtown en Manhattan. Debía esperarlo frente a un Starbucks, sobre la 8ª avenida y la calle 35. Estaba a dos cuadras del Madison Square Garden, tan cerca que el edificio cilíndrico se podía observar desde esa esquina, una de mucho movimiento por una parada del *subway*, una venta de revistas y periódicos y dos cabinas telefónicas. Junto al Starbucks, sobre la avenida, había una zapatería, una tienda de aparatos electrónicos y un McDonald's, frente al cual había un poste con una cámara del NYPD. En la acera de enfrente estaba la Cooper's Tavern con sus toldos rojos y la marquesina verde neón del hotel New Yorker, y la fila de *shuttles*, taxis y automóviles constantemente dejando o recogiendo pasajeros. La esquina era el punto de recepción ideal, donde los turistas se fijan más en los rótulos luminosos, las vitrinas y los rascacielos que en otros transeúntes, y los neoyorkinos caminan de prisa esquivando a los turistas indecisos parados a media banqueta.

El 24 de enero de 2003, la gente caminaba más de prisa que de costumbre para escapar del gélido aire de la época, mientras Sammy esperaba el cargamento en la concurrida esquina del Midtown. Estaba tan habituado a esa rutina que se confió y no se dio cuenta de que varios sujetos lo observaban desde lejos.

4

Nace un soplón

En Nueva York, Sammy supo hacerse necesario para el Gordo, Horacio y Otoniel en Guatemala, y para Lico en Chicago (el hermano de Otto). Lico le pedía contactos de bodegueros en esa ciudad para almacenar cocaína que ya no cabía en ninguna parte. Horacio le telefoneaba para confirmar que había recibido "a toda la familia" (los cargamentos completos), mientras que el Gordo lo buscaba para que recolectara enormes fajos de dólares y los enviara a México, de donde su gente los llevaba a Guatemala.

Otoniel le avisaba por teléfono cuando "los muchachos del banco", los cobradores, iban en camino —para que les pagara el transporte de la droga—. Desde México, Jeto (Héctor Morataya, quien le vendía cocaína a Otoniel)[1] le confiaba cosas como "voy subiendo con unas porristas, unas muchachas muy bonitas" —es decir, que iba hacia el norte de México con cocaína de alta pureza—. Jeto era un guatemalteco que vivía en McAllen, Texas, y movía cargamentos desde la frontera sur mexicana hacia la norte (donde otros entraban en Estados Unidos con la coca).[2] Recluta, que trabajaba con Jeto y distribuía cocaína en Nueva York, solía telefonear a Sammy para cobrarle por el transporte de la droga.

Desde Miami, el Mono, un colombiano amigo de Horacio, también le pedía al dominicano que le recomendara compradores para mercadería recién llegada a Florida.

Por eso, el teléfono de Sammy nunca dejaba de sonar.

---

[1] Era un contacto en México de los hermanos Otoniel y Lico Turcios, según la DEA, pero el expediente no contiene más información. Se presume que es guatemalteco. Nunca fue capturado en relación con este caso.

[2] No había referencias en el expediente de su relación con el grupo de los Arriola, que era el que movía la coca desde la frontera a un rancho en Colorado.

En dos años y medio, y aunque estaba en libertad condicional (es decir, no podía ni respirar cerca de cualquier delincuente, y menos hacer algo ilegal), al dominicano le había ido relativamente bien —fuera del problemita de Riverdale—. Nada le indicaba que estaba en el radar de la DEA, hasta que un accidente en una autopista rompió su racha.

Honestamente, fue pura mala suerte. El 24 de enero de 2003 por la mañana, dos policías se estacionaron en una autopista de Pensilvania, cerca de Pittsburgh,[3] para asistir a varios automovilistas involucrados en una colisión menor, un golpecito que un camión pequeño le dio a un sedán. El conductor del sedán, Roberto Maldonado, se había detenido a un lado de la carretera. Le acompañaba otro sujeto que el expediente sólo identifica como Meza. Todo iba bien hasta que ambos bajaron del vehículo. Verlos afuera fue, para el agente de la patrulla, el *trooper* Charles Morán, una señal de que no querían que se acercara al automóvil (por norma, los pasajeros deben esperar adentro a que el agente se acerque a la ventanilla del conductor). Entonces, le pidió a Maldonado que abriera la cajuela. Al echar un vistazo, confirmó sus sospechas: adentro había dos maletines deportivos azules, y al abrirlos encontró múltiples ladrillos envueltos en cinta de aislar plateada, señas inconfundibles de que contenían droga. Eran 265 kilos de cocaína.

El *trooper* Morán llamó a la DEA. Cuando esa agencia supo que el destino de los maletines era Manhattan, decidió que harían una "entrega controlada": dejó que Maldonado y Meza continuaran su camino hasta el destino final, mientras los seguían para ver quién iba a recibir aquel encargo y capturarlos a todos.[4]

---

[3] Véase la referencia sin fecha, pero sí de lugar: "Manhattan Federal Jury Finds Cocaine Kingpin Guilty on Narcotics Importation and Distribution Charges". Enlace: https://www.dea.gov/sites/default/files/divisions/nyc/2009/nyc110609ap.html. / Otro comunicado de la DEA en Denver, Colorado, del 19 de octubre de 2004, consigna que la ubicación del cargamento en Pensilvania ocurrió el 24 de enero de 2003. La acusación de la Fiscalía del Distrito Sur de Nueva York archivada el 19 de agosto de 2003 indicaba que el decomiso ocurrió el o alrededor del 25 de enero, pero otros documentos registran la fecha como el 24 de enero de ese año.

[4] Estos hechos fueron registrados en una serie de formularios que la DEA identifica como "DEA 6". En uno de fecha 29 de enero de 2003, el agente Kenneth Bradley

Maldonado y Meza llegaron hasta la 8ª avenida y la calle 35, donde los esperaba Sammy. El dominicano sólo vio los chalecos de la DEA, y los uniformes de policía, y se le descolocó la expresión. En un instante, su libertad condicional se extinguió como un cerillo. Su aliento se suspendió por espacio de segundos en los -2 grados centígrados de aquel viernes.[5] Era el decimotercer día consecutivo en que la temperatura permanecía en punto de congelamiento en Manhattan.

Sammy le perteneció a la DEA desde que los agentes le pusieron las manos encima. Entonces supo que dieron con él por el accidente en Pensilvania, y porque Maldonado (a quien el dominicano sólo conocía como "el Pingüino") y Meza habían soltado todo. Sammy reconoció de inmediato que sólo tenía dos opciones: se volvía informante para reducir su futura temporada en la cárcel o se hacía a la idea de pasar un buen tiempo encerrado. Naturalmente, eligió lo primero. Ya conocía las reglas del juego cuando los agentes comenzaron a querer sacarle la gran confesión. Sabían que había una detrás de un tipo que espera 265 kilos de cocaína en pleno Manhattan. Querían saber exactamente quiénes estaban atrás del cargamento.

---

describe la "entrega controlada" de 256 kilos (aunque otros documentos registran 265 kilos) de "sham cocaine" (cocaína impostora). El párrafo 8 se refiere a "conversaciones grabadas entre el CS (*confidential source* o fuente confidencial —un informante—) y Samuel Santiago (evidencias o *exhibits* N-32 y N-33). En un reporte de la DEA 6 del 5 de febrero de 2003, el agente Daniel Snyder se refiere a la captura de dos individuos y a la incautación de "256 kilos de cocaína" a manos de la Policía Estatal de Pensilvania. Parte del reporte también fue elaborada por el agente de la DEA Paul Roach. Véase el caso 03-CR-00987 en Corte Distrito Sur NY y el documento 8 del caso 1:14-CV-01764-DAB, un proceso de apelación de sentencia de Paredes. Datos también consignados por la autora durante el juicio de Paredes en 2009 (audiencias del 30 de septiembre y 1 de octubre).

[5] La entrega de la droga y captura de Santiago se registra en algunos documentos el 24 de enero y en otros el 25 de enero de 2003. En este texto se identifica el 24 porque ese día el cargamento de 265 kilos fue interceptado en Pensilvania, y ese día se dejó seguir hasta Nueva York a donde lo esperaba Santiago frente al Starbucks sobre la 8ª avenida y la calle 35. No hay ninguna referencia respecto a otro destino que haya tenido la droga, por ejemplo, que haya sido almacenada durante la noche para que Santiago la recibiera al día siguiente. Además, ese mismo día, el 24, fue capturado el chofer que transportaba el cargamento: Roberto Maldonado, alias "el Pingüino".

Entonces, Sammy comenzó a recitar apodos, nombres, fechas y lugares. Que si el Gordo, que si el colombiano Horacio Botero (o León, como le decían en clave), que si el guatemalteco Otoniel, Otto Turcios, y su hermano Lico, etcétera.

Soltó que le enviaron la coca desde Guatemala, qué negocios tenían en ese país y qué encargos le pedían para hacer en Nueva York. Dijo suficiente para que, tres días después, le dieran seis celulares pinchados que debía usar para hablar con todos sus contactos, especialmente los dueños de los 265 kilos. Como acostumbraba a cambiar de número con frecuencia, a nadie le parecería extraño que les diera números nuevos, los que la DEA iba a usar para grabar todas las llamadas que Sammy iba a hacer y recibir.

Desde el día de su captura, al dominicano lo vigilaron dos agentes de la DEA todo el tiempo (dos diferentes cada ocho horas). Los tres estarían atrincherados en un hotel por los días, semanas o meses que fuera necesario para conseguir información que les permitiera capturas importantes.

Sammy ya había pasado tantos años mintiéndoles a agentes y jueces federales para reducir su tiempo en prisión, cada vez que lo capturaban, que ahora ciertamente podía mentirles a unos cuantos narcos para ayudarle a la DEA a capturarlos y no acabar encarcelado el resto de su vida. Sólo debía servir de anzuelo humano.

El 24 de enero, el día del gran decomiso en Manhattan, según la DEA, también se vendieron otros 50 kilos de cocaína en Harlem conectados con la red de Sammy. Además, capturaron a un distribuidor en West Milford, Nueva Jersey, con otros 56 kilos encima y 15 000 dólares de la venta, también conectado al dominicano, que había comenzado temprano a dar señas de cuán útil podía ser.[6]

El domingo 26 de enero Santiago recibió una llamada con instrucciones para reunirse ese día con dos trabajadores de Pipiolo, el tipo que dirigía la red de *couriers* interestatales de cocaína en Estados Unidos. Como no habían sabido más del Pingüino (Maldonado) y Meza (los dos sujetos que llevaban la droga a Manhattan), querían

[6] Caso 03-CR-00987 en Corte Distrito Sur NY. Documento 140.

asegurarse de que el dominicano tenía los 265 kilos y que todo estaba bien. Claro, nada lo estaba. Quedaron en el mismo lugar donde Sammy recibió el cargamento dos días antes, frente al Starbucks de la 8ª avenida y la calle 35. Los vigilaban a una distancia prudente agentes de la DEA. No iban a dejar que a estas alturas el dominicano se les volara.

Un inmutable Sammy les dijo a los emisarios de Pipiolo que había recibido el cargamento, que era verdad, aun si lo tuvo en sus manos por un instante fugaz. No tenían por qué sospechar lo contrario. El asunto ni salió en las noticias, aun si la captura de Sammy y el decomiso de la cocaína eran extraordinarios en Nueva York. Tampoco había rastros de estos hechos en los boletines de prensa del NYPD o la fiscalía. A nadie le interesaba que la noticia se filtrara para mantener la apariencia de que Sammy tenía los 265 kilos.

Por esos días, en cambio, la policía neoyorkina presumía en los periódicos por las capturas de un sujeto vinculado a cuatro asaltos a bancos en Queens, de tres mujeres que operaban una boutique clandestina en Elmhurst, Queens, para vender ropa y accesorios Ralph Lauren, DKNY y Gucci robados y con un valor de 1 millón de dólares, y de 25 *dealers* de una red en Coney Island. Esta última fue una operación de 10 meses, en la que detectives encubiertos compraron cocaína y crack 81 veces. La policía también les incautó droga valorada en 10 000 dólares. Todo esto era una nada en contraste con los 4.2 millones de dólares, como mínimo, en que se hubieran vendido los 265 kilos de cocaína incautados a Sammy, pero la gran noticia pasó debajo del radar de la prensa.

En las siguientes semanas el dominicano siguió como si nada, coordinando por teléfono —frente a los dos agentes de la DEA de turno— los traslados de coca que entraba por Florida y llegaba hasta Nueva York o California. Algunos eran ajenos a la red de Guatemala, pero con traficantes que no tuvo más remedio que quemar.

Las escuchas telefónicas comenzaron el lunes 27 de enero.[7] La DEA grabó todas las llamadas, las transcribió en español y las tradujo

[7] Caso 03-CR-00987 en Corte Distrito Sur NY. Informe DEA 6 de 38 páginas, preparado y fechado el 15 de abril de 2003 por el agente especial Tim Foley, en la

al inglés. Frecuentemente las conversaciones parecían un juego de adivinanzas con palabras u oraciones a medias que cada interlocutor debía interpretar. Muchas veces la señal del celular era terrible, y pasaban unos cuantos minutos de la llamada sólo tratando de escuchar o adivinar qué había dicho el otro.

Lunes 27 de enero

Pipiolo llamó al dominicano para confirmar si aún tenía los 265 kilos. El identificador de llamadas desplegó un número con código de área de El Paso, Texas, uno de los puntos clave para el ingreso de cocaína a Estados Unidos.[8] Este sujeto había supervisado el transporte del cargamento en el sedán desde un rancho en Peyton, Colorado, y el trayecto de 2510 kilómetros o 21 horas que siguió hasta Pensilvania, y en los siguientes 383 kilómetros o cuatro horas que le tomó llegar a Nueva York. Pipiolo no tenía idea de que el Pingüino y Meza también llegaron hasta Manhattan vigilados por agentes federales. Tampoco sabía que vigilaban la operación en Colorado desde marzo de 2002. Los agentes ahora pretendían que Sammy hiciera su parte para que Pipiolo no sospechara que la operación del rancho en Peyton estaba comprometida.

Una de 50 operaciones de escuchas telefónicas que los agentes federales montaron en varios estados les reveló qué ocurría en Colorado. Las escuchas eran parte de la *Operación Choque*,[9] que mostró cómo lo que la DEA llamaba Organización Arriola almacenaba miles de kilos de cocaína: en un rancho de 500 acres (el tamaño de unas

---

sede del Grupo D-44 en Nueva York, con base en las grabaciones del CS o *confidential source* (fuente confidencial) entre el 27 de enero y el 1 de abril de 2003. El informe no menciona a Santiago, pero en otros documentos del expediente se establece que el CS sí era el dominicano Samuel Santiago.

[8] La DEA nunca averiguó el verdadero nombre de Pipiolo, según el expediente del caso en la corte de Nueva York.

[9] Véase el artículo 34711 en Criminaldefenselawyer.com consultado el 1 de febrero de 2009.

20 canchas de futbol) en Peyton, un pueblo ganadero donde vivían unas 200 personas.

El espionaje reveló cómo los 265 kilos llegaron al rancho y, según la DEA, que el traficante mexicano Óscar Arriola Márquez mencionó a Jorge Mario Paredes en una de las llamadas interceptadas.[10] Pero fue hasta después del accidente del sedán en Pensilvania que relacionaron la operación en Peyton con Nueva York. Aquel cargamento era parte de un consolidado de varios dueños, que un pequeño ejército de la Organización Arriola transportó desde México hacia Estados Unidos, y a la que pertenecían Óscar y sus hermanos Miguel Ángel y Luis Raúl Arriola Márquez y Saúl Saucedo.

El Cártel de Sinaloa también traficaba cargamentos consolidados. Esto implicaba que "un *pool* de inversionistas" compraba toneladas de cocaína en Colombia. Todos se dividían los gastos, ganancias y los riesgos del transporte. Los Arriola, como otros traficantes, enviaban a Estados Unidos los cargamentos en tráileres, contenedores encaletados y jalados por un cabezal.[11] En unas nueve horas, los tráileres recorrían 955 kilómetros desde Ciudad Juárez, en Chihuahua (otra base de operaciones de los Arriola), hasta Peyton, Colorado. Desde allí, enviaban una parte de la carga a California y otra a Nueva York, el centro de distribución en la costa noreste.

En los meses siguientes, la habilidad de Sammy para fingir que todo iba normal fue el hilo del cual pendía todo el teatro de las escuchas en este caso de Nueva York.

---

[10] Caso 03-CR-00987 en Corte Distrito Sur NY: El documento 8 del caso 1:14-CV-01764-DAB, un proceso de apelación de sentencia de Paredes, indica en la página 7 que los 265 kilos fueron transportados en "camión" desde Colorado a Pensilvania, donde fueron incautados, pero en el juicio de Paredes en 2009 (audiencias del 30 de septiembre y 1 de octubre) la fiscalía indicó que la transportaron en un vehículo sedán, según notas que la autora tomó en persona en el juicio. El dato de que Paredes fue mencionado por Óscar Arriola en una conversación telefónica interceptada lo refirió la fiscal Jocelyn Strauber, según fue escuchado por la autora durante una audiencia del juicio en 2009. El vínculo entre los 265 kilos y Arriola también aparece en un informe de la DEA del 5 de febrero de 2003, registrado por el agente Paul Roach.

[11] Hernández. *Op. cit.* Página 134. / Historia DEA: 1994-1998. Página 86. Enlace: https://www.dea.gov/sites/default/files/2021-04/1994-1998_p_76-91.pdf.

El 27 de enero un sujeto apodado "el Gordo" también llamó al dominicano para preguntarle dónde estaba el cargamento del 24 de enero. En este negocio, los apodos eran una protección por si, no fuera ser, alguien los escuchaba hablar o —peor— los estaba grabando. Sammy le aseguró que la cocaína estaba almacenada. "El hombre mío está allá dando la cara", decía respecto a un trabajador que, le aseguró (guiño, guiño), cuidaba el cargamento oculto en un taller en Nueva Jersey. "Mande a alguien de su confianza", agregó, retando al Gordo, para demostrar que estaba dispuesto a comprobar cuanto le decía. "La familia está ahí", continuó el dominicano con el embuste, y después le dio su nuevo número de teléfono —uno de los seis pinchados por la DEA—.

Al día siguiente, Lico llamó a Sammy para decirle que estaba en Nueva York y que le consiguiera un hotel en Queens. Este era un pedido muy conveniente para que la DEA lo ubicara y fotografiara a distancia, especialmente después de saber por boca del dominicano que Lico era Isaías Turcios Marroquín, el hermano de Otoniel en Guatemala. Unos minutos más tarde Pipiolo llamó otra vez a Sammy para preguntarle si sabía dónde estaba el Pingüino (Maldonado, el chofer que conducía el sedán con los 265 kilos). El dominicano imaginaba al pobre encerrado en una celda, pero le respondió a Pipiolo que no sabía, que no lo había vuelto a ver. No le dio mayor explicación porque debía concentrarse en cómo sacarse de encima a Lico.

El hermano de Otto Turcios había nacido en Guatemala, pero vivía en Chicago, y ya era ciudadano estadounidense. Lico se graduó de la secundaria y no volvió a poner pie en un aula de clases. Ahora, a sus 44 años, no se le conocía otro oficio que manejar los negocios de Otto en Estados Unidos, según la fiscalía. Negocios de narcotráfico, claro. Hacía cobros y movía cocaína en Chicago y Nueva York, y acudía al dominicano cuando necesitaba mover carga desde Miami al norte, o abrir rutas nuevas con una "familia pequeña".

El 29 de enero Lico llamó a Sammy. Le dijo que sus amigos le tenían un carro listo (un buzón con dinero). El dominicano tomó nota y para sonar creíble le confió que un pickup Dodge Ram verde, que consiguió para enviar 2 millones de dólares a México, ya estaba en manos de los trabajadores del Gordo —algo que ocurrió antes de que Sammy fuera capturado—.

El dominicano llamó después a Lico para pedirle que le consiguiera un Nissan Sentra o un Toyota Corolla, y, para transportar una platita (2.2 millones de dólares), una van Ford Windstar, y mejor si ya tenían placas porque él no las podía conseguir. Así incriminaba más a Lico y se lo quitaba de encima por unos días. Supo que lo había subestimado cuando sólo cinco horas después Lico le dijo por teléfono que ya tenía los automóviles. Entonces, antes de que mencionara que se reunieran, el dominicano le explicó que ya no tenía tiempo ese día.

En realidad, estaba ocupado echando anzuelos en otra parte.

Sammy telefoneó al Nationwide Auto Body, en el 1471 de la avenida Jerome, a pocos pasos de la calle 172 en el Bronx. Era el taller a donde llevaba el dinero para encaletar en los pickups Dodge Ram que enviaba a México. Primero le pidió a un trabajador del taller que le diera el número de una venta de vehículos al otro lado de la calle (debió explicar que no recordaba el nombre del lugar y no tenía cómo buscarlo por cuenta propia). Después, llamó al taller otra vez para que le dieran el VIN del pickup Dodge Ram verde que les entregó a los trabajadores del Gordo. Esa segunda llamada le permitía a la DEA relacionar al taller con la exportación de dinero del narcotráfico.

Jueves 30 de enero

Vigilado por agentes de la DEA, Sammy se reunió al mediodía con Lico en el Sage Diner, sobre el 80-30 del Queens Boulevard, en Elmhurst, Queens. El *diner* está flanqueado por tiendas y supermercados, con bastante tráfico peatonal. Es un edificio grisáceo y solitario en medio de un amplio estacionamiento, rara vez con automóviles, que ocupa unos cuatro lotes y tiene llamativo rótulo en celeste, naranja y amarillo fluorescente. Una baranda de barrotes negros rodea la propiedad y el estacionamiento, que están a la vista de todos. El lugar tiene ventanas pequeñas y de vidrios polarizados que no permiten ver el interior, pero permitieron a los agentes federales filmar la llegada de Lico y el dominicano.

Sammy llevaba un micrófono oculto bajo la ropa, y la DEA grabó toda la conversación, incluyendo cuando Lico le reclamó 150 000 dólares al dominicano que le debía a Jeto por un cargamento de octubre de 2002. Por ser invierno aún, el micrófono iba oculto tras varias capas de ropa y una pesada chaqueta.

Ese día, Jeto también lo llamó para cobrarle la misma plata. El dominicano le respondió con un anzuelo. Le preguntó por su próximo viaje a Estados Unidos, como sugiriendo que le pagaría cuando volviera. "Dios mediante subiré en una semana con las muchachas bonitas [kilos de alta pureza]", le confirmó Jeto. "Ahora, estoy aquí abajo alistando los papeles" (en México, reuniendo dólares para el transporte).

Sábado 1 de febrero

Sammy y Lico se reunieron otra vez en el Sage Diner en Queens para hablar del dinero y la coca que el dominicano aún no entregaba. Iban apenas seis días de las escuchas y ya estaba bajo mucha presión.[12]

Esa noche también lo llamó Epifanio, un tipo del que sólo se conoció ese nombre, aunque era uno de los hilos que hilvanaban la distribución de coca y el pago de la plata. "Ellos lo van a llamar hoy o mañana", le soltó. Era el aviso para que se alistara a recibir más dinero.

Ese día el presidente de Estados Unidos George W. Bush anunció que descertificaba a Guatemala por sus pocos esfuerzos en la lucha contra el narcotráfico. Sólo siete días antes la DEA había sor-

[12] Caso 03-CR-00987 en Corte Distrito Sur NY. Formulario DEA 6 fechado el 1 de febrero de 2003, que registra las evidencias o *exhibits* N-46, N-47 y N-48.

prendido a Sammy en Nueva York con los 265 kilos de cocaína que le enviaron desde ese país.

LUNES 3 DE FEBRERO

El agente Joseph Diehl consignó en un informe la captura en Nueva York de un sujeto con 176 000 dólares, otros 2 000 en giros postales y tres sobres que entre todos contenían 15 000 dólares, y que ocultaba en un maletín deportivo. Eran el producto de ventas relacionadas con Sammy.

El mismo día, Epifanio le avisó al dominicano que había un Ford café estacionado cerca de una gasolinera Sunoco, en Broadway y la calle 216. Las llaves estaban en la guantera y el carro estaba sin llave. En esa intersección había tal vaivén que nadie iba a reparar en un viejo automóvil estacionado junto a otros tantos. Este parecía un efectivo método para mover fajos de billetes de no ser porque Sammy los entregó a la DEA. El dinero que sacó del Ford acabó como la "Adquisición N-20" en el informe del agente Tim Foley.

JUEVES 6 DE FEBRERO

El Gordo telefoneó otra vez a Sammy para preguntarle cómo iba todo. "Lento", le respondió. Y como para que no, si llevaba casi dos semanas encerrado con la DEA. Como paliativo, Sammy le contó que había recolectado una parte de su dinero (los dólares del Ford cerca de la gasolinera). Omitió el detalle de que lo vigilaban agentes federales y que les entregó el botín. Pensaba en qué más decir, cuando el Gordo le pidió que viajara a Guatemala para que hablaran en persona. Eso los sobresaltó a todos, pero el dominicano le siguió el juego.

Sammy Santiago: También tengo que verlo para que hablemos a ver cómo adelantamos las cosas. Estoy arreglando unos papeles [dinero] por ahí para hacer la cosa bien.

Gordo: Ah, de acuerdo, usted haga tranquilo y me dice cuándo nos vemos. [...] Se me cuida. Que esté muy bien.

El Gordo usaba modismos colombianos, como "usted haga" (diminutivo de "hágale pues") y "que esté muy bien", una señal de que tal vez alternaba con colombianos con frecuencia y de que se le pegaron los modismos.

Sammy recibía llamadas de Otto y el Gordo hasta tres veces por semana o más, si no todos los días, o hasta varias veces al día, para exigirle que les dijera dónde estaban la cocaína y el dinero. Horacio también intentaba llevarle el lazo corto porque sabía que, en ese mundo, cuando las cosas fallan, también paga quien recomienda.

Al día siguiente, Lico lo llamó de nuevo para intentar exprimirle a Sammy los 150 000 dólares de Jeto. El dominicano le soltó que no tenía el dinero, que no estaría en el área en esos días, pero que lo llamaría después para que se reunieran. Decía medias verdades para sonar creíble. Tal vez su aparente tranquilidad provenía de que lo cuidaba la DEA y que nadie lo podía tocar porque no sabían dónde encontrarlo.

Poco después Epifanio le avisó que le entregarían otro automóvil con más dinero para enviar a Guatemala. "Ellos se comunicarán con usted el sábado o domingo para decirle dónde", le dijo.

Domingo 9 de febrero

Un tipo desconocido llamó a Sammy para decirle que había un asunto para él en el baúl de un Hyundai Accent blanco, en un estacionamiento sobre la calle 170, entre las avenidas Inwood y Cromwell, en el Bronx. Era un lote de casi media cuadra, cercado por una malla de alambre y flanqueado por grandes ventas de repuestos con rótulos en colores chillones. La plata estaba en un maletín con candado. La combinación era "222". El *ticket* para retirar el automóvil, número "02-174", estaría insertado en alguna parte visible del automóvil. La llave estaría oculta cerca del *bumper.* No dijo nada más y colgó.

Era un sector comercial muy transitado por vehículos y peatones, por ser domingo, y el Hyundai blanco estaba a la vista de todos. Era un escondite osado para medio millón de dólares. Un vigilado Sammy se llevó el Hyundai con el dinero. El agente Ken Bradley registró la incautación como la "Adquisición N-34". Un exvendedor de carros dijo que en esa época estos autos (que servían como buzón de dinero) los rotaban de una venta de vehículos a otra para dificultar su rastreo.

La noche del lunes 10 de febrero el Gordo llamó a Sammy desde un número restringido. En la transcripción de la llamada, la DEA lo identificó como Jorge Mario Paredes, aunque él y sus abogados insistieron en que él no hizo ninguna de las llamadas que grabaron durante las escuchas.

Samuel Santiago (S): ¿Cómo está, señor?

Paredes (P): Bien, bien, aquí escuchando mariachis [en México].

S: Yo estoy aquí, eh... un poco lejos consiguiendo unos documentos [dinero], entonces después voy para allá [...] para la ciudad [Nueva York].

P: ¿Cuándo me va a pegar una llamadita para mandarle los alumnos, los estudiantes? [los cobradores].

S: Ajá. Este... si quiere me llama mañana en la noche a ver hasta... hasta dónde llego.

P: Okey, yo lo llamo mañana a esta hora.

El 11 de febrero el Gordo llamó a Sammy desde un número de McAllen, Texas, pero la señal era terrible y colgaron. La fiscalía sospechaba que llamó desde México, al otro lado de la frontera, lo que explicaría la mala señal. Además, un día antes lo llamó desde el número restringido y le dijo que estaba escuchando mariachis. El 12 de febrero, cuando el Gordo lo llamó otra vez desde el número de McAllen, el dominicano le pidió más tiempo para enviarle el dinero y organizar el viaje a Guatemala. Le explicó que los clientes se estaban quejando de la calidad del producto y por eso retrasaban los pagos. El dominicano intentaba desviar la presión hacia Horacio, el encargado de garantizar la calidad de la coca. Los abogados de Jorge Mario Paredes luego aseguraron que él nunca estuvo en México en esas fechas.[13]

---

[13] Caso 03-CR-00987 en Corte Distrito Sur NY. Documentos 218 y 262. Memorándum de la Fiscalía del Distrito Sur de Nueva York a la corte de la Jueza Debo-

Jueves 20 de febrero

Sam, un sujeto que trabajaba para Recluta y Jeto, citó al dominicano al día siguiente en el restaurante Patria, en el 250 Park Avenue South, en Manhattan. Era un sitio con enormes ventanales a la vista de cualquiera desde la calle.

Luego de una breve e insignificante reunión en el restaurante, Sammy salió sin gran cosa que contarle al agente Tim Foley, que lo vigilaba de cerca, y lo entrevistó después en las oficinas de la DEA. Todavía conversaban cuando Recluta telefoneó al dominicano para avisarle de que habría más dinero listo para recoger a las 7:30 esa noche. Con esa llamada, Recluta daba la impresión de que mandó a Sam sólo para echarle un ojo al dominicano en persona y decidir si todavía era de fiar. Que le hubiera dado instrucciones para recoger más dinero indicaba que se habían tragado el cuento. Esta vez, Sammy debía ir a la calle Bolton, en el Bronx. Frente al edificio marcado con el número 2160, encontraría estacionado un Chevrolet Malibú verde con las placas NY AGG 6270, las llaves ocultas cerca del *bumper* y 49 980 dólares en el baúl. Era una cuadra con gastados edificios multifamiliares construidos en los años treinta, donde flotaba el aroma a humo de mariguana mucho antes de su legalización para fines medicinales en Nueva York.

Sammy y su sombra (la DEA) llegaron por el Chevrolet. En su informe del día, el agente Eric Weil escribió que el dinero era, por instrucciones de Recluta, un pago de enganche para comprar más cocaína.

---

rah Batts. Véase también el documento 254 del 22 de septiembre de 2009. La visa y el pasaporte guatemalteco de Paredes, según sus abogados, comprobaban que no estuvo en México entre el 8 y el 12 de febrero como para haber llamado a Santiago desde ese país, como sostenía la DEA. Sin embargo, la fiscalía decía que Paredes podía haber viajado con un pasaporte mexicano falso, que le incautaron en 2008. Agregó que el entorno y la calidad de la señal podían haber alterado su voz, y por eso tal vez sonaba un poco diferente. Linda George, abogada defensora de Paredes, aseguró en la corte que todos los documentos utilizados por su cliente eran legales.

Sábado 22 de febrero

Lico llamó al dominicano para pedirle que le consiguiera una bodega en Chicago para almacenar 1 400 kilos de cocaína que debía sacar de otro sitio en esa ciudad (algo aparte de los negocios en Nueva York). Sammy le dijo que "qué casualidad", que en Chicago tenía un amigo que podía almacenar hasta 2 000 kilos. Lico también le pidió que le entregara "los papeles del Gordo" (los 49 980 dólares del Chevrolet), por orden de su hermano Otoniel. Acordaron reunirse en marzo.

Domingo 23 de febrero

El Mono llamó a Sammy para decirle que esa noche recibiría una "familia pequeña" en Miami, 15 kilos de cocaína. Le preguntó en cuánto se podía vender cada kilo. El dominicano le dijo que entre 15 000 y 16 000 dólares. "Dígales a los transportistas en Miami que me llamen para hacer los arreglos", agregó. El Mono le dijo que también tenía un gran cargamento rumbo a San Diego, California. ¿Podría él coordinar la recepción y pagarles viáticos a los transportistas? Por supuesto. Claro que podía (guiño, guiño). Sonaba magnánimo, como creyéndose el cuento por unos segundos, hasta que recordaba que estaba entregando a todos en bandeja a la DEA. Un confiado Mono todavía se tomó el cuidado de decirle a Sammy que había "mucho trabajo", pero que debían moverse despacio por precaución.

Lunes 24 de febrero

El Gordo llamó a Sammy, pero se desconectó. Trató de nuevo con poca suerte.

Gordo (G): ¿Me escucha?

Samuel Santiago (S): Que no lo oigo bien porque aquí no hay buena señal.

G: ¿Cómo?

S: ¡Coño! ¡Qué teléfono...! ¿Cómo?

Segunda llamada.

G: ¿Él todavía tiene cosas suyas? —le preguntó trepidante el Gordo al dominicano, respecto a su bodeguero en Nueva Jersey, y los 265 kilos.

S: Sí, él tiene... sí, la familia... la familia entera, y un poquito más —mintió Sammy, para apaciguarlo y darle realismo a un invento total.

G: Ah, o sea, ¿todavía no le ha recibido usted todo a él?

S: No, no, porque yo... el amigo mío siempre me recibe, y le da hospedaje [al cargamento] hasta que yo le diga: "Bueno, vaya y llévelo al museo y... déjela en el museo". ¿Entiende? Siempre actuamos así.

G: Ajá.

S: Él es... que da hospedaje siempre, a los equipos de futbol, y a la familia [los cargamentos]. [Pero] ya... ya es hora de que yo tengo que llevar a pasear ya a la familia [mover el cargamento].

Para ganar tiempo, Sammy le pidió que verificaran en ambos extremos (Nueva York y Guatemala) que no había fugas, ni nada raro.

Después, Horacio llamó al dominicano para preguntarle si había hablado con el Mono. "Haga negocios con el Mono porque puede hacer bastante dinero", le aconsejó. "Tómelo en cuenta para cualquier trabajo". Y Sammy sí que lo había tomado en cuenta, pero para echarlo al agua.

Al día siguiente, Otoniel telefoneó al dominicano para pedirle un favor.

Samuel Santiago (S): *Hello.*

Otto Turcios (O): Aló. ¿Qué pasó, mi profe?

S: ¿Cómo está, señor? —preguntó cordialmente el dominicano.

O: Pues aquí, como cuando usted estaba pobre, hermano, buscando para arriba y para abajo —respondió, arrancándole una carcajada a Sammy.

S: No... no se burle, no se burle. Usted es que... usted es que está bien —le respondía, mientras la risa nerviosa le moría en la garganta.

O (risas): Es que yo tengo [un] compadre [allá] también donde usted está [en Nueva York]. Él tiene unas cositas por ahí, hombre, pero tal vez lo podríamos ayudar. Está dura la situación.

S: ¿Y vinieron con la familia? [con un cargamento].

O: Sí.

S: Oh, pues... dígame. ¿Qué quiere que haga?

O: A ver si... si les consigue quién les ayude por ahí [a comprar la droga].

S: ¿Y cuántos vinieron? ¿El equipo de futbol?

O: Ah, el equipo completo. Llegaron como... como 100 muchachas acompañándolos [100 kilos] para hacer porras.

S: Ya entiendo. Si usted quiere, le da mi número.

O: Va... pero... ¿Cómo... qué número [precio] le podemos dar a ellos?

S: Averígüese primero que... las porristas sean... bonitas [de alta pureza].

O: Sí, okey.

S: ¿Entiende? Pa... para no tener que *estoquearlas* [almacenarlas, porque no se venden].

Otto después le pasó el teléfono al Gordo.

Gordo (G): Alumno, ¿cómo le va?

S: Hablé con el amigo mío, que va a tratar de venir mañana. Me dice que todo está bien.

Sammy armó el cuento de que su bodeguero estaba varado en Florida y no podía regresar a Nueva Jersey porque había una tormenta de nieve en Nueva York y alrededores. Al menos la parte de la tormenta era verdad.

G: Ajá.

S: Él tiene como un... como un pesito y pico. Lo que pasa es [...] yo como que me estaba poniendo impaciente porque nunca... nunca se había tardado tanto [para entregar droga almacenada].

G: No, mire, no se preocupe, alumno. Conmigo... usted sabe que soy... yo soy paciente. Es más... Lo quiero invitar a mi rancho, para que venga a comer una carne conmigo.

S: Sí, yo quiero; yo estoy loco por ir para allá... la cosa [es] los papeles míos. Tengo que renovarlos [entregar los 49 980 dólares].

G: Hagamos una cosa. Dele eso al hermano de aquel [a Lico, hermano de Otto]. Mándeselo y se viene aquí para invitarlo a almorzar conmigo. Quiero conversar con usted.

S: Okey, muy bien. Me encantaría, me encantaría.

G: Yo le marco mañana en la nochecita, alumno, que estoy ocupadito [...]. Para mí es un gusto atenderlo. O si baja ahí no más a Mex, a la frontera, yo le llego y ahí platicamos. No se preocupe [...]. Le quiero presentar a un amigo, porque él lo va a atender en persona de hoy en adelante.

S: Ah, muy bien, muy bien.

G: Con el favor de Dios.

S: Okey, con Dios por delante. Encantado de hablarle. Okey, *bye bye*.

Mientras tanto, el dominicano tenía los arrestos de decir cosas como "yo estoy loco por ir para allá", refiriéndose a Guatemala, aunque la sugerencia de un encuentro en persona lo ponía nervioso. Me pregunto qué pensaban los agentes de la DEA cuando escuchaban a Sammy darles cuerda así a los demás. Seguramente el dominicano pensaba que el Gordo nunca llegaría a Nueva York, pero a los agentes federales se les ocurría que podía ponerle las manos encima por medio de terceros. Nadie en Guatemala ni Chicago sospechaba que todo esto era una gran pantomima, pero sí que Sammy podía tener intenciones de robarse el dinero y la coca. No sabían que la cosa era mucho peor. Además, nunca le presentaron al "amigo" que, según el Gordo, lo iba a atender en persona más adelante.

Lunes 3 de marzo

El dominicano salió en tren rumbo a Chicago con los 49 980 dólares en efectivo. Iba directo al lugar acordado, el restaurante mexicano Cocula —el nombre de un municipio en Guerrero, México, cundido por el narcotráfico, como tantos otros—.

Llegó después de seis horas y media de viaje en tren. El dominicano iba con un micrófono debajo de la ropa, para grabar la reunión, y con compañía. Se apareció en el restaurante con un tipo que le presentó a Lico como el amigo que le podía rentar una bodega en Chicago. Los tres hablaban frente a menús emplasticados de platillos mexicanos, cuando Sammy le entregó a Lico los 49 980 dólares del Gordo. Era un paquete compacto que le dio de manera discreta por debajo de la mesa mientras el dueño de la bodega les observaba de reojo.

Jueves 6 de marzo

Horacio y Lico siguieron llamando simultáneamente a Sammy para exigirle la plata sin entregar. Parecía que habían acordado presionar al dominicano desde Guatemala y Chicago para que no se les hiciera el fresco. El colombiano, que le preguntó: "¿Cuándo le va a pagar al Gordo?", nunca contempló que se le venía encima otro tipo de tormenta. Tanto así que al día siguiente llamó al dominicano para pedirle prestados 5 000 dólares. Tan confiado estaba que se los prestaría que hasta le pidió que se los entregara a su hija en Queens, pero el dominicano lo esquivó explicándole que estaba enfermo y fuera de la ciudad. Horacio comenzó a suplicarle que por favor le prestara el dinero. Pero el otro se mostraba inconmovible, y el colombiano se puso furioso porque Sammy lo dejaba colgando, aunque él lo había conectado con los buenos negocios del Mono en Miami y el Gordo en Guatemala. Lo tomó como una afrenta personal.

Horacio parecía estar lejos de los tiempos en los que ganaba 70 000 dólares por facilitar reuniones con proveedores de cocaína, y otro tipo de negocios. Además, debía estar bastante corto de dinero si ni siquiera tenía 5 000 dólares, lo que costaba medio kilo de cocaína en Guatemala, como los que él mismo cortaba y cocinaba.

El rebajado estatus del colombiano quizá obedecía a una deuda de 9 361 000 dólares con el Gordo, a cuenta de la cocaína y el dinero que Sammy no entregaba. Este era un dato que constaba en los cuadernos de contabilidad de Jorge Mario Paredes, según la fiscal Jocelyn Strauber.[14]

Domingo 11 de marzo

Horacio llamó a Sammy para pedirle otra vez prestados 5 000 dólares para su hija en Queens. Nunca le explicó cuál era su gran urgencia, pero comenzaba a dar pena. Sammy no se esforzó por explicar más, y le repitió que seguía enfermo y lejos de la ciudad. Sólo 15 minutos después, Horacio le telefoneó de nuevo para pedirle el préstamo por tercera vez, como si esperara conmover al dominicano a pura llamadera. Ahora al colombiano no sólo lo atenazaba la ansiedad, porque su suerte y su vida dependían de un inalcanzable Sammy a miles de kilómetros de distancia. También lo mordía la rabia porque estaba convencido de que al dominicano simplemente no se le daba la gana ayudarlo.

Una hora después, Lico llamó a Sammy y le dijo que saldría esa misma noche para Nueva York a recoger el dinero no entregado del Gordo. La situación se comenzaba a calentar.

Mientras tanto, la desesperación de Horacio se medía en el número de veces que marcó el número del dominicano: de dos a cinco veces por día en un espacio de dos semanas sin resultado alguno. Entonces, los agentes de la DEA decidieron que Sammy debía decirles a Horacio, Lico y Otoniel que la policía había incautado la camioneta Ford Windstar con el dinero. No pensaban que el Gordo y Horacio iban a preguntarle a la policía si era verdad. ¿O sí?

---

[14] Strauber reveló el dato en el juicio a Jorge Mario Paredes, el 1 de octubre de 2009, en la Corte del Distrito Sur de Nueva York, según lo escuchó la autora presente en esa audiencia. Sin embargo, no reveló cómo ni dónde encontraron esos cuadernos de contabilidad.

Lunes 12 de marzo

Después del mediodía, Lico llamó al dominicano para preguntarle por la Ford Windstar. Sammy le respondió que la policía había decomisado la van y el dinero y detenido al chofer. Por instrucciones de la DEA, también le pidió a Lico que le dijera al Gordo que lo llamara. La noticia de la incautación corrió como fuego sobre pasto seco. En seguida lo llamaron Otoniel y Horacio para preguntarle qué demonios había pasado y cómo fue que la policía dio con la camioneta y la plata.

Para las dos de la tarde, el colombiano había llamado al dominicano media docena de veces porque la señal era mala y las llamadas se cortaban después de pocos minutos. El colombiano estaba frenético porque nunca lo dejaron olvidar que él respondía por Sammy si algo salía mal. Y ahora algo había salido muy muy mal, y lo aterrorizaba tener los días contados. Esa noticia del decomiso había echado el cronómetro a correr en su contra.

Horacio llamó otra vez a Sammy pasadas las cuatro y media de la tarde para exigirle recortes de periódico o un reporte policial de la incautación. Le dijo que le enviaría un número de fax para que mandara todo. Es lo que habían hecho cuatro meses atrás, cuando la policía incautó la coca y el dinero en los apartamentos de Riverdale. El problemita ahora es que, como todo era un montaje, no había noticias en los periódicos ni un registro policial. Esto era una mentira que sólo se podía sostener, a corto plazo, con otra mentira. Pero si la DEA acababa con la operación de escuchas en ese momento, la fiscalía se arriesgaba a no tener suficiente evidencia para pedir la captura del Gordo, los hermanos Otoniel y Lico Turcios y de Horacio, entre otros. Además, el dominicano iba a acabar con las manos vacías y cumpliendo el cliché de podrirse tras las rejas.

En Guatemala, Horacio se sentía cada vez más lejos de Nueva York (la razón por la que se metió en todo este lío para empezar) y con la certeza de tener suficientes méritos para que le dieran piso, para que lo mataran y darle una lección. Como último recurso, comenzó a averiguar si algo había fallado en Guatemala, aunque fuera en vano dar con el problema. Después le aseguró a Sammy que no hubo filtraciones entre la gente del Gordo ni de Otoniel, y que el problema debía estar en su extremo, en Nueva York o Nueva Jersey. Le dijo que Lico iba a recolectar el dinero —que se suponía decomisado junto a la van— para llevárselo al Gordo, y que era asunto suyo (de Sammy) ver de dónde sacaba la plata si no podía comprobar que estaba en manos de la policía.

Horacio después escuchó decir a Otoniel que "el Gordito" quería hablar con Sammy porque, además de los 265 kilos (de enero de 2003), había otros 637 kilos de 2002 de los que no había razón, para un gran total de 902 kilos sin entregar. Por eso el colombiano y el Gordo también le habían reclamado al dominicano "600 *pesos* (los 637 kilos) que tampoco aparecían", según la fiscalía. Esto explicaba los 9 millones de dólares que, conforme las cuentas del Gordo y el registro de la fiscalía, el colombiano le debía en concepto del dinero y la droga que el dominicano no entregaba.[15]

Martes 13 de marzo

Horacio llamó a Sammy a las 10:04 a. m., a la 1:45 p. m., a las 7:25 p. m. y a las 7:40 p. m. para exigirle las pruebas de que la policía tenía el dinero y la camioneta. Sammy le explicó que estaba "siendo bastante cuidadoso esta vez". Le soltó una historia de que el chofer de la van ya había salido de la cárcel, pero que hablaría con otras personas que lo conocían para confirmar que ese tipo no había llevado intencional o accidentalmente a la policía hasta el dinero. Pero a Horacio ya no le importaban esos detalles. Estaba fastidiado de estar atrapado en el lío con el Gordo y el dominicano.

[15] La información en este párrafo fue divulgada en el juicio de Paredes en 2009. No aparece en las transcripciones ni en la porción del expediente accesible al público.

MIÉRCOLES 14 DE MARZO

Horacio volvió a la carga al día siguiente. Llamó a Sammy a las siete de la mañana para pedirle que estuviera atento a responder una llamada del Gordo. Cuando llamó, Sammy le explicó el asunto de la incautación, pero al Gordo ahora sólo le preocupaba lo que —según él— todavía se podía salvar: los 265 kilos de cocaína almacenados desde enero. En esta fecha, la DEA atribuía de nuevo la voz y el sobrenombre "Gordo" a Jorge Mario en la transcripción de la llamada, y decía que Sammy "sabía con quién negociaba en las llamadas".

Sammy (S): El amigo mío [...] está hospedando a toda la familia, y si quiere usted mande a alguien de allá para que vea conmigo y [...] recogemos eso, y lo ponemos en otro sitio, si es que no hay ningún peligro —confiaba en que era poco probable que enviara a alguien a buscar la coca.

Paredes (P): [Primero] mire a ver cómo está la familia y si está bien hospedada, que no le vaya a faltar nada. Y luego nos hablamos.

Unas horas después, ese mismo día...

P: ¿Cómo le ha ido?

S: Regular, tomando muchas precauciones después de lo que ha pasado [...]. Hoy [...] el muchacho que lo pararon en la guagua [la van] me va a dar un papel que [le] dieron [en la policía].

P: Ajá.

S: León [Horacio] me estuvo diciendo que usted quería que tratáramos de ver si yo recogía eso [...]. Yo le expliqué que hay que ser cuidadoso. Pero hago lo que me digan. De lo único que estoy seguro es que... yo no soy ningún ladrón, ni me he cogido nada y siempre he estado alerta... eh... diciendo las irregularidades que vi desde el principio y que, sí, [el bodeguero] se ha tardado mucho, [...] y de repente se me presentó esta emergencia [la incautación]. Todo esto que pasó... lo encuentro muy... muy anormal.

Sammy hacía sus mejores esfuerzos para desviar la culpa y hacerse el ofendido.

P: Pero ¿todo lo demás [la coca almacenada] está bien? ¿O usted cree que está en... en peligro?

S: Bueno, eh... después de la última vez que hablamos, todo estaba bien; incluso hace como cuatro o cinco días atrás ya tenía los... dólares, [...] listos ya. Nada más estaba esperando que... que Lico viniera —ahora desviaba la atención de la coca hacia el dinero.

P: Ajá.

S: Entonces, pasó eso [la captura y el decomiso] antes de que... llegáramos. Por suerte no fui directo al sitio, sino mandé a alguien primero a mover [la van]. No sé si este tenía una cola [si lo vigilaban] para ver quién iba a buscarla. Eso [el dinero] estaba muy encaletado. Pero si quiere buscamos lo otro [la cocaína]. Yo le digo [al bodeguero] que me dé todo, que tengo otra forma... de distribuirlo y entregarlo a alguien. Él sabe que yo desde hace mucho tenía que repartir toda esa... toda esa gente para... llevarla a trabajar —el dominicano se esmeraba.

P: [Pero] ¿eso está en manos de otros amigos [...] que no... tienen problemas, alumno?

S: Es una persona que conozco desde hace mucho y siempre trabaja muy profesional —seguía con la patraña—. León [Botero] ayer me habló, que... allá ustedes están bien preocupados, y que quieren ver cómo se hace, cómo iban a mandarme para que yo entregara eso [la coca] y yo hago lo que sea... De lo único que estoy seguro es que yo no me he cogido nada.

Diez minutos después Horacio lo llamó para presionarlo. "Como usted es responsable de este decomiso, el Gordo quiere que usted viaje a Guatemala para una reunión", le soltó el colombiano. "Si se ha perdido algo es por algo", le advirtió.[16]

Parecía que el Gordo estaba más preocupado que enojado cuando llamaba a Sammy, pero luego descargaba la rabia en Horacio, que luego telefoneaba al dominicano cual tic nervioso. Llamó a Sammy tres veces más ese día para saber si ya tenía las pruebas de que

[16] Esta oración no salió del informe de la DEA del 15 de abril, sino de mis apuntes en la corte, en la audiencia del 1 de octubre de 2009 en el juicio contra Paredes.

la policía tenía el dinero. ¡Pero qué las iba a tener! El dominicano sólo ofrecía evasivas.

Horacio le recordó que don Jorge Mario quería verlo en persona, en Guatemala, México o cerca de la frontera con Estados Unidos. "Yo sé que [usted] puede cruzar la línea", le dijo, "porque yo llego con Jorge Mario para cuadrar este problema". Horacio sabía que su pellejo estaba en juego, y la vaina con Sammy seguía siendo algo personal.

Pero hacía 50 días que la DEA tenía los 265 kilos, que el castillo de naipes se había desplomado y que las cartas ya estaban echadas para todos.

Sábado 17 de marzo

La llamadera de los días anteriores paró en seco durante tres días hasta que Horacio telefoneó al dominicano para soltarle una bomba: habían descartado usar el fax. En cambio, le iban a mandar a un tipo a Nueva York para recoger —¡en persona!— los documentos que comprobaran que la policía tenía el dinero y para —según el pobre de Horacio— recuperar los 265 kilos pendientes de mover.

Después, Lico llamó a Sammy para reclamarle otra vez el dinero del Gordo y asegurarse de que su amigo en Chicago tenía la bodega que le ofreció. Debió ser difícil para el dominicano no soltar una risita nerviosa, porque lo único que Lico ya tenía asegurado era un viaje a la cárcel.

Lico ya había hablado por teléfono con el amigo bodeguero de Sammy para almacenar 1 400 kilos en Chicago (el asunto aparte de los negocios en Nueva York), sin saber que el tipo era un agente encubierto de la DEA, que grabó esa charla y la archivó como una de las evidencias principales en su contra.[17] Mientras tanto, el dominicano encerrado en aquel cuarto de hotel en Nueva York,

[17] Caso 03-CR-00987 en Corte Distrito Sur NY. Documento 22.

con los dos agentes federales, manejaba nitroglicerina por teléfono: narcotraficantes aprehensivos y desconfiados.

El dominicano peligraba porque el Gordo y Horacio pensaban que se había robado todo. Sin embargo, la DEA necesitaba mantenerlo a salvo para sostener el caso. ¿Qué iban a hacer ahora que el Gordo iba a enviar a un mensajero para que Sammy le entregara en persona los documentos y así comprobar que la policía tenía la van y los 2 millones de dólares? Los agentes federales sospechaban que el mensajero también podría tener la misión de sacar de circulación a Sammy si advertía cualquier cosa rara, porque esperaba recibir un recorte de periódico con la noticia, o un oficio policial auténtico, y debía tener instrucciones de zarandearlo si las cosas no cuadraban.

5
Un placebo para el Gordo

Sammy caminaba sobre una cuerda floja, aun acompañado por dos agentes de la DEA las 24 horas del día, a pesar de que había una zona de amortiguamiento de 5 061 kilómetros entre el dominicano en Nueva York y el Gordo en Guatemala.

Sin embargo, la DEA no estaba lista para desmantelar la operación, y Sammy debió sostener el teatro por casi dos semanas más. En todo esto, un nervioso Horacio no sólo temía por él, por estar a la mano de los demás en Guatemala, sino por su esposa y sus hijos —un niño de dos años y medio y otro de nueve— que vivían con él. Sí, mientras el colombiano cortaba y cataba coca, también se dedicó a tener una nueva familia.

Horacio podía imaginar de qué era capaz el Gordo, o "don Jorge Mario", como él lo llamaba. Por eso la presión que ejercían sobre el colombiano era tan efectiva. Este fulano había llegado a Guatemala en agosto de 1999, tres meses después del secuestro de Gary Moisés Castañeda Alvarenga, hijo de un matrimonio anterior de la entonces esposa de Jorge Mario Paredes, Judith. El chico tenía 15 años cuando tres sujetos que fingían ser policías se lo llevaron del colegio donde estudiaba, luego de que una mujer que fingió ser Judith telefoneó a la directora y le informó que Gary corría peligro, y debía autorizar su salida.

El Ministerio de Gobernación filtró a la prensa que el móvil podía ser una venganza por el robo de un cargamento de cocaína entre El Salvador y Guatemala, según lo revelaba una llamada telefónica de un secuestrador a la madre de Gary. Los secuestradores exigían un rescate de 1 millón de dólares. La familia aseguró que sólo podía pagar el equivalente a 27 000 dólares, asesorada por la policía, que solía aconsejar la negociación del rescate para prolongar la comunicación telefónica y poder rastrear las llamadas. La familia entregó el dinero después de exigir y recibir una prueba de vida. Hicieron el pago en El Salvador, cerca de la frontera con Guatemala, por instrucciones de los secuestradores. La prueba de vida era una foto Polaroid de Gary y una nota que el muchacho escribió a mano, que los secuestradores dejaron en una caja de margarina Mirasol en el arriate de un autobanco en la Colonia Mariscal, al sur de la ciudad. Un fragmento de la nota se leía así:

> Mamá, estoy bien. El doctor me da todo lo que le pido. Él me ha tratado bien, pero a veces me da un poco de miedo [...]. Mamá, hacé lo posible por que me saque Jorge Mario, que me siento solo, y decíle que lo quiero y que, pase lo que pase, siempre lo voy a querer. A vos te quiero un montón [...]. Extraño mi cama. Van a hacer lo posible para que pueda hablar con ustedes. Adiós. Los quiero mucho.
>
> Gary

El doctor al que se refería Gary era un sujeto que lo cuidaba y le daba sus medicamentos, mientras le retenían en un sótano. El muchacho tenía asma y problemas cardiacos. Sin embargo, ese cuidado no evitó un desenlace fatal. El 25 de mayo la policía encontró el cuerpo de Gary enterrado en el jardín de una casa en Villa Nueva, al sur de la capital, donde estuvo secuestrado. El mismo día la policía capturó a dos de los secuestradores en Zacapa. Llevaban varias pistolas, cocaína y un celular que usaron en las llamadas para exigir el rescate.[1]

El 31 de mayo un diario publicó una fotografía de Judith, la madre de Gary, y Jorge Mario en una misa en memoria de su hijo. Es, quizá, la única fotografía publicada suya que no es de sus documentos de identificación, ni que las autoridades tomaron.[2]

---

[1] J. López y D. González. "Acusada conocía a víctima desde hace un año". *Siglo Veintiuno*. 27 de mayo de 1999. Edición impresa. Página 3.

[2] J. López. "No hay evidencia de asesinato". *Siglo Veintiuno*. 31 de mayo de 1999. Edición impresa. Página 4.

"La opinión de la Policía Nacional Civil es que el asesinato de Gary Moisés Castañeda Alvarenga tiene relación con una vendetta del narcotráfico", reiteró a la prensa Rodolfo Mendoza, ministro de Gobernación. Pero un médico forense dijo que el estado del cadáver impedía determinar si tenía heridas que comprobaran que lo asesinaron.[3] El ministro luego explicó que, durante una llamada para exigir el rescate, uno de los secuestradores responsabilizó del robo de la droga a un sujeto que la madre de Gary le aseguró que no conocía. Según artículos de prensa, el sujeto entonces admitió que se habían equivocado y que iban a liberar al muchacho. El ministro nunca explicó públicamente en qué forma el supuesto robo de la cocaína tenía relación con la familia de Gary.

En octubre de 1999 cuatro de los secuestradores aparecieron asesinados. Una mujer líder de la banda, Ana Silvia Arana Obregón, fue hallada a la orilla de un río en El Estor, Izabal (colindante con Honduras). Tres hermanos salvadoreños, de apellidos Cañas Martínez y que secuestraron a Gary del colegio, fueron hallados en Honduras.[4] Los cuatro cadáveres tenían señales de tortura, según la PNC. Los dos sujetos capturados en Zacapa, el día cuando la policía encontró el cadáver del muchacho, salieron de la cárcel en noviembre de 1999 por una modificación del delito del cual les acusaban. Llevaban un par de horas en libertad, y viajaban a bordo de un microbús en la zona 10 capitalina, cuando un grupo de sicarios los roció con fusiles de asalto. Murieron en el acto y el microbús quedó como colador.

En 2001 el médico que cuidaba a Gary regresó a Guatemala después de haber huido a Estados Unidos dos años antes.[5] Conducía su vehículo en la Colonia Mariscal, a dos cuadras de donde los secuestradores dejaron la prueba de vida de Gary en 1999, cuando también lo rociaron con fusil de asalto. Llevaba sólo tres días en el país.

---

[3] R. Zelada y G. Mendoza. "Localizan cadáver de joven secuestrado". *elPeriódico*. 26 de mayo de 1999. Edición impresa. Páginas 2 y 3.

[4] J. López. "Plagiarios de Gary son prófugos en El Salvador". *Siglo Veintiuno*. 18 de junio de 1999. Edición impresa. Página 3.

[5] Información suministrada en 2001 por un investigador del Ministerio de Gobernación de forma confidencial bajo la condición de no revelar su identidad.

Horacio debió haber escuchado del secuestro cuando llegó a Guatemala en agosto de 1999, al menos de boca de Otoniel. Él era el único del grupo con quien el colombiano tenía contacto, y Otto le había pedido esperar tres meses para presentarlo con Jorge Mario. Eso ocurrió en noviembre, cuando todos los secuestradores —salvo el médico— habían sido asesinados. El único hilo en común entre los secuestradores ejecutados era el secuestro de Gary, pero el Ministerio Público nunca esclareció estos hechos, y nunca asoció a Jorge Mario Paredes con los asesinatos.

Cuatro años después, entre marzo y abril de 2003, la DEA grabó una conversación en la que un asustado Horacio le imploraba a Sammy por teléfono desde Guatemala que hiciera algo, que moviera la droga y mandara el dinero porque se le acababa el tiempo. "¡Mande la plata porque *ese hijueputa* me va a matar!", le decía con la voz quebrada, entre sollozos, refiriéndose al Gordo. "Usted está libre. ¡Yo no tengo a dónde ir, con toda esta gente!".[6] El colombiano, quien desconocía que Sammy era cualquier cosa menos libre (encerrado en el cuarto de hotel con dos agentes de la DEA), le dijo que a él también lo iban a matar, aunque sabía que era inútil intentar asustarlo. Con los miles de kilómetros de distancia entre Guatemala y Nueva York, sabía que Sammy sólo necesitaba no responder las llamadas y desaparecer.

El dominicano enfrentaba un futuro incierto, que podía incluir una larga temporada en la cárcel si no le conseguía evidencia a la DEA para capturar a los demás. En ese escenario, el encierro no era lo peor. La cárcel no era un lugar para mantenerse intacto si debía millones de dólares a narcotraficantes con una memoria larga. Iba a tener que ver sobre su hombro todo el tiempo, sin bajar la guardia, porque nunca se sabía dónde tenían contactos tipos como Horacio.

La DEA reaccionó urdiendo el placebo perfecto: documentos falsos pero creíbles que registraran el decomiso del dinero y la cap-

---

[6] Esta grabación no consta en el informe de la DEA del 15 de abril de 2003, pero fue reproducida en el juicio de Paredes en 2009.

tura del chofer de la van, la prueba que el Gordo pedía —aun si Sammy debía exponerse para entregarlos en persona—.

Horacio había sido la *mastermind* detrás de esa idea de enviar a un mensajero a Nueva York, para no depender de un dudoso fax, para aplacar al Gordo aun si fuera momentáneamente. Lo persuadió ofreciendo enviar a alguien que fuera el par de ojos y oídos que necesitaban en esa ciudad para garantizarles que el dominicano no se pasaría de vivo.

"[Sammy] Santiago va a devolver los 265 kilos", le dijo Horacio a Jorge Mario (quizá más queriendo convencerse que otra cosa), "[pero] él no quiere enviar a nadie [con el cargamento]. [Me dijo:] 'Hágalo usted con su gente'". El pobre recitaba el recado del dominicano como si fuera un hecho. Horacio dijo que le explicó a Jorge Mario que iban a tener que enviar a alguien, y que ya había ubicado a la persona. "[Yo] encontré a Julián, un amigo de Florida, [para que vaya]", explicó. "Llamé a mi hermano en Colombia para que me diera el número y luego le conté [a Julián] lo que estaba pasando [...]. Le dije que tenía un problemita con una merca, y le [advertí]: 'Póngase bien filoso, bien pilas, de que nada [vaya] a pasar con la policía'".[7] No quería otro lío más. Después, Horacio le dijo a Sammy que recogiera la cocaína, la vendiera y tuviera la plata lista para Julián. Si hubiera sabido la verdad...

Martes 18 de marzo

La DEA se esmeró en escribir un informe de una captura y decomiso de cocaína que nunca ocurrieron (al menos no en la forma como lo describía el contenido). Eran unos *sham arrest documents*, o documentos falsos, respecto a la captura de un CS, un *confidential source* (informante) no identificado y de la incautación de 2268000 dóla-

[7] Declaración de Horacio Gabriel Botero Tabares en el juicio de Paredes, en la audiencia del 1 de octubre de 2009, en la Corte del Distrito Sur de Nueva York, sala 24B, tomada de los apuntes de la autora.

res, según lo incluyó en otro informe (uno de verdad) la agente Jenny Espinoza.[8] Mientras los agentes federales fabricaban el ardid, un hombre desconocido telefoneó a las dos de la tarde al dominicano desde un número de Nueva York. Le dijo que llamaba de parte del Gordo, que debían reunirse y que estaba en Times Square, sobre la calle 42 en Manhattan. Era Julián. Pero no estaban listos para la operación, y Sammy le dijo que estaba lejos de la ciudad. Le pidió que se vieran a las cuatro en el Starbucks de la 8ª avenida y la calle 35 (donde le incautaron los 265 kilos). Casi sobre la hora, Julián llamó a Sammy para confirmar la reunión, pero nunca llegó. Fue lo que el dominicano le dijo luego al Gordo.

Julián luego llamó a Horacio para decirle: "Esto está caído", sin explicar por qué. Entonces el colombiano y Jorge Mario volvieron a llamar al dominicano para pedirle explicaciones. El colombiano le dijo: "Encárguese de hacer la reunión lo más pronto posible para que el Gordo se relaje". Entonces Sammy hizo algo más. Montó un teatro que lo ablandó.

Paredes (P): Hermano, hay que esperar que el hombre [Julián] llame.

Sammy Santiago (S): Es que el hombre me hizo venir de tres horas [desde] allá, que... que vine nada más a hablar con él y a darle los papeles [...] y [...] el hombre no me dio teléfono ni nada tampoco —decía Sammy fingiendo furia.

P: Porque apenas llegó ahí [desde Florida]. De todos modos, papito, yo voy a esperar... Entonces, relájese, y tranquilo, hermano. Relájese. ¿Sí me entiende? Yo le comento esto al señor, hermano [...]. Tómese un cafecito —le decía persuadido.

S: Entonces, me llama [por] cualquier cosa.

P: Bueno, padrecito, así quedamos.

El dominicano lo había persuadido. Según su explicación, había llegado al lugar —seguro vigilado por la DEA, por si Julián le quería dar un susto al dominicano, o por si Sammy decidía escaparse

---

[8] Caso 03-CR-00987 en Corte Distrito Sur NY. Informe de la DEA fechado el 20 de marzo de 2003.

y adiós testigo clave—. Los agentes federales ya habían observado en primera fila su facilidad para montar teatros, y sabían que no le podían creer ni la hora.

Por cierto, la fiscalía siempre mantuvo que Jorge Mario Paredes era el jefe más alto, pero aquí estaban escuchando una voz con modismos colombianos, diciendo que debía comentarle toda esa situación "al señor". ¿Y quién era ese "señor"? Jorge Mario, decía la fiscalía, era intermediario entre el proveedor colombiano de cocaína Pablo Rayo y un mexicano sólo conocido como don Memo. Cualquiera de estos dos era candidato, pero la fiscalía nunca lo aclaró.

Había señales de que el Gordo y Horacio no siempre se hablaban entre sí después de estas llamadas. El colombiano llamó a Sammy media hora después de que colgó con el Gordo para regañarlo por no haberse reunido con Julián, aunque el dominicano había explicado que Julián lo había dejado plantado. Dos horas después, Horacio lo llamó de nuevo para exigirle que se reunieran lo antes posible. Lo llamó una tercera vez, más desesperado, sólo para decirle que lo llamaría al día siguiente.

Como el colombiano sabía que nadie iba a levantar un dedo por él, después de que falló la vuelta de Julián, buscó a Miguel, hermano del esposo de su hermana, quien ofrecía la ventaja de vivir en Nueva York.

"Llamé a mi cuñado y le pedí el número de Miguel para preguntarle si podía ir a traer eso [la droga que no devolvía Sammy], que [viera] qué fallones había, y si esto estaba caído", dijo Horacio. "[La situación estaba] como bregándome [obligándome] a decirle de antemano que algo podía salir mal". Después, Horacio llamó a Miguel y a Sammy para que se comunicaran entre ellos.[9] El nombre verdadero de Miguel era Carlos Fernando López Gómez. También era de Colombia, y también vendía droga en Nueva York. ¡Qué casualidad!

"Yo estaba a cargo de encontrar al amigo de [Horacio] Botero debido a las drogas que habían sido robadas [era lo que le habían

[9] Información declarada por Botero Tabares en el juicio de Paredes, el 1 de octubre de 2009.

dicho], entonces él me pidió que lo fuera a ubicar", dijo Miguel. Horacio no le dijo dónde encontrar a Sammy. Sólo le dio su número de teléfono. Le dijo que lo debía buscar en Nueva York y cuánta cocaína debía recuperar. "Me dijo que eran entre 200 y 250 kilos", recordaba.[10] Horacio estimó que la cantidad original de 265 kilos se redujo después de que el dominicano vendió una parte, aunque la fiscalía nunca dejó de referirse a los "265 kilos". Mientras tanto, Miguel tenía una misión imposible: ponerle las manos encima a la cocaína que nunca estuvo oculta en el taller en Nueva Jersey, sino que llevaba casi dos meses en una bodega de la DEA. No lo sabía, pero había perdido antes de empezar.

Por esos días, Miguel decía que, mientras él correteaba a Sammy, Horacio ya estaba en Colombia. Después el fiscal Preet Bharara dijo que Jorge Mario Paredes "le ordenó a [Horacio] Botero regresar de Colombia a Guatemala para ayudar a recuperar el dinero que Sammy le debía por la cocaína pendiente de entregar". Bharara aseguraba que, cuando Horacio regresó a Guatemala, lo llevaron a la casa de Jorge Mario para que comenzara a telefonear a Sammy y urgirlo a pagarle lo que le debía.[11] Pero la transcripción de las llamadas al dominicano indica otra cosa: que Horacio nunca se movió de Guatemala mientras duró este lío.

Miércoles 19 de marzo

Sammy y Miguel se reunieron en el Sage Diner en Queens por la noche, donde también se había reunido con Lico semanas atrás. Ese día anocheció después de un atardecer frío, con temperaturas que rondaban los 4 grados centígrados y algo de llovizna. Era el clima

[10] Caso 03-CR-00987 en Corte Distrito Sur NY. Documento 205 fechado el 20 de abril de 2009. Declaración de Carlos Gómez López ante la jueza Deborah Batts en esa fecha. Incluye su cambio de declaración a "culpable".

[11] Caso 03-CR-00987 en Corte Distrito Sur NY. Véase el documento de apelación: Caso 1:14-CV-01764-DAB. Documento 8 archivado el 18 de agosto de 2014. Páginas 7 y 9.

ideal para que un arropado Sammy ocultara con facilidad el micrófono que llevaba cerca del pecho, mientras aparentaba caminar casualmente sobre la acera del Queens Boulevard rumbo al *diner.* Cuando entró al amplio estacionamiento, llevaba los documentos en la mano. Había bajado de un automóvil de la DEA cuadras atrás, y los agentes lo seguían de cerca. En su informe no dijeron si tenían apoyo del NYPD. Ese miércoles se cumplía el día número 54 del dominicano mintiéndoles a todos por teléfono, aunque esto era distinto. Miguel era un signo de interrogación, y no sabía aún de qué era capaz.

Los agentes debían estar nerviosos, pero no tanto como Sammy, que iba a poner el cuerpo para entregar los documentos falsos y prolongar el teatro. Pero conseguir más evidencias para la DEA significaba, para él, un boleto hacia una condena con pocos años de cárcel.

Complicaba las cosas que el *diner* era un sitio sin vista de afuera hacia adentro. En la calle, aunque había postes con cámaras de la NYPD, cualquiera —con lentes oscuros y una *hoodie*— podía darle un susto a Sammy y perderse sin problemas entre la muchedumbre frente a los comercios y paradas de bus del Queens Boulevard.

Sin embargo, adentro del *diner,* en alguna esquina, un agente encubierto se las ingenió para filmar el encuentro. Eso le permitió al agente Zimmerman, que monitoreaba la reunión a distancia, consignar que "el CS" (Sammy) se encontró con los "miembros de una organización mexicana, Miguel LNU (*last name unknown*), de apellido desconocido, y otro hombre hispano" que no identificó. Debía ser una organización de narcotráfico, por los antecedentes de Miguel en el tráfico de drogas. Sammy se sentó frente a ellos con el reporte policial falso entre las manos, que sostenía como un papel cualquiera, y se los entregó. Cualquier señal de nerviosismo, y todo estaba perdido.

El dominicano pasó engorrosos momentos hablando del cargamento almacenado (guiño, guiño) en el taller de mecánica en Nueva Jersey, y de cómo no lo había recuperado porque el bodeguero se le había vuelto escurridizo.

Hablaron durante pocos minutos, que a Sammy y a los agentes de la DEA les parecieron eternos. Zimmerman observó de lejos a

Miguel y al otro sujeto salir del *diner.* Miguel caminaba con unas hojas de papel bajo el brazo. Los agentes respiraron tranquilos hasta que el dominicano salió del lugar y lo devolvieron a un recinto bajo llave.

Zimmerman escribió en un reporte del día que tenían grabaciones relacionadas con el Gordo y Sammy, y que el dominicano le entregó a Miguel una copia del documento falso, que después fue archivado como la *exhibit* o evidencia N-55. También tenían un video en formato 8 mm de la reunión.

Miguel debió contarle a Horacio acerca del encuentro porque el colombiano llamó a Sammy pasadas las nueve de la noche para preguntarle cómo había salido la reunión "con los socios del Gordo" —es decir, con Miguel y el otro sujeto—. Miguel tenía la misión de leer la situación, de medir a Sammy y detectar cualquier cosa rara que no fuera perceptible por teléfono. El otro "hombre hispano" parecía ir como refuerzo por si debían sacudir un poco al dominicano. Al final, no hubo necesidad. Sammy le confirmó a Horacio que le dio a Miguel la copia del reporte de policía que comprobaba (guiño, guiño) el decomiso de la van Ford Windstar con el dinero y la captura del tipo que la conducía.

Pero no todo estaba resuelto. Mientras la DEA esperaba que los documentos falsos persuadieran al Gordo de que la policía incautó el dinero, Miguel todavía tenía la imposible consigna de recuperar la cocaína supuestamente almacenada en Nueva Jersey.

6

Cae el castillo de naipes

Un día después de la reunión en el *diner*, Miguel llamó a Sammy para recuperar, según él, la cocaína en Nueva Jersey. El dominicano le dijo que no había hablado con su trabajador, pero que cuando lo localizara arreglaría que le entregaran todo. Mientras tanto, Miguel hasta había rentado una furgoneta de uso comercial para transportar la coca. La DEA lo sabía porque lo comenzó a seguir desde el día anterior. Miguel llamó al dominicano para apurar las cosas.

Miguel (M): ¿Nos encontramos a almorzar?

Samuel Santiago (S): No he visto al amigo [el bodeguero ficticio]. Lo voy a ver ahora por la tarde. Está por el otro lado del puente [George Washington, en Nueva Jersey] esperando qué pasa con la noticia.

M: Me llamó aquel señor hoy mismo [Horacio Botero], a decir que te pegara una llamadita, a ver qué información le teníamos.

S: Sí, pero como él tiene su propia forma de ver [la situación].

M: De todas formas, lo estoy llamando porque aquel señor no hace sino llamarme y llamarme. Entonces, por favor... [la presión sobre Horacio ahora se había extendido a Miguel].

S: Explíquele que hay que ver lo de la noticia y eso.

M: Bueno, viejo. Así quedamos, pues.

La prensa había reportado acerca del aumento de la vigilancia sobre el puente George Washington para prevenir posibles atentados en represalia por la invasión de Estados Unidos a Irak en marzo de 2003. Esa parte era verdad. Había muchos más policías en puentes, túneles, carreteras principales y en las estaciones de los trenes subterráneos.

Sin embargo, la explicación de Sammy nunca detuvo el chorro de llamadas de Horacio, y el Gordo a Sammy, para saber cuándo se iba a reunir con Miguel otra vez. El dominicano les soltó la misma historia de su trabajador al otro lado del puente, del aumento de policías en la ruta, y que esperaban que las cosas se calmaran para mover la carga —especialmente si la movían en una van que podía llamar la atención—. Mientras hablaba con el Gordo, Sammy esperaba una primera amenaza, alguna palabrota, pero nada de eso sucedió.

"Me gusta su forma de trabajar porque sabe anticipar las situaciones", le respondió el Gordo. Esa reacción alivió a quienes escuchaban al otro lado del teléfono, junto a Sammy. Habían ganado un poco de más tiempo. Tal parecía que estaba satisfecho con los documentos que Sammy le envió, los que la DEA fabricó. Habían transcurrido casi 24 horas desde la reunión en el *diner* y los documentos parecían haber llegado a sus manos, aunque no lo mencionó.

Diez minutos después, Miguel llamó otra vez a Sammy para que le entregara la cocaína. El dominicano le dijo que ya había hablado con el Gordo acerca del riesgo de mover la carga. "Mi trabajador prefiere esperar hasta el lunes", le dijo Sammy, cuando apenas era jueves. Miguel le pidió que llamara al Gordo para tener su aprobación.

El dominicano lo hizo y Miguel le dijo a Sammy que le gustaba su forma de hacer negocios.

Samuel Santiago (S): El señor allá abajo [en Guatemala] me dijo que sí hay que tener cuidado, y entonces le dejé dicho que nosotros dos el lunes íbamos a chequear bien el área y la ruta [...]. Usted sabe que allá las cosas son muy diferentes. Allá están ellos en una fuente echándose en fresco [relajados].

Miguel (M): Ja, ja, ja... comiendo lechón y comiendo lechón.

S: Y nosotros acá en los Estados.

M: ... Las cosas hay que [hacerlas] bien organizaditas, viejito, ¿okey?

S: Él [señor allá abajo] dice que está de acuerdo conmigo.

M: Perfecto eso. Está bien, hermano.

Miguel había caído redondo.

El dominicano todavía tenía que acabar de enganchar a Lico para la DEA, y lo llamó para preguntarle qué pasaba con un cargamento de 1 400 kilos varado en Chicago desde el año anterior. Lico le explicó que no lo podían mover porque el dueño todavía estaba en la cárcel, pero podían mover otros 500 kilos, que sólo requería un automóvil.

Pasadas las ocho de la noche, Horacio llamó al dominicano y le confirmó que el Gordo (en Guatemala) ya tenía los documentos que le entregó a Miguel, que se los había mostrado (a Horacio), y que todo estaba bien por ahora. O eso creía el colombiano.

Una hora después, la DEA escribió en su informe del día que Horacio volvió a llamar a Sammy para una "conversación social". Era la primera vez, en las últimas cuatro semanas, que llamó para hablar de cualquier cosa y sonaba tan relajado. La presión del Gordo parecía haber cedido un poco, pero era sólo un breve instante de calma antes de la tormenta, antes de que al colombiano le cayera el techo encima.

En los siguientes tres días, Miguel siguió intentando recuperar la coca. Hasta recorrió el puente George Washington varias veces, entre Nueva York y Nueva Jersey, con la furgoneta que rentó, y pasó sin problemas. Quería comprobar por sí mismo la precaución del dominicano, respecto al riesgo de transitar por el puente y ser detenidos. Ahora creía que había exagerado.

Lunes 24 de marzo

Este día iban a recoger la coca en Nueva Jersey. Horacio llamó Sammy. También lo hizo Miguel, quien lo citó para almorzar en el Sage Diner en Queens. El dominicano les dijo que los llamaría más adelante, siguiendo las instrucciones de los agentes de la DEA de demorar las cosas. A Sammy se le comenzaban a acabar las ideas para detener lo inminente. Pasado el mediodía, le repitió a Miguel que no logró hablar con el bodeguero, y Miguel ya estaba podrido de insistir en que se reunieran y de advertirle que "todos [en Guatemala] esperaban" resultados.

Miguel (M): Bien, bien. ¿Qué más?

Samuel Santiago (S): Quería verlo a usted [después de] hablar con el hombre mío [el bodeguero en Nueva Jersey] para hacer algo decisivo. Me dijo que estaba en otro colegio, pero que me veía en la noche.

M: Aah. ¡¡Briega [trata] a ver si no se pasa de hoy, hombre!! Sería bueno para que esta gente [en Guatemala] no me moleste tanto... Están esperando hace rato.

S: Entiendo. Pero es él quien tiene el operar [control] de la muchacha [la coca].

M: Listo. Después nos vemos.

Seguro que Miguel no hacía todo eso gratis, que le iban a pagar, pero ya estaba harto. Horacio también lo presionaba. Lo único que podía hacer era enviar a Miguel a corretear a Sammy y llamar al dominicano una y otra vez para decirle que el Gordo le estaba exigiendo que le dieran la cocaína a Miguel y que no entendían cuál era el retraso.

En los siguientes días, el dominicano les dijo a Miguel y a Horacio que ya había fijado una reunión con el vigilante de la bodega en Nueva Jersey. Luego, en un giro perverso, les anunció que el tipo tenía miedo y las cosas quedaban en suspenso. Ese vaivén los tenía jorobados.

Martes 25 de marzo

Sammy también estaba hastiado, pero sabía que el globo iba a reventar en cualquier momento.

Samuel Santiago (S): ¡Estoy loco por salir de esta vaina! —le decía Sammy a Miguel, refiriéndose al rescate ficticio de la cocaína en Nueva Jersey.

Miguel (M): ¿Por qué no empezamos con pocos pasajeros y así la vamos haciendo? —le sugería un acomodaticio Miguel, pidiéndole que transportaran pocos kilos a la vez—. Voy a conseguir la camioneta y a decirles a las muchachas que se suban —intentaba animar al dominicano.

S: No… —Sammy iba a hilvanar otra excusa cuando el otro lo cortó de tajo.

M: ¡Ah, qué huevonada! —gritaba Miguel sacado de sus casillas—. Listo. Hágale pues.

Miguel colgó. Sabía que Horacio también seguiría arponeando a Sammy.[1] Unas horas después las cosas subieron de tono.

"¡Tanta mierda!", le gritó Horacio al dominicano. "¿Y qué putas voy a hacer yo? ¡¿Hasta cuándo aguanta usted?! Voy a pagar con mi *hijueputa* vida. Si [usted] dice que es mi amigo, venga usted [a Guatemala] para que nos maten a los dos. ¿Cómo es que antes venía a comer y a echarse los tragos y ahora no? Venga aquí a Guatemala para dar la cara, para que nos maten a los dos". Le temblaba la voz, como si estuviera a punto de llorar.

"El Gordo y su gente lo van a matar", le dijo Horacio ya después con calma, ya recobrada la compostura. Le sugirió que si su trabajador no quería mover el cargamento, que dejara que Miguel viera la cocaína para dar razón de que todavía estaba bajo su control.[2]

Esa tarde Miguel llamó a Sammy para exigirle que lo llevara a la bodega en Nueva Jersey donde estaba el cargamento. El dominicano le respondió que estaba nervioso, porque su trabajador estaba dando excusas. Horacio —porque no le quedaba otra— decidió ser un poco flexible, y le dijo que tenía dos días más para mostrarle a Miguel la cocaína y que hablaría con el Gordo al respecto. Miguel lo llamó media hora después y le dijo que estaba al tanto de la extensión de dos días y que en ese plazo iba a ubicar una casa de seguridad a donde mover la cocaína.

Ay. Dios. Mío.

Un día después, cuando Horacio llamó a Sammy, el dominicano seguía dando excusas, como aquellas tiras interminables de pañuelos amarrados entre sí que los magos sacan de sus bolsillos. Esta vez salió con que su trabajador estaba en una subasta de vehículos,

---

[1] Esta conversación entre Sammy y Miguel se tomó de la reproducción de la cinta en la corte, y no del expediente, en la audiencia del 1 de octubre de 2009 del juicio de Paredes, según lo presenció la autora.

[2] *Idem.*

pero que se reunirían en unos días. Horacio le dijo: "Arréglatelas para ver cómo vas a hacer este intercambio", que le iba a pedir a un amigo que se diera una vuelta en carro por la casa del bodeguero, y que el Gordo les daría más tiempo de margen. Siguió una llamada de Miguel, y el dominicano le dijo que debía conseguir un carro con placas de Nueva Jersey para mover los kilos, que lo llamaría cuando estuviera listo. La idea era que lo dejaran tranquilo, mientras (guiño guiño) hacía los trámites de las placas y prolongaba este teatro un poco más.

Jueves 27 de marzo

El celular de Sammy sonó 20 minutos después de las siete de la mañana. Era Horacio, preguntando cuándo iba a hablar con Miguel. Quería salir de esta situación ya. El dominicano le salió con que aún debía conseguir las placas. En los siguientes tres días, por instrucciones de la DEA, Sammy no respondió llamadas, ni telefoneó a nadie. El domingo 30 de marzo sólo llamó a Miguel, pero no respondió. Cuando se conectó el buzón de mensajes, el dominicano colgó. Si la idea de las 72 horas de silencio era agitar las aguas y precipitar algo, había funcionado.

Lunes 31 de marzo

Entre las llamadas que Sammy no respondió en los tres días anteriores había una desde un número que no tenía entre sus contactos. Llamó y resultó ser el nuevo número de Miguel, quien le explicó que después de no recibir noticias suyas, tuvo la corazonada de que algo andaba mal, que tal vez la policía había intervenido su número anterior, y dejó de usarlo. Por eso no respondió cuando el dominicano lo llamó un día antes.

"Esta gente está preocupada; pensaron que ya lo habían perdido", le dijo Miguel a Sammy, respecto a los socios en Guatemala.

El dominicano le siguió el rollo. Respondió que sabía que algo andaba mal (ajá), pero no creía que su trabajador lo hubiera traicionado. Miguel trató de persuadirlo otra vez para que le dijera a su trabajador que movieran "20 pesos [kilos] a la vez", para no arriesgar todo en un viaje. Sammy repitió que era muy arriesgado, para desestimular sus intenciones, pero Miguel no se cruzó de brazos. Seguramente se quejó con Horacio porque media hora más tarde el colombiano trató de llamar a Sammy varias veces. La señal del celular parecía defectuosa. Cuando finalmente se escucharon bien, el colombiano le soltó que estaba harto de este enredo. Sammy le explicaba en vano que no sabía dónde estaba su trabajador, pero que no creía que se hubiera robado la cocaína.

"Ellos ya no le creen nada", le soltó Horacio, refiriéndose al Gordo y los demás. "Después que usted ya no les contestó el teléfono, ya no quieren hablar conmigo". Que lo tuvieran cortado ya era serio, pero Sammy siguió dándole cuerda con otra historia sacada de la manga, contándole que había dejado sus teléfonos en un escondite, y no tenía los números de nadie, salvo el de Miguel. Horacio lo escuchó como oír llover.

Diez minutos después, el colombiano llamó a Sammy otra vez para averiguar dónde estaba su trabajador, aunque supiera en el fondo que el dominicano iba a repetir que no sabía. Dos horas y media más tarde, Horacio lo llamó de nuevo para saber por qué no había llevado a Miguel a ver si la cocaína estaba intacta. Sammy seguía con el disco rayado de que su trabajador aún no volvía y no tenía acceso al cargamento. "Trato de ser cuidadoso porque tengo la impresión de que algo anda mal", deslizó la frase Sammy.

"Ya sé que algo anda mal", le respondió Horacio con sarcasmo. "Por eso quiero que Miguel confirme el estado del cargamento, para transmitirlo al Gordo. Investigue dónde está su trabajador y se lo comunica a Miguel, y yo lo voy a llamar en la noche para saber cómo van las cosas". No daba su brazo a torcer, intentando salvar su pellejo contra todas las posibilidades.

Volvió a llamar a Sammy cuando faltaban 10 minutos para las siete de la noche. Telefoneaba más rápido de lo que el dominicano podía fabricar excusas nuevas, insistiendo en que llevara a Miguel a ver la cocaína, sin escuchar sus explicaciones. "Yo sólo me quiero quitar de en medio de este negocio para que el Gordo no me siga acosando", le dijo Horacio. Estar en la cuerda floja lo tenía agotado.

Martes 1 de abril (el final)

Diez minutos antes de las ocho de la mañana Horacio llamó otra vez a Sammy para preguntarle por su trabajador. Sammy, quien podía jugar ese juego el tiempo que fuese necesario, le repitió que no lo había ubicado. El colombiano, habituado, le dijo que lo llamaría más tarde, pero fue última vez que hablaron. Después de la llamada, la DEA apagó los seis celulares pinchados que le había entregado en enero a Sammy, y los almacenó. El agente Eric Weil los entregó en la bodega de evidencias de la agencia, junto con 115 cintas grabadas con todas las llamadas telefónicas que el dominicano hizo y recibió entre finales de enero y ese 1 de abril. Y así nada más, esa mañana, acabó con la operación de escuchas.

No había más que hacer fuera de montar el almacenaje creíble de la cocaína en un taller de Nueva Jersey. Entonces, la DEA desconectó todo después de que la fiscalía decidió que ya tenía suficiente evidencia contra todos. Correr más riesgos era innecesario. Los agentes federales llevaron a Sammy a la sede de la DEA en Manhattan para una entrevista extensa sobre sus conversaciones telefónicas con el Gordo, Otoniel y Horacio en los últimos tres meses.

Ese 1 de abril se cumplían exactamente cinco años de cuando el juez Keenan acortó la sentencia de cárcel del dominicano de tres años y ocho meses a dos años. Eso le permitió salir libre a mediados del año 2000 y estar disponible para meterse en todo este lío. Y ahora estaba cerrando ese ciclo y comenzando otro.

Un informe de 38 páginas de la DEA registró las llamadas y resumió las conversaciones telefónicas, donde Sammy aparecía sólo identificado como un CS con el nombre tachado. Su nombre no figura en ninguna parte del informe, aunque en 2009 la fiscalía reconoció ante la corte que era el dominicano. El agente Foley escribió que el CS fue entrevistado acerca del significado de las conversaciones codificadas, pero que no revisó el informe para verificar que decía exactamente lo que ocurrió. Foley explicó que las transcripciones eran lo que los agentes de la DEA, que vigilaban a Sammy, literalmente escucharon al dominicano y a sus interlocutores decir, y que el contexto de cada conversación era una interpretación que esos agentes hicieron según lo que creyeron que se discutía en cada conversación. "La información en este reporte está escrita tal cual fue entendida por los agentes testigos", escribió Foley.

A todo esto, Horacio quedó abandonado a su suerte en Guatemala, cual daño colateral. Sabía que le esperaba lo peor, que no tenía caso escapar, y se preparó para morir. La ironía en todo esto era absurda. Hacía 15 años había huido a Nueva York para escapar de los matones de Escobar y —por tratar de volver a Nueva York— ahora iba a caer en las manos de los matones del Gordo en Guatemala.

"Me fui a mi casa con mi mujer y le [dije] que me iban a matar", recordó Horacio después. "Entonces, ella —aquí hace una pausa y se le quiebra la voz— me respondió: 'Si lo van a matar, nos matan a los dos'. Y yo le dije: 'No, madre, esperemos a ver qué pasa', y estuvimos tres semanas en esa maluquera".[3]

El colombiano creía haber reconocido las señales en Sammy de quien pretendía huir con dinero y droga ajenos. Él mismo lo había hecho en Colombia años atrás. Y, hasta donde todos creían, eso es lo que pasó cuando su recomendado se les desapareció en abril sin dejar rastro.[4] Ahora Horacio debía responder por 9 millones de dólares, el valor de la cocaína y demás dinero que Sammy nunca entregó.

---

[3] "Maluquera" es un modismo colombiano que significa sentirse mal físicamente como una reacción a la ansiedad.

[4] La Fiscalía del Distrito Sur de Nueva York determinó que las ofensas cometidas por Botero acabaron en agosto (sin ofrecer un día específico) de 2003, por "conspiración de narcóticos" y "conspiración para importar cocaína" (a Estados Unidos). Se presume que, para agosto, ya no estaba en Guatemala, aunque la transcripción de sus conversaciones con Santiago y un interrogatorio a Miguel, cuando ya estaba detenido, así como las declaraciones de Botero en el juicio en 2009, apuntan a que debió salir de Guatemala a Colombia la última semana de abril de 2003.

Y el colombiano no tenía esa plata. Si no tenía ni los 5 000 dólares que inútilmente trató de pedirle prestados al dominicano días atrás, menos todo eso.

De pronto, en la tercera semana de abril sucedió algo que lo sorprendió por completo.

"Jorge Mario me llamó y me dijo: 'Venga al McDonald's donde siempre nos reunimos', y llegó con otros dos, pero sólo nos sentamos a hablar él y yo", recordó Horacio. Entonces, el colombiano fue al grano y que pasara lo que tuviera que pasar. "'No tengo con qué pagarle esa plata', le dije, y me respondió: 'Hágale, León; váyase tranquilo'". Horacio no se lo podía creer. Le agradeció profusamente y salió volado. "Fui a mi casa a traer a mis hijos y a mi mujer", agregó. Tenía un niño de dos años y medio y otro de nueve, y con la poca plata que tenían compró los pasajes de avión para todos y se largaron a Colombia.[5]

Nunca supo qué había detrás de semejante benevolencia. De pronto fue que se movió rápido para conseguir que Julián y después Miguel persiguieran a Sammy en Nueva York, o quién sabe. No se detuvo a preguntarle, y regresó a la tierrita como huyendo de una bomba de tiempo.

Llueve sobre mojado

En Guatemala, en esos primeros días de abril de 2003, con Sammy desaparecido, el grupo caía en la cuenta de que el dominicano se había robado la cocaína. ¿Qué más podía ser si no tenían señas de otra cosa? Pero encima, el 3 de ese mes, en la capital, la policía descubrió 14.4 millones de dólares en efectivo en una casa a nombre de Jorge Mario Paredes.[6]

---

[5] Declaraciones de Botero el 1 de octubre de 2009, en el juicio de Paredes, tomadas de los apuntes de la autora durante la audiencia.

[6] Las autoridades identificaron a Jorge Mario Paredes como gerente general de Stroca, S. A., y Agroservicios del Norte. En 2024 Stroca, S. A., ya no aparecía en Google (ni en la lista que el Departamento del Tesoro sanciona por vínculos con

La casa estaba en La Cañada, en la zona 14 capitalina, uno de los sectores residenciales más lujosos de la ciudad, donde viven familias adineradas y personal diplomático. Además, la tenía en alquiler Otto Roberto Herrera García, un guatemalteco en la mira de la DEA. El Departamento de Justicia de los Estados Unidos lo tenía en la lista de los 40 narcotraficantes más buscados por ese país. El dinero lo cuidaban dos colombianos, contactos de Herrera, pero el hallazgo salpicó a Jorge Mario y le dio visibilidad en mal momento: sólo dos meses después de que la captura de Sammy en Nueva York lo colocó en el radar de la DEA.

El jefe de la Fiscalía contra la Narcoactividad, Fernando Mendizábal, y el presidente, Alfonso Portillo, presumían de la incautación del dinero porque dos meses antes Estados Unidos había descertificado a Guatemala. Y ese logro, aseguraban, contradecía la razón del castigo.[7] Sin embargo, fue un excómplice de Herrera quien reveló a la DEA dónde estaba el dinero.[8] Luego, los agentes federales

---

lavado de dinero), y Agroservicios del Norte para 2023 aparecía con una dirección en Cobán, Alta Verapaz. Este departamento es territorio de Otoniel Turcios y a donde regresó deportado en 2015 después de cinco años de cárcel en Nueva York. Sin embargo, no hay información pública que para 2024 vinculara a Turcios y Paredes. La lista para ese año de empresas y personas sancionadas del Departamento del Tesoro tampoco incluye a Agroservicios, ni lo hacía en 2009, como tampoco a Turcios. Véase para 2009: "Alphabetical Listing of Blocked Persons, Blocked Vessels, Specially Designated Nationals, Specially Designated Terrorists, Specially Designated Global Terrorists, Foreign Terrorist Organizations, and Specially Designated Narcotics Traffickers, 29742-29860 [E9-13801]". Enlace: https://regulations.justia.com/regulations/fedreg/2009/06/23/E9-13801.html. / Véase en 2024: OpenSanctions. Enlace: https://www.opensanctions.org/search/?q=Otoniel%20Turcios%20Marroquin&datasets=us_ofac_sdn&scope=us_ofac_sdn.

[7] C. Méndez Arriaza. "El narcogolpe; cómo cayeron los millones". *elPeriódico.* 11 de abril de 2003. Edición impresa. Página 4. / Por aparte, el expediente contra los narcotraficantes guatemaltecos Eliú y Waldemar Lorenzana Cordón cita a un testigo guatemalteco que narró en la corte, en 2016, cómo trasladó la información del dinero incautado a agentes de la DEA. Aparecía en el expediente de los Lorenzana porque estos eran socios de Herrera.

[8] Ocurrió como parte de una investigación en el proceso contra los hermanos guatemaltecos Eliú y Waldemar Lorenzana, llevados a juicio entre febrero y marzo de 2016, en una corte en Washington D. C. —un caso en el que originalmente Herrera también aparecía como acusado—.

estadounidenses informaron a las autoridades locales que incautaron el dinero y capturaron a los colombianos.

Años más tarde Herrera explicó que ese dinero era de Ismael "el Mayo" Zambada, el segundo jefe del Cártel de Sinaloa en México en 2003 (después de Joaquín "el Chapo" Guzmán), y de Phanor Arizabaleta Arzayús, uno de los últimos jefes sobrevivientes del Cártel de Cali en Colombia. La PNC dijo a la prensa que Herrera huyó a México a raíz del millonario hallazgo de dólares,[9] después de "encargarle a Jorge Mario Paredes, su testaferro", algunos de sus negocios en Guatemala. Pero la policía no ofreció evidencias de cuanto decía, y los fiscales en Nueva York nunca los asociaron públicamente, aunque era un hecho que Herrera sí le alquilaba la casa donde hallaron el botín.

Un episodio extraño

Meses después, el 13 de junio de 2003 en San Salvador, un sicario le disparó a Myve Lorena, la misma que —según la DEA— lavó 25 millones de dólares para Jorge Mario entre 1997 y 2002. La fiscalía neoyorkina decía que esta mujer había acompañado a Jorge Mario y a Horacio (en 1999-2000) a una reunión en Panamá, con un narcotraficante colombiano que les vendió cocaína, y después ella le pagó al sujeto por el primer cargamento. También decía que ella era la "novia" de Jorge Mario. Años después, él aclaró a la DEA que fueron pareja "sólo en 2001" y que ella nunca trabajó para él.

El año del atentado, Myve Lorena vivía en la exclusiva colonia Escalón en San Salvador. Se hacía pasar como gerente de Hiper Paiz,

[9] Herrera fue capturado en México en abril de 2004, de donde se fugó de una cárcel de máxima seguridad en mayo de 2005, hasta su recaptura en Colombia en 2007 (un año antes de que fuera capturado Paredes). Una fiscalía de Washington D. C. había pedido su captura y extradición en octubre de 2003.

bajo el alias María de Jesús Martínez Parada, de 36 años. Así se identificó el día que intentaron matarla.[10]

Dos sujetos a bordo de una motocicleta le dispararon con un fusil automático mientras dejaba a su hija de seis años en el colegio. Ella conducía una camioneta Land Cruiser verde, con vidrios polarizados. Los disparos perforaron la portezuela y ventana del lado del conductor. Ella perdió el control y empotró la camioneta en un árbol. No hay información publicada que revele qué hacía en este país. Notas de prensa citan a fuentes extraoficiales sugiriendo que Jorge Mario ordenó el ataque por una deuda no saldada, algo que él desmintió más adelante, en un interrogatorio con la DEA.

La prensa citó a la policía diciendo que uno de los sicarios que disparó a Myve Lorena era el salvadoreño Carlos Lemus Dorión, que acabó en la lista de acusados en el caso contra Jorge Mario en Nueva York, aunque otro recuento explica que Lemus Dorión contrató a los sicarios que le dispararon, y que todo el asunto tenía que ver con una deuda sin saldar con capos colombianos.

La fiscalía neoyorkina ubicó a Lemus Dorión en Guatemala telefoneando a Myve Lorena "alrededor del" 30 de junio de 2003 para recolectar ganancias por la venta de droga. Otro documento del expediente revela que Myve Lorena le entregó dinero en esa fecha.[11] Era poco plausible que ella le entregara plata sólo 17 días después de que él trató de asesinarla, a menos que el ataque fuera una advertencia para que ella aflojara el dinero. A Lemus Dorión lo capturaron el 19 de agosto de 2003, pero el expediente no revela dónde. Sólo indica que lo llevaron a una corte del Distrito Sur de Nueva York y que la fiscalía lo acusó de "conspiración para importar y distribuir cocaína".[12]

---

[10] Acuña y Sas. *Op. cit.* Página 4. / Las referencias del atentado contra Orellana Morales aparecen en el diario *ElSiglo.com* de El Salvador del 13 de junio de 2003 y en *El Diario de Hoy* de El Salvador, edición del 6 de mayo de 2008 (en relación con la captura de Paredes cinco días antes).

[11] Caso 03-CR-00987 en Corte Distrito Sur NY. Documento 192. Página 3.

[12] Caso 03-CR-00987 en Corte Distrito Sur NY. Documento 84. El expediente no incluye ninguna otra información de Lemus.

Myve Lorena se había esfumado de El Salvador para 2004, según un artículo de prensa del 1 de abril de ese año. El único rastro que dejó fue una foto que apareció en la edición impresa de un diario en Guatemala con esa fecha, y donde se le observa con un rostro pálido y una expresión de sorpresa y desamparo. Su maquillaje discreto (salvo por un pintalabios rojo vino), el cabello largo, café y ondulado, un flequillo en desorden, aros plateados y un collar de mostacillas la hacían parecer más como una joven universitaria que una gran lavadora de dinero y la encargada de pagar a los proveedores de cocaína de Jorge Mario en Panamá, que la fiscalía neoyorkina quería llevar a juicio.[13]

Operación de Nueva York, un apéndice

La Fiscalía del Distrito Sur de Nueva York dijo que mientras se desplomaba la operación en Nueva York, Jorge Mario manejaba otras rutas para traficar. Decía que "el suministro de cocaína de [Jorge Mario] Paredes seguía la ruta [desde Colombia], vía Panamá, hacia México".[14] Para eso, decían los fiscales, contaba con los buenos oficios de Arnulfo Reyes Duarte, "un corrupto agente de aduanas" en Panamá, que organizaba el paso de cargamentos de cocaína por puertos a lo largo de las costas mexicanas. Aseguraban que Reyes Duarte y otros cómplices identificaron un puerto en Mérida a donde podían enviar cocaína oculta en barcos de chatarra, y que Jorge Mario envió así "cuatro cargamentos de cocaína desde Panamá a Mérida, México", y otro que escondió en un contenedor con material de construcción para techos. Decían que estos cargamentos tenían entre 350 y 1 000 kilos cada uno, aunque algunos alcanzaban los 2 000 kilos. También eran parte de una carga consolidada, con

[13] S. Valdez y W. Nájera. "La DEA busca capturar a guatemalteca". *Siglo Veintiuno*. 1 de abril de 2004. Edición impresa. Página 8.

[14] Toda la información bajo este subtítulo está en este documento a partir de la página 7: Caso 1:14-CV-01764-DAB. Documento 8. Página 1 (incluido en expediente del caso 03-CR-00987 en Corte Distrito Sur NY).

merca de varios dueños. Uno de ellos era el traficante colombiano Manuel Felipe Salazar Espinosa, alias "Hoover",[15] un viejo conocido de Reyes Duarte, a quien le había pedido ayuda años antes "para mover 600 kilos de cocaína de Panamá a México".

Una vez transportaban la cocaína a Mérida, Reyes Duarte y otros cómplices entregaban la porción de Jorge Mario a su gente, según sus instrucciones, y repetían el proceso con otros dueños del cargamento.

La fiscalía aseguró también que Jorge Mario "ordenó entregar la cocaína a varias personas [en México], incluyendo a dos trabajadores de Óscar Arriola Márquez". Sí, el mismo que administraba el rancho en Peyton, Colorado, de donde salieron los 265 kilos que le incautaron a Sammy en Manhattan. En 2003, los hermanos Arriola siguieron moviendo cargamentos a gran escala hacia Estados Unidos vía Ciudad Juárez.

Los fiscales querían demostrar que, pese al fiasco de la operación en Nueva York, Jorge Mario no dejó de traficar cocaína, y que la compraba al mismo proveedor que Horacio le presentó entre 1999 y 2000.[16] En la otra esquina, Jorge Mario insistía —y hasta el sol de hoy— que nunca traficó afuera de Guatemala, aunque los fiscales tenían documentos donde constaba que viajó con alguna frecuencia, que solicitó y recibió dos visas a México en 2004, y viajó dos veces a Panamá por tierra entre junio y octubre de ese año. Durante el juicio, los fiscales relacionaron estos viajes con el tráfico de cocaína, pero no con hechos específicos.

---

[15] Manuel Felipe Salazar Espinosa, alias "Hoover", era un narcotraficante colombiano sentenciado a 30 años de cárcel en febrero de 2008 (tres meses antes de la captura de Paredes) en Nueva York, en un caso que también llevaba el fiscal Bansal. Fue capturado en 2005 en Colombia, extraditado en 2006 y llevado a juicio en 2007. El Departamento de Justicia de Estados Unidos lo asociaba al trasiego de múltiples toneladas de cocaína y al lavado de 12 millones a 14 millones de dólares por semana, entre 2002 y 2005. Véase: "Colombian Cocaine Kingpin Sentenced to Thirty Years in Prison on Narcotics and Money Laundering Charges". Enlace: https://www.justice.gov/archive/usao/nys/pressreleases/February08/hooversalazarsentencingpr.pdf.

[16] El colombiano Daniel "el Loco" Barrera.

Años después, Jorge Mario le aseguró a la DEA que había dejado el narcotráfico en 2004, aunque luego denunció que testificó bajo amenazas y que les dijo a los agentes lo que creyó que querían oír. La historia en Panamá se ventiló sólo cuatro meses antes del juicio en 2009, aunque primero pasaron otras cosas.

Temporada de cacería

El 2 de abril de 2003 la Fiscalía del Distrito Sur de Nueva York anunció en un informe que la "Organización Paredes" funcionaba principalmente en Guatemala, pero también en Colombia, Panamá, México y Estados Unidos.[17] Sucedió un día después de que la DEA cerró la operación de escuchas telefónicas con Sammy. Con base en información que esta agencia le entregó, la fiscalía explicó que la organización usaba teléfonos prepago que cambiaba semanalmente para evitar ser detectada. Claro, en eso había excepciones. Lico Turcios, por ejemplo, usó el mismo número todo el tiempo —un número que además estaba a su nombre—.

Los demás también tuvieron deslices, como confiarle demasiada información y responsabilidades a una sola persona, Sammy, algo que lo convirtió en un punto débil para todos. Parecía una cuestión de novatos. Al menos los Arriola Márquez, o quienes movían los hilos del Cártel de Sinaloa, no hacían las cosas así.

Los grandes cárteles —ya en extinción— fragmentan todo, y sólo los de arriba manejan información sensible. Todos los demás son reemplazables. Si capturan a uno, no puede delatar a nadie porque no conoce a nadie clave.

Hasta antes de la captura de Sammy, la operación artesanal de Guatemala a Nueva York había pasado debajo del radar de la DEA porque Jorge Mario no estaba entre los más buscados. Después, en 2007 apareció en la lista anual de narcotraficantes identificados desde 1999 según la Ley de Designación de Capos Extranjeros del

[17] Caso 03-CR-00987 en Corte Distrito Sur NY. Documento 126.

Narcotráfico (o Kingpin Act), que elabora la Oficina de Control de Bienes Extranjeros (OFAC), del Departamento del Tesoro en Estados Unidos. Ocurrió cuatro años después de la operación de escuchas telefónicas y de que Sammy lo delató. Jorge Mario era el segundo de la lista, incluso sobrepasando al Cártel del Golfo y su encarcelado jefe Osiel Cárdenas Guillén. La fiscalía neoyorkina también se sustentó en otras evidencias que produjo la *Operación Choque* (en Colorado) para acusar a Jorge Mario y pedir su captura. Así, usó toda su artillería contra lo que llamaba la "Organización Paredes".

En la investigación y los operativos había todo un ejército de autoridades locales y extranjeras, que incluía agentes de la DEA y oficiales del Departamento de Policía de Nueva York; agentes de la DEA en Texas, Colorado, Florida, México, Guatemala, Honduras y Panamá; el jefe de la fiscalía del Distrito Sur de Nueva York, Preet Bharara; fiscales de Houston, Miami y Colorado Springs; y de la Sección de Drogas y Narcóticos Peligrosos, del Departamento de Justicia de los Estados Unidos; así como la Comisión Internacional Contra la Impunidad en Guatemala (CICIG), y otras autoridades en ese país y Honduras.[18]

La *Operación Choque* de la DEA comenzó en marzo de 2002 con 50 operaciones de escuchas telefónicas en Estados Unidos (Colorado, Illinois, Nueva York, Carolina del Norte, Nuevo México, Indiana, Míchigan, Texas, Arizona y Delaware); también en México, Guatemala y Colombia. Los resultados en los dos años siguientes incluían 94 capturas y el decomiso de 10.6 millones de dólares y al menos 2300 kilos de cocaína. Pero la investigación de Jorge Mario Paredes comenzó después de que sorprendieron a Sammy con los 265 kilos de cocaína en Manhattan en enero de 2003. Las acusaciones se desprendieron de los hallazgos durante las escuchas telefónicas que la DEA grabó en los siguientes dos meses y cinco días. Esa información llevó a dos capturas en Estados Unidos y a cuatro en Centro

[18] Véase el comunicado de la DEA del 6 de noviembre de 2009: "News Release: Manhattan Federal Jury Finds Cocaine Kingpin Guilty on Narcotics Importation and Distribution Charges". Enlace: https://www.dea.gov/sites/default/files/divisions/nyc/2009/nyc110609ap.html.

y Sudamérica, y a igual número de condenas.[19] Otros hechos no planificados también arrojaron luz hacia el caso.

El 2 de junio de 2003, cuando la fiscalía neoyorkina aún preparaba una acusación contra Jorge Mario, Horacio, los hermanos Lico y Otoniel, y los demás, la policía guatemalteca capturó a Oldina Yari Menéndez Ruano, esposa de Otoniel Turcios Marroquín. Ocurrió en una casa en Fraijanes, en las afueras de la capital guatemalteca, rumbo a la carretera a El Salvador. Sucedió apenas dos meses después de que la operación de narcotráfico en Nueva York se desplomara. La captura de Oldina no era una consecuencia de ese caso, aunque se me ocurría que esa casa en Fraijanes podía ser la que Horacio describió como aquella "en las afueras de la ciudad", a donde lo llevó Otoniel para hacer los cortes de cocaína unos años antes. Esta sólo era una de las seis casas que este señor tenía en Guatemala, según recuentos de prensa.

La policía y fiscales guatemaltecos les dijeron a los periodistas que Otoniel y su esposa eran cómplices del Cártel del Golfo de México, y que Oldina —de 33 años— era la contadora del cártel en Guatemala. Mientras la policía registraba la casa, encontró 19910 dólares y 30000 quetzales en efectivo, una máquina para contar dinero, un rifle francotirador y dos pistolas, así como 23 envoltorios etiquetados con cifras de 100000 y 200000 dólares, una señal de que estaba por recibir más dinero (presuntamente por la venta de droga). La policía también halló su pasaporte, que tenía sellos de viajes a Panamá, Honduras, México y Estados Unidos.[20]

---

[19] Dos guatemaltecos que aparecen como capturados y condenados en el caso no tienen conexión con los demás procesados, como Paredes, Botero y los hermanos Turcios Marroquín. Ningún documento en el caso explica qué hacían en el expediente como procesados Byron Alcides Berganza Espina y Marco Antonio Lara Paiz, detenidos en 2003, en El Salvador y Florida, Estados Unidos, respectivamente. Lo único que tienen en común es que todos (salvo por Botero) son guatemaltecos y fueron procesados por narcotráfico.

[20] S.Valdez. "Cae por presuntos vínculos con cártel". *Siglo Veintiuno*. 3 de junio de 2003. Edición impresa. Página 8. / La prensa beliceña reportó que Turcios Marroquín registró ante autoridades beliceñas (para garantía de su permanencia en el país) que tenía seis propiedades en Guatemala.

¿Cómo dieron con la casa? Fue por información que el MP encontró dos meses antes, el 3 de abril de ese año, en la casa de Jorge Mario que Otto Herrera usó para ocultar los 14.4 millones de dólares que los fiscales guatemaltecos también incautaron. Aunque la policía dijo que Herrera y Jorge Mario eran compinches, parecía que había una relación más cercana en estos negocios entre Herrera y Otoniel Turcios.

Oldina enfrentó una acusación sólo en Guatemala. La fiscalía en Nueva York nunca la vinculó al caso como a su esposo y a Jorge Mario. Tampoco la relacionaron al caso de Herrera, en Estados Unidos, pero su captura fue un mal augurio. Dos meses después, el 13 de agosto de 2003, la Fiscalía del Distrito Sur de Nueva York acusó a Jorge Mario, a Otoniel, a su hermano Lico, a Horacio, Jeto, Miguel, Myve Lorena y a Carlos Lemus Dorión. Antes de que acabara el mes, Estados Unidos recertificó a Guatemala, porque aparentemente había demostrado que siempre sí estaba "comprometida a luchar contra el narcotráfico". La seña (guiño guiño) era que, en los primeros ocho meses de 2003, el país incautó 7 500 kilos de cocaína —lo más cerca que había estado de volver a las cifras de decomisos de finales de los años noventa—. Aun así, esa cifra sólo era 3.7% de lo que el gobierno estadounidense estimaba que los traficantes movían anualmente por el país.

Mientras tanto, en Estados Unidos, la DEA y la policía también iban atrás del dinero. En 2003, en Chicago, incautaron 2.1 millones de dólares como parte de la *Operación Choque*. En Nueva York incautaron además 1 395 000, y 530 000 en Delaware. Al leer estas cifras es difícil no recordar que las superaba con creces cada envío cotidiano de dinero que Sammy hacía a México y Guatemala entre 2002 y 2003, y que sumaban los 2 millones de dólares cada uno.

En enero de 2004, después de un año y nueve meses de vigilancia, la DEA y la policía descendieron sobre el rancho en Peyton, Colorado, a donde los Arriola Márquez enviaban la cocaína desde México, y confiscaron todo.[21] En comunicados de prensa del 19 de

[21] A. Gutiérrez. "Los Arriola: rápido ascenso y caída". *Proceso* núm. 1527. 5 de febrero de 2006. Página 38. Enlace: link.gale.com/apps/doc/A142433737/IFME?u=anon~61eab942&sid=googleScholar&xid=54d25125.

octubre de ese año, la DEA anunció que la *Operación Choque* comenzó a desbaratar la conspiración de los Arriola y una organización multimillonaria para el lavado de dinero y distribución de cocaína.

Las incautaciones incluían los 265 kilos confiscados a Sammy en enero de 2003 y el dinero que debió enviar a México, pero que en cambio diligentemente entregó a la DEA. Entre los capturados también se encuentran las personas que la fiscalía neoyorkina relacionó con Jorge Mario.

El 4 de noviembre de 2003 el juez Henry Pitman en Nueva York autorizó la orden de captura de Horacio. Tenía casi siete meses de haber regresado a Colombia cuando Estados Unidos pidió su extradición. Sin embargo, su libertad se comenzó a encoger cuando ya llevaba un año en el país. El 6 de abril de 2004 el Ministerio del Interior y de Justicia y la Fiscalía General de la Nación finalmente ordenaron su captura. La policía colombiana —que parecía no tenerlo en la mira— se tardó seis días más antes de ubicarlo en el municipio de Envigado, Antioquia, nueve kilómetros al sureste de Medellín.[22] Tenía 44 años cuando lo recapturaron. Sus niños tenían tres y 10 años, y Horacio también tenía con su esposa un bebé de seis meses. Los policías le dieron vuelta a su apartamento tras su captura, y cargaron hasta con el último papelito que encontraron.

"Confiscaron todo en su apartamento en Colombia", dijo el fiscal Bansal en una audiencia del juicio. Hasta ese día, Horacio pensaba que estaba protegido por haber usado números no rastreables, privados o no disponibles. No contaba con que todo eso iba a ser inútil después de que Sammy los embaucó prestándose para que la DEA grabara las llamadas, y además dio el santo y seña: identificó al colombiano como la persona que lo llamó 37 veces. Para colmo, Horacio se había hundido con mano propia con tanta llamadera.

Los fiscales tampoco perdían de vista que Horacio presentó a Jorge Mario con Daniel "el Loco" Barrera, el proveedor colombiano

[22] Corte Suprema de Justicia. Sala de Casación E. Proceso de extradición núm. 22481 de 2004 de Horacio Gabriel Botero Tabares. Enlace: https://www.redjurista.com/Documents/corte_suprema_de_justicia,_sala_de_casacion_penal_e._no._22481_de_2004.aspx#/.

que (según la fiscalía) le envió a Guatemala unos cuantos miles de kilos de cocaína entre 1999 y 2000. También le endilgaban haber presentado a Jorge Mario con los colombianos Pablo Rayo y Jackson Orozco, que le enviaron merca entre 1998 y 1999. Pero la fiscalía no consideró que Horacio llegó a Guatemala en agosto de 1999 y conoció a Jorge Mario hasta en noviembre de mismo año, según lo admitió el mismo colombiano.

Por todo esto, el 12 de abril de 2004 la libertad de Horacio acabó con un viaje de 439 kilómetros y ocho horas entre Envigado y la Penitenciaría de Máxima Seguridad de Cómbita, en Boyacá (149 kilómetros al noreste de Bogotá). Era una cárcel estrenada hacía dos años para 1 600 reos "de alta peligrosidad" que ya cumplían condenas. El sitio era un búnker con tres anillos de seguridad externa: Policía, Ejército y Guardia Penitenciaria. En las áreas internas tenía sensores de movimiento conectados a alarmas y reflectores. Por si Horacio necesitaba acostumbrarse a estar en una cárcel estadounidense, aquella penitenciaría en Boyacá tenía el mismo diseño de una cárcel federal en Florida (y otros estados, claro): la celda para dos internos, con camas de concreto empotradas en la pared y dispuestas como literas, y un retrete y lavamanos de aluminio al fondo. Recién llegado, Horacio acabó metido en un enterizo café —el uniforme de los reos— y sometido a los controles para los recién llegados, que incluía sentarse en una silla electromagnética para detectar "droga, metales" o cualquier objeto ajeno al cuerpo.[23]

Entre los documentos que una Sala de Casación en Colombia examinó para justificar la extradición de Horacio estaban las declaraciones del agente de la DEA Eric Weil. Era uno de los ocho agentes que fueron la sombra de Sammy durante dos meses y cinco días, y que escucharon y grabaron las minucias de sus conversaciones con Horacio y los demás. La Sala aprobó la extradición del colombiano

[23] Redacción. "Así es la cárcel de alta seguridad de Cómbita". *El Tiempo*. 2 de agosto de 2002. Edición electrónica. Enlace: https://www.eltiempo.com/archivo/documento/MAM-1308418.

el 22 de septiembre de 2004. Aunque él no se opuso, lo enviaron a Estados Unidos hasta un año después, según el expediente.

Al final Horacio logró regresar a Nueva York, pero no como había querido en 1999. La corte registró su llegada y captura en el Distrito Sur de Nueva York el sábado 16 de julio de 2005 a las 5:30 de la tarde. Por ser fin de semana, apareció ante un juez para su *arraignment* (primera presentación para declararse culpable o no culpable) hasta el lunes. Se declaró "no culpable" en español; un intérprete tradujo sus respuestas al inglés. Había pasado al menos 12 años en Estados Unidos, seis de ellos en la cárcel, pero no hablaba suficiente inglés para armar una oración completa.[24] Sabía, desde su temporada en una cárcel neoyorkina en los años noventa, que por norma todos los capturados se declaran "no culpables". Luego, si consiguen un acuerdo de colaboración aceptable con la fiscalía, cambian su declaración a "culpable" y no se va a juicio, sino directo a cumplir una rebajada sentencia de cárcel.

La declaración jurada financiera de Horacio, un formulario que todo detenido llena, consignaba que ni él ni su esposa tenían empleo, ni habían ganado un peso desde hacía un año (cuando lo capturaron). No explica de qué vivían, pero declaró que tenía cinco dependientes: su esposa y cuatro hijos entre las edades de uno y 16 años (la mayor, en Nueva York). Escribió que tampoco tenía deudas (al parecer, aquí no contaban los 9 millones de dólares que, según la fiscalía, le debía a "don Jorge Mario").[25]

Al colombiano lo tuvieron en remojo año y medio, mientras duraba el vaivén de las negociaciones con la fiscalía y le daban tiempo para pensar las cosas. Así, hasta enero de 2007, Horacio se declaró culpable de conspirar para importar cocaína a Estados Unidos y de una conspiración de narcóticos. Aceptó que nadie lo iba a considerar inocente, porque todo el mundo tenía claro que el colombiano no era un adorno en la pared. Aun así, Horacio se hizo el de la boca chiquita cuando declaró frente a la jueza Batts ese año que

[24] Caso 03-CR-00987 en Corte Distrito Sur NY. Documentos 70 y 109.
[25] Caso 03-CR-00987 en Corte Distrito Sur NY. Documentos 77 y 109.

nunca traficó cocaína desde Guatemala, mientras todos —fiscales y abogados defensores— fingían olvidar que el colombiano estaba contradiciendo lo que revelaban las llamadas telefónicas que la DEA grabó en 2003. Había una de marzo de ese año cuando le explicó a Sammy que estaba seguro de cuánto pesaba el cargamento de 265 kilos. "Yo mismo pesé la merca", se le escuchaba decir a Horacio en la grabación, mientras que el dominicano le respondía un "no" seco, antes de que la apagaran.[26] Era como decir que la rueda es redonda: el colombiano sabía cuánto pesaba el cargamento porque la cocaína pasaba por sus manos en Guatemala antes de que la enviaran a Estados Unidos.[27]

Después, el colombiano la hizo de piedra en el zapato —según él— para presionar a Sammy a vender o devolver los 265 kilos que suponía en una bodega en Nueva Jersey. También fue el último que habló con el dominicano antes de que los agentes acabaran con la operación de escuchas telefónicas el 1 de abril de 2003.

Nada de esto le impidió montar esta pantomima frente a la jueza Batts en 2007: "Yo sólo presenté a dos personas con el entendido de que yo recibiría una comisión por lo que ellos iban a hacer [...], sabiendo que iban a cometer un crimen", dijo Horacio a la jueza. "Uno de ellos trabajaba manteniendo rutas de cocaína hacia Estados Unidos; la otra persona vendía cocaína aquí en Estados Unidos". Se supone que hablaba de Jorge Mario y Sammy, pero se cuidó de no referirse a ellos por nombre, ni siquiera cuando admitió que los había presentado en Guatemala.

"Entonces, al presentarlos, ¿usted pretendía contribuir a cometer el crimen que ellos pensaban cometer?", le preguntó la jueza.

"Yo no lo planifiqué", aclaró Horacio. "Ellos ya lo habían planificado hacía algún tiempo, y lo que hice fue reunirlos para que hicieran la transacción. Una vez que la completaran, yo ganaría una

---

[26] Yo escuché esa grabación en el juicio a Jorge Mario Paredes cuando la reprodujo la fiscalía para que Horacio Botero reconociera las voces.

[27] Botero admite que él pesó el cargamento en una grabación de una conversación telefónica con Santiago, que fue reproducida en la audiencia del 1 de octubre de 2009 del juicio a Paredes.

comisión [...]. Después me sacaron de en medio, y hubo otros negocios en los que no participé". Se esforzaba por aparecer ajeno a toda la operación, excluyendo el detallito de que él mismo evaluaba la pureza de la cocaína y hacía los cortes, además de conseguirles contactos como Sammy en Nueva York o vendedores mayoristas en Colombia.

"Me [habían llamado] porque tenían problemas, y me metí otra vez a este asunto porque había gente amenazándome y diciéndome que debía recoger el dinero", decía Horacio. "Colaboré al final para que el tipo que estaba aquí [en Nueva York] le pagara un dinero que le debía a un tipo en Centroamérica". Usaba el mismo tono impersonal acerca de su obligación de lograr que Sammy le entregara a "don Mario" el dinero que le debía y le devolviera la droga sin distribuir. "Sé que hice algo ilegal [...], pero como me amenazaban, tuve que hacerlo, y acabé con el gran problema en el que estoy metido ahora [...], pero nunca supe de ese cargamento", decía, haciéndose el desentendido de los 265 kilos que él mismo dijo que pesó.[28] Por cierto, esta era cocaína que un recién capturado Jorge Mario le dijo a la DEA que era propiedad de Horacio y Otoniel (aunque el agente Weil le dijo que también lo tenían grabado preguntando por el cargamento).

El colombiano también omitió que él mismo mandó a Miguel para corretear al dominicano en Nueva York. Un par de años después Miguel dijo en la misma corte que le habían encargado "encontrar al amigo de [Horacio] Botero", refiriéndose al dominicano, y soltó detalles como cuando afirmó: "Me reuní con el amigo de Botero en un *diner* en Queens".[29]

Si en 2007 Horacio pronunciaba un tibio *mea culpa* era porque la fiscalía usó lo de los 265 kilos y otros 50 kilos, con los que pillaron a un distribuidor en Harlem, como evidencia para comprobar que el colombiano estaba metido en esa vaina hasta las rodillas.[30]

---

[28] Caso 03-CR-00987 en Corte Distrito Sur NY. Documentos 109 y 140.

[29] Caso 03-CR-00987 en Corte Distrito Sur NY. Documento 205, página 15, línea 13.

[30] Caso 03-CR-00987 en Corte Distrito Sur NY. Documento 77.

Esto les sirvió a los fiscales para orillarlo a torcer el brazo y que después declarara como testigo contra Jorge Mario, aun si eso implicaba montar el teatro de que había pasado por todo esto de ladito. Así, Horacio le perjuró a la jueza Batts que, cuando estaba en Guatemala, no había enviado cocaína a Estados Unidos, acomodando su historia a la versión que le ayudara a salir de la cárcel lo más pronto posible.

Con esto entre manos, la jueza Batts lo sentenció a 195 meses de cárcel: 16 años y cuatro meses.[31] Que saliera antes iba a depender de su desempeño en el juicio, testificando contra Jorge Mario un poco más adelante. Así como fuera el sapo iba a ser la pedrada.

Mientras todo eso pasaba, la fiscalía también se ocupaba en contarle las costillas al hermano de Otoniel en Chicago y Nueva York. Y Lico se la hizo fácil. Fue el que "dio más papaya", en argot colombiano: el único que usó un celular registrado a su nombre. La DEA le grabó 13 llamadas a Sammy; 11 salieron de su número. Aunque de los otros dos números no había registro, estaba frito.

Seis semanas después de que Horacio cayera en Colombia, Lico cayó en Chicago. Era el 31 de mayo de 2004. Un diario beliceño publicó años más adelante que fue detenido en medio de una operación encubierta denominada *Crash*,[32] que luego inspiró una película. La publicación en Belice, que ocurrió en el contexto de la captura de su hermano Otto en ese país años después, aludía a la *Operación Choque*. Lico era el coconspirador en Chicago que, según la fiscalía neoyorkina dijo a AP, hablaba de cargamentos de hasta 3 080 libras (1 397 kilos). Su primera audiencia fue ante un juez en una corte del Distrito Norte de Illinois.

El 4 de mayo, Lico salió libre bajo fianza mientras su proceso judicial avanzaba. ¿Cómo lo logró? Ofreció dos casas de su propiedad como garantía para una fianza de 250 000 dólares.[33] Además, el

---

[31] Caso 03-CR-00987 en Corte Distrito Sur NY. Documentos 109, 140.

[32] Redacción. "Turcios Marroquín will stand trial in New York". *The National Perspective*. 7 de noviembre de 2010. Edición impresa. Página 6. Enlace: https://issuu.com/national_perspective/docs/november_7__2010.

[33] Caso 03-CR-00987 en Corte Distrito Sur NY. Documentos 22 y 73. Referencia para los cargamentos de 3 080 libras según un testigo y procesado, luego

juez consideró que tenía suficientes vínculos con la comunidad para permitir que saliera libre en esas condiciones. Tenía una hija en la universidad y otra en la escuela primaria.

La fiscalía había descubierto que viajó varias veces a Guatemala en los meses previos a su captura, algo que no era inusual considerando que allí vivía su hermano Otoniel (también acusado en el caso) y otros familiares. Sin embargo, pesaba en su contra que en 2003 recibió de manos de Sammy 49 980 dólares en efectivo por la venta de cocaína en Nueva York. Era un intercambio que presenció un agente encubierto de la DEA: el que fingía ser contacto del dominicano y arrendatario de bodegas en Chicago, con quien Lico pensaba haber hecho negocio para almacenar 1 400 kilos de cocaína, cuando lo único que hizo fue hundirse solito.

La fiscalía además escuchó el testimonio de otro cómplice que dejó cocaína en buzones en el Bronx y Manhattan por encargo de Lico. Luego lo identificó como el responsable de velar por los negocios de su hermano Otto en Estados Unidos —negocios de narcotráfico, claro—.

Pero además la DEA capturó a Lico en una ciudad que observaba de cerca desde hacía al menos seis años.

Chicago era el centro de operaciones de dos de los más efectivos vendedores de cocaína para el Cártel de Sinaloa: los mellizos Margarito y Pedro Flores (estadounidenses de origen mexicano), que movían cocaína desde California hasta Chicago, Illinois, y a muchas otras partes del país. Eran los mayores traficantes de droga de Chicago, y entre 2005 y 2008 habían vendido al menos 38 000 kilos de cocaína del Mayo Zambada y del Chapo Guzmán. Ese último año los hermanos dieron un golpe de timón y se entregaron a la DEA.[34]

Un año después, las autoridades capturaron a 750 miembros del cártel en Estados Unidos, además de incautar 12 000 kilos de cocaína, entre otros tipos de droga.[35] Esta, obviamente, era una de las

---

identificado como Isaías Turcios Marroquín, alias "Lico". Enlace: https://www.nydailynews.com/2008/05/02/feds-drug-kingpin-nabbed-in-honduras/.

[34] Hernández. *Op. cit.* Páginas 120 y 121.

[35] Roberto Saviano (2013). *CeroCeroCero.* Anagrama. Página 77.

grandes estructuras que movían mucha más droga que la Organización Paredes. En 2010 Vicente Zambada Niebla, alias "Vicentillo", el primogénito del Mayo Zambada, fue extraditado a Chicago después de su captura en 2009 en México.

Nueve semanas antes de que Horacio tocara suelo en Nueva York como extraditado, Lico se declaró culpable de conspirar para traficar cocaína desde Guatemala hacia Nueva York entre 2001 y agosto de 2003. Era el 9 de mayo de 2005, un año después de su captura. "Sé que estuvo mal y que era una acción ilegal", dijo en la corte de Illinois. "Me declaro culpable porque soy culpable". El juez dijo que ese reconocimiento era importante para su sentencia, y el 15 de agosto de 2008 lo condenó a nueve años de cárcel, que aplicaban desde su captura y que acabó de cumplir en la Oxford Federal Correctional Institution, en Oxford, Wisconsin.[36] Tenía 46 cumplidos.

La DEA ya había capturado a algunos mensajeros de la red y *couriers* de dinero o droga, como al Pingüino, el sujeto que conducía el sedán donde llevaba los 265 kilos para Sammy. Pero las capturas de Horacio y de Lico fueron el verdadero inicio de una cascada de tabletas de dominó.

Siguió la captura de los hermanos Miguel Ángel y Luis Raúl Arriola Márquez en septiembre de 2004, en Chihuahua, donde tenían una base de operaciones (aunque los extraditaron hasta 2007). Los Arriola importaban un promedio de 40 toneladas (40 000 kilos) de cocaína al mes a Estados Unidos (otras fuentes mencionan una cifra más conservadora: 2 500 kilos por mes). Sólo uno de sus *couriers* había llevado hasta 43 millones de dólares de suelo estadounidense a México. Eran conocidos por sus negocios ganaderos y la exportación de carne, y usaban sus empresas para lavar dinero del narcotráfico.[37]

El 2 de febrero de 2006 cayó Óscar Arriola Márquez —el líder de la organización y socio de Paredes en el transporte de la droga, según la fiscalía, información que decía haber obtenido de una escu-

[36] Caso 03-CR-00987 en Corte Distrito Sur NY. Documentos 68 y 174.

[37] Ravelo. *Op. cit.* Páginas 113-121.

cha telefónica—. También consignaba que el agente de la DEA Paul Roach descubrió que Jorge Mario Paredes le vendió cocaína a Óscar Arriola entre 2003 y 2005.

Para entonces, el Cártel de Sinaloa transportaba cargamentos consolidados de varios dueños en semitráileres hasta bodegas en California.[38] La fiscalía aseguraba que Jorge Mario hacía lo mismo entre Panamá y México.

El 16 de mayo de 2006 la policía capturó a Jackson Orozco en Colombia. Un día después también arrestó a Pablo Rayo en Brasil. En el caso de Orozco, la policía colombiana le entregó a la fiscalía en Nueva York todo lo que le encontró: agendas y una computadora con nombres y conexiones, información de cuánto dinero ganaron, cuánto invirtieron y cuántos kilos vendieron. Los fiscales neoyorkinos también recibieron registros del uso de teléfonos satelitales y frecuencias de radio para la comunicación por mar y monitorear los envíos. Era tanta la evidencia que los detenidos no tuvieron más remedio que colaborar y delatar a quienes eran importantes para la fiscalía.

Orozco, extraditado a Estados Unidos, soltó que le vendían cocaína a Jorge Mario, el intermediario de "don Memo", el traficante en México. Cinco años después de su captura, Orozco salió libre. Era el 28 de marzo de 2011. Tenía 64 años. Rayo salió el 5 de agosto de 2013, después de siete años encarcelado, aunque era uno de los 42 narcotraficantes más buscados por Estados Unidos. Le atribuían propiedades en Estados Unidos, Colombia, Panamá y Brasil, con un valor total de 70 millones de dólares. Además, la fiscalía le endilgaba haber introducido al menos 50 toneladas de cocaína al mercado estadounidense.[39] Tenía 68 años cuando salió de una cárcel estadounidense, con cargos de narcotráfico y lavado de dinero pendientes de enfrentar en Colombia y Panamá.

---

[38] Hernández. *Op. cit.* Página 125.

[39] Presidencia de Colombia. "Cayó uno de los 42 narcos más buscados en el mundo". Comunicado de prensa del 17 de mayo de 2006. Enlace: http://historico.presidencia.gov.co/prensa_new/sne/2006/mayo/17/12172006.htm.

El 23 de julio de 2006 cayó Miguel en Nueva York, el hermano del cuñado de Horacio, que tenía la misión imposible de recuperar los 265 kilos de cocaína que pasaron fugazmente por las manos de Sammy en 2003. Miguel —Carlos Fernando Gómez López— debía saber que a Horacio lo habían capturado en Colombia dos años antes y que estaba de vuelta en Nueva York, encarcelado, y que eso no era un buen augurio para él. Pero no intentó esconderse. La policía lo sorprendió en una calle de Queens, a las nueve de la mañana de un domingo, para decirle que estaba detenido. Si no lo sabía ya, debió enterarse después de caer preso, que nunca hubiera podido ponerle las manos encima a la cocaína que pretendía recuperar para Horacio y el Gordo, porque ya estaba en manos de la DEA.

Entre las evidencias que la fiscalía usó para acusarlo estaban las grabaciones de seis llamadas desde un número no identificable que le hizo a Sammy en 2003, una desde un número de Nueva York, y otras seis de cuando el dominicano lo llamó a él. Por eso, Miguel acabó detenido a sus 45 años. En su declaración jurada financiera dijo haber cursado hasta el tercer año de la escuela secundaria, en Colombia, que en la actualidad era un cobrador residente en Nueva Jersey, y padecía diabetes. Obligado a decir cómo se mantenía, declaró que su esposa "pagaba los gastos". Los ingresos mensuales de 1 500 dólares de su mujer los mantenían a ambos, a su niña de un año y a un hijo de 19.[40] Esto cuando la renta promedio de un apartamento estudio en Jersey rondaba los 900 dólares. Es decir, toda esa vuelta que Horacio le pidió hacer tres años antes no le sirvió de nada. No parecía que estaba mejor cuando lo capturaron que cuando correteaba a Sammy en 2003.

En 2005 Jorge Mario debía saber que Horacio y Lico ya estaban en la cárcel. Si no por su acceso al expediente, por Otoniel, que tenía que saber la noticia de boca de su hermano en Chicago. Ese año un tribunal en Guatemala ordenó la captura de Jorge Mario para extraditarlo a pedido de Estados Unidos. Luego, en enero de 2006, el gobierno ofreció una recompensa para quien diera información que permitiera capturarlo. Sin embargo, transcurrían los meses y nada.

[40] Caso 03-CR-00987 en Corte Distrito Sur NY. Documento 96.

Un detective de la PNC, que trabajaba con la fuerza de tarea de la DEA, sospechaba que Jorge Mario tenía un contacto en altas esferas que le soplaba cuándo debía hacerse escaso para evitar ser detenido.

"Llevábamos varias semanas siguiéndolo, y vimos que todos los días llegaba a una oficina en el Géminis 10 [un centro comercial y edificio de oficinas en la capital, a seis cuadras de la embajada de Estados Unidos]", dijo el detective. "Un día, cuando estaba en el edificio, un agente de la DEA llamó al Ministerio de Gobernación para decirle que [los policías de la fuerza de tarea] lo teníamos ubicado y lo podíamos capturar si nos daban la orden. Pero la orden nunca llegó. No se movieron. No llamaron de vuelta, y [Jorge Mario] Paredes se fue. Nunca más regresó al Géminis".

La orden de captura en Guatemala, que el Ministerio de Gobernación no cumplió cuando pudo hacerlo, demoró en salir aun con presiones de la embajada de Estados Unidos, según versiones extraoficiales. El abogado neoyorkino Thomas Liotti, que comenzó a representar a Jorge Mario desde marzo de 2006, dijo años después que eso sólo significaba una cosa: "Todo está totalmente corrompido allá", concluyó, refiriéndose a Guatemala en esa época.[41] Seguro no le hubiera extrañado que, más adelante, el exministro de Gobernación, Vielmann, y el exdirector de la PNC, Sperisen, acabaran acusados de la ejecución extrajudicial de varios reos (por hechos ocurridos en 2007).

Para finales de 2006 Jorge Mario ya estaba en Honduras. Después explicó que se fue porque lo asustaron las noticias de su acusación en Estados Unidos (aunque se publicaban desde abril) y la recompensa ofrecida por información que llevara a su captura. Sin embargo, los campos pagados del gobierno que lo identificaban como narcotraficante se comenzaron a publicar en enero de este año, y Jorge Mario se fue al menos ocho meses después, según Liotti. Se estableció en San Pedro Sula con su familia —su esposa Lucía C.[42] y los dos hijos de ambos— y se ocupó en bienes raíces y la compraventa de ganado, o eso le aseguró a la DEA dos años después.

---

[41] Liotti, 2023.

[42] No se utiliza el nombre verdadero por una solicitud de Paredes de no exponer a su familia.

El 19 de abril de 2007, en Panamá, la policía capturó en un centro comercial a una guatemalteca acusada de "blanqueo de capitales y narcotráfico". Era Myve Lorena, la misma que escapó al intento de asesinato en El Salvador cuatro años antes, y que una fiscalía panameña relacionaba con el envío de cocaína a Centroamérica, Estados Unidos y Europa. Una nota de prensa[43] reveló que la policía encontró una maleta con 36 kilos de cocaína en su apartamento en el edificio Mirador, en San Francisco, un exclusivo sector en la ciudad de Panamá.

Myve Lorena también estaba entre las personas que la fiscalía neoyorkina pretendía capturar y llevar a juicio en Nueva York, como parte de la Organización Paredes, y que participó en reuniones y transacciones con proveedores de coca colombianos. Aunque enfrentaba una acusación en Panamá, pesaron más los pedidos de extradición en Texas y Nueva York y la extraditaron en abril de 2008 a Houston.[44]

"Lorena, como [Jorge Mario] Paredes, era una presencia constante en varias esferas, y entre varios cómplices que se reunían con [Pablo] Rayo Montano y [Daniel] 'el Loco' Barrera, y transportando las ganancias a Barrera en Panamá", decía la fiscalía en Nueva York.[45]

En el caso en Panamá también aparecía Joel Paredes, que el diario *Panamá América* y la prensa local mencionaron sin más señas. El diario *elPeriódico* en Guatemala publicó que su nombre completo era Joel Hernández Paredes y que era primo de Jorge Mario Paredes Córdova. Pero la fiscalía en Nueva York no lo incluyó entre los

---

[43] J. M. Daz. "Extraditan a guatemalteca hacia EE. UU.". *Panamá América*. 15 de agosto de 2007. Enlace: https://www.panamaamerica.com.pa/nacion/extraditarn-guatemalteca-hacia-eeuu-290516.

[44] G. Bethancourt. "Suspenden audiencia de guatemalteca Orellana". *Panamá América*. 25 de julio de 2008. Edición electrónica. Enlace: https://www.panamaamerica.com.pa/nacion/suspenden-audiencia-de-guatemalteca-orellana-396714. / El 25 de julio de 2008, en la nota de este enlace, el diario panameño publicó que Orellana todavía estaba en Panamá en esa fecha y que le habían fijado una audiencia a agosto en un juzgado de ese país. No obstante, *elPeriódico* de Guatemala reportó que Orellana fue extraditada el 18 de abril de 2008.

[45] Caso 03-CR-00987 en Corte Distrito Sur NY. Apelación caso 1:14-CV-01764-DAB. Documento 8. Página 10.

acusados del caso. En Texas, en cambio, una fiscalía lo acusaba junto a Myve Lorena de traficar 3 100 kilos de cocaína a Estados Unidos el 28 de febrero de 2007, en un caso no relacionado con Jorge Mario. Por eso Panamá también lo extraditó.[46] Mientras Myve Lorena esperaba su extradición a Texas, la policía capturó al guatemalteco Otto Herrera en Bogotá, Colombia, en junio de 2007. Ese año Jorge Mario también apareció en la Designación Presidencial de Capos del Narcotráfico Extranjeros de la Casa Blanca en Estados Unidos.[47] Era una forma de anunciarle que le tenían en la mira.

Para principios de 2008 Colombia extraditó a Herrera a Estados Unidos, una de las bisagras entre los cárteles de Cali y Sinaloa. De entrada, se declaró culpable, colaboró en varios casos con fiscalías estadounidenses y lo condenaron a 10 años de cárcel. Podía optar a libertad condicional en 2017, pero inesperadamente acabó suelto en 2013. No consta en el expediente en Nueva York que Herrera declarase contra Jorge Mario, aunque algo podía soltar habiendo sido su inquilino hasta 2003.

Myve Lorena,[48] extraditada el 18 de abril de 2008 a Houston, también se declaró culpable en un proceso en ese estado para mitigar la sentencia que le esperaba. La buscaban en operaciones que la DEA llamó *Álamo* y *Ojo de Agua*, en las que incautó cuatro toneladas de cocaína. La agencia EFE reportó que la fiscalía en Nueva York también la pedía después que el narcotraficante guatemalteco Byron Berganza (que esa fiscalía procesó) declaró que ella pertenecía a una red de cárteles mexicanos.

---

[46] Departamento del Tesoro de Estados Unidos. Actualización del Act Kingpin. Comunicado de prensa del 1 de junio de 2007: https://ofac.treasury.gov/recent-actions/20070601. / Acuña y Sas. *Op. cit.* Página 4. / Véase también la edición de *El Diario de Hoy* de El Salvador del 6 de mayo de 2008. Enlace: http://www.elsalvador.com/mwedh/nota/nota_varias_fotos.asp?idCat=6358&idArt=2356382.

[47] The White House. Office of the Press Secretary. "Presidential Designation of Foreign Narcotics Kingpins". Washington D. C., 1 de junio de 2007. Enlace: https://georgewbush-whitehouse.archives.gov/news/releases/2007/06/20070601-23.html.

[48] Orellana, según la DEA, pagaba los envíos de coca que salía desde Panamá por barco hacia México, y luego por tierra hacia Estados Unidos.

Al declararse culpable también en Nueva York, Myve Lorena aceptó que todo era cierto, incluyendo que lavó 25 millones de dólares para Jorge Mario.

El expediente público del caso no indicaba que Herrera y Myve Lorena hubieran delatado a Jorge Mario Paredes, pero casi un año después de sus capturas en Colombia y Panamá, respectivamente, la DEA descendió sobre Jorge Mario en Honduras, donde había vivido sin sobresaltos durante casi dos años, aunque con una identidad falsa, según la fiscalía neoyorkina y el Departamento del Tesoro. Parecía ajeno a lo cerca que estaba del precipicio. Lo supo hasta ese 1 de mayo de 2008, cuando la policía hondureña lo detuvo en una calzada de San Pedro Sula y lo entregó a los agentes federales.[49]

Cuando despegó el jet de la DEA del aeropuerto de Palmerola, con Jorge Mario acostado boca abajo sobre el suelo, y con las manos esposadas hacia atrás, ya estaba en otro mundo: uno controlado por el sistema de justicia de Estados Unidos. En un informe del 5 de mayo de ese año la DEA escribió que "[Jorge Mario] Paredes fue expulsado sin un proceso judicial" y fue llevado a Florida.

Meses después de su captura, su abogada Linda George insistió en que lo "secuestraron" en Honduras. En el expediente, los documentos oficiales del caso se referían a una "expulsión", aunque la expulsión no ocurrió hacia el país de origen del expulsado, sino hacia las manos de la DEA y hacia Estados Unidos.

En el caso United States v. Álvarez-Machain de 1992, la Corte Suprema de Justicia estadounidense decidió que "el secuestro forzoso [en México] de un procesado por parte de la DEA no violaba el tratado de extradición aplicable, ni bloqueaba de ninguna manera la jurisdicción de la corte ['el poder de una corte para juzgar a una persona no es perjudicado por el hecho de que esa persona fue llevada hasta la jurisdicción de la corte después de un secuestro forzoso', decidiría la Corte Suprema]".[50] Ese caso, que es un precedente legal,

---

[49] Comunicado de la DEA del 6 de noviembre de 2009: https://www.dea.gov/sites/default/files/divisions/nyc/2009/nyc110609ap.html.

[50] Caso 03-CR-00987 en Corte Distrito Sur NY. Documentos 257 y 258. También véase el documento 60. El precedente del caso Álvarez-Machain de 1992 sirvió

involucró a Humberto Álvarez Machain, un ginecólogo de Guadalajara, que fue "secuestrado en México a pedido de los Estados Unidos"[51] y trasladado en un avión privado a Texas para responder a una acusación por el secuestro y asesinato del agente de la DEA Enrique "Kiki" Camarena en México en 1990. Álvarez se encargó de drogar a Camarena con un coctel de medicamentos para mantenerlo vivo, y que los narcotraficantes que lo secuestraron lo pudieran seguir torturando durante más tiempo. Eran narcotraficantes cuya red Camarena infiltró y denunció, y les causó una millonaria pérdida.

La resolución en el caso Álvarez-Machain es un precedente que blinda a la DEA para que, si el país donde ocurre la expulsión y el país del expulsado no protestan, el expulsado no tenga el derecho de protestar su expulsión —como ocurrió con Jorge Mario—. Hubo al menos dos casos en México (el más reciente, de Ismael "el Mayo" Zambada, secuestrado en México y trasladado a Texas en julio de 2024)[52] y otros en Belice, El Salvador y Honduras. Estados Unidos

---

para rechazar el argumento en el caso de Byron Berganza, expulsado de El Salvador hacia Estados Unidos en septiembre de 2003, de utilizar la forma en que fue arrestado y el lugar para desestimar la acusación en su contra. El caso de Berganza, además del antecedente de 1992, se utilizó para rechazar la intención de la defensa de Paredes de utilizar la forma y lugar de arresto como un argumento contra su acusación.

[51] J. Newton. "Top Mexican Officials Tied to Drug Cartel, Court Told: Camarena case: Attorneys for two defendants do not dispute contention of government link to traffickers. But they insist that their clients had no part in killing of the DEA agent". *Los Angeles Times*. 3 de diciembre de 1992. Enlace: https://www.latimes.com/archives/la-xpm-1992-12-03-me-1760-story.html.

[52] En el secuestro del Mayo Zambada en México hubo diversos recuentos de un comando tipo militar que dominó al capo del Cártel de Sinaloa antes de que despegara el avión que lo trasladó a Texas. Mientras que el jet era de Joaquín Guzmán López (hijo del Chapo Guzmán), que engañó a Zambada para que lo abordara, hay dudas de si el comando militar era seguridad del Chapito o fuerzas del Estado mexicano, que jamás podría admitir públicamente que participó y avaló una operación semejante (sin ser considerada ilegal). En 2006 la DEA capturó a Francisco Javier Arellano Félix, alias "el Tigrillo", del Cártel de Tijuana, en una embarcación oficialmente ubicada en aguas estadounidenses o internacionales, pero que según información extraoficial estaba en aguas mexicanas. Sin embargo, los agentes federales estadounidenses lo capturaron y llevaron a San Diego, California. Véase J. Cano. "Cuál es el barco pesquero que llevó a la captura de Francisco Javier Arellano Félix, 'El Tigrillo'". *Infobae*. 8 de febrero de 2024. Enlace: https://www.infobae.com/mexico/2024/02/08/cual-

recurre a esta opción como una alternativa más expedita que los largos procesos de extradición, especialmente cuando el país del narco no muestra gran prisa por capturarlo o extraditarlo.

En el caso de la expulsión de Jorge Mario desde Honduras, la fiscalía le dijo a la corte que permitirle a la defensa hablar de cómo ocurrió la captura sería "inexacto e inapropiado" y "sólo crearía confusión en el jurado". Agregó que retrasaría innecesariamente el juicio al obligar a llamar a testificar a los policías hondureños que lo capturaron, lo cual los colocaría en riesgo y crearía un "prejuicio injusto hacia el gobierno [la fiscalía neoyorkina]" por la forma como se capturó a Jorge Mario Paredes y se le trasladó a Estados Unidos. La fiscalía fue persuasiva, y siete días antes de que comenzara el juicio en septiembre de 2009, la jueza Batts instruyó a los abogados defensores que no podían quejarse ni hablarle al jurado acerca de cómo su cliente fue capturado en Honduras.[53]

Entonces, la defensa se quedó sin poder colocar sobre la mesa cómo —con ayuda de autoridades locales— Estados Unidos captura a los extraditables en algunos países y los extirpa sin ningún trámite. La fiscalía les atajó la intención a los abogados para no acabar bajo la lupa, teniendo que intentar justificar las acciones de la DEA ante el jurado. Era una olla de grillos que prefirió no abrir.

Pero era imperdible la ironía de que, si Jorge Mario se hubiera quedado en Guatemala y lo hubieran capturado en ese país, al menos habría podido pelear su extradición. En ese país, que se sepa, nunca han sacado a un extraditable así: expulsado hacia las manos de la DEA y sin papeleo de por medio. Lo más cercano fue la captura de Joaquín "el Chapo" Guzmán en 1993 y su entrega a México sin ningún trámite de extradición.[54]

---

es-el-barco-pesquero-que-llevo-a-la-captura-de-javier-arellano-felix-el-tigrillo/. / A. Feuer, N. Kitroeff y E. Rodríguez M. "Así fue como EE. UU. capturó al Mayo Zambada". *The New York Times*. 27 de julio de 2024. Enlace: https://www.nytimes.com/es/2024/07/27/espanol/el-mayo-zambada-arresto.html.

[53] Caso 03-CR-00987 en Corte Distrito Sur NY. Documento 258.

[54] Véase J. López (2016). *El Chapo Guzmán: la escala en Guatemala*. Planeta.

Diversos periódicos y medios de prensa en Guatemala se refirieron a la "extradición" de Jorge Mario Paredes, aunque nunca hubo tal. Curiosamente, una nota del *New York Daily News*, y de la Associated Press (AP),[55] cita a un vocero de la policía hondureña haciéndose el loco y diciendo que "no tenía información acerca de la captura" —esto cuando Jorge Mario ya llevaba un día en Miami—. ¿O tal vez de verdad no sabía qué había ocurrido? Otros medios citaban al vocero de la Secretaría de Seguridad de Honduras, el subcomisario Héctor Iván Mejía, diciendo que nada sabía "sobre la captura [de Paredes] en su país, ni de traslados de reos a Estados Unidos".[56] Unos días más adelante, un comunicado de la DEA[57] mencionó que "autoridades hondureñas capturaron a Paredes en las proximidades de San Pedro Sula, Honduras", y un comunicado del Departamento de Estado de Estados Unidos señaló específicamente que la "Policía Nacional de Honduras" lo capturó el 1 de mayo de 2008.[58]

La DEA y el Departamento de Justicia tenían múltiples objetivos cuando lograron que Honduras capturara a Jorge Mario. En Nueva York, por ejemplo, estaba en marcha la *Operación Reckoning*, para perseguir y capturar a una red de miembros de la 'Ndrangueta (grupo criminal de Calabria, sur de Italia) y del Cártel del Golfo. Las capturas comenzaron en 2008, cuando la DEA sacó a Jorge Mario de Honduras.[59] No se habló de esto públicamente, pero era curioso que desde 2003 la policía en Guatemala relacionó a Otoniel Turcios con el Cártel del Golfo, que también traficaba en Nueva York, y donde Lico gestionaba los negocios de su hermano Otoniel (además de en Chicago).

---

[55] Associated Press. "Agentes federales: 'narcotraficante' capturado en Honduras". *NY Daily News*. 2 de mayo de 2008. Enlace: https://www.nydailynews.com/2008/05/02/feds-drug-kingpin-nabbed-in-honduras/.

[56] Cereser. *Op. cit.*

[57] DEA, Nueva York. "Cocaine Kingpin Charged in the U.S., Apprehended in Honduras". Comunicado de prensa del 5 de mayo de 2008. Enlace: https://www.dea.gov/sites/default/files/divisions/nyc/2008/nyc050508p.html.

[58] Comunicado del Departamento de Estado respecto a captura de Paredes (sin fecha registrada): https://www.state.gov/narcotics-rewards-program-target-information-brought-to-justice/jorge-mario-paredes-cordova-captured/.

[59] Saviano. *Op. cit.* Página 244.

En 2009 capturaron al menos a 750 personas por narcotráfico en Estados Unidos. Además, el precio de la cocaína en la calle se disparó a 226 dólares por gramo,[60] por el costo del riesgo de venderla en las principales ciudades estadounidenses. Para entonces, ya estaban en la cárcel Lico, Sammy y Miguel, así como Jorge Mario, Horacio y Myve Lorena. Todos jugaban a "Sálvese quien pueda", a decir lo que les ayudara a evitar morirse en la cárcel. Para la mayoría, eso implicó echar al agua a Jorge Mario. Era lo que buscaba la fiscalía.

---

[60] Isacson. *Op. cit.* Página 10.

7

Cantar Las Mañanitas

El 1 de mayo de 2008 la DEA se llevó a un asustado Jorge Mario a Miami —su primer viaje a Estados Unidos—. El jet aterrizó cerca de las seis de la tarde, casi dos horas antes de que anocheciera en Florida. Viajó escoltado por al menos tres agentes de la DEA, dos hombres y una mujer, la única que le dirigió la palabra durante el vuelo.[1]

Las fotografías con las que la DEA acompañó la publicación de comunicados de prensa, entre el 3 y el 5 de mayo, acerca de la captura, demuestran cuánto significaba para esa agencia federal tenerlo entre manos. En las imágenes aparece en la puerta del avión, con dos agentes haciendo ademanes para que bajara la angosta escalerilla del jet despacio y con cuidado. Estaban lo suficientemente cerca para ayudarle si era necesario, hasta que estuviera de pie sobre la pista de concreto. Jorge Mario debió hacer un juego de equilibrio porque bajó con las manos esposadas hacia atrás, mientras los escuchaba hablar en inglés.

La mujer que lo acompañó en el vuelo aparece en una fotografía con una sudadera gris de la UTEP (Universidad de Texas en El Paso). Casi todos los demás llevan puesto un chaleco negro blindado, con las siglas DEA en amarillo sobre el pecho y la espalda. Seis rodearon su salida del jet a los 24 grados centígrados de Miami —un pequeño cambio de los 33 de San Pedro Sula, donde había estado sólo unas horas antes—. Dos de los que llevaban pistolas al cinto, o sujetadas a la pierna con un cincho de velcro, sobre pantalones de lona, flanquearon a Jorge Mario. Un tercero caminó detrás de ellos, sujetando además un fusil de asalto. Caminaron desde el avión hasta un edificio a unos 100 metros de distancia.

[1] Caso 03-CR-00987 en Corte Distrito Sur NY. Declaraciones de Paredes ofrecidas en la corte en Nueva York, frente a la jueza Batts. Documento con registro X96OMPARH. Páginas 105-107.

Llevaron a Jorge Mario a una oficina donde lo ficharon. Algunas nubes oscuras en el cielo y el resplandor del alumbrado externo, ya en uso, anunciaban que la claridad se comenzaba a extinguir.

La noche cayó sobre Miami y Jorge Mario de un momento a otro. El agente Todd Phillips registró la hora de captura a las ocho en punto en un formulario de los U. S. Marshals, quienes lo iban a custodiar mientras permaneciera en esa ciudad —una escala en su camino a Nueva York—. Phillips aparecía en el documento como el *arresting officer*, el oficial que lo arrestó. No había ninguna mención de la policía hondureña, aunque sí que fue detenido en Honduras. Al lado de su nombre se leía el número de interno 80476-004 con el que se identificaría el resto del tiempo que permaneciera en prisión en Estados Unidos.

"No sé por qué no me entregaron a las autoridades de mi país para hacer el debido proceso", dice Jorge Mario de ese día, porque Estados Unidos ya había solicitado su captura y extradición a Guatemala. "Más bien me secuestraron y llegué aquí sin garantías".[2]

Pasó la noche del 1 de mayo en una carceleta en la sede de los U. S. Marshals. Pidió la llamada a la que sabía tenía derecho, pero le dijeron que la podría hacer en el Federal Detention Center (FDC), el Centro de Detención Federal de Miami. Eso lo confirmó el agente Weil, que participó en la operación de escuchas telefónicas en Nueva York cinco años antes, y que estaba en Miami para entrevistar a Jorge Mario. Un año después, la abogada George se quejó de que no lo dejaron llamar a nadie, aunque las autoridades estadounidenses ya lo habían detenido oficialmente.

Jorge Mario acabó el día solo, sin que sus abogados o su familia supieran dónde estaba. Los *marshals* tampoco notificaron de la detención al consulado de Guatemala, una obligación de las autoridades locales al capturar a cualquier extranjero (el consulado se debe asegurar de que las autoridades respeten los derechos del detenido).

[2] Carta manuscrita de Jorge Mario Paredes Córdova fechada el 5 de octubre de 2022 y enviada a la autora por correo postal ese mes, y en poder de la autora.

José Batista, el abogado cubano-americano que asistía a George, dijo que el primer interrogatorio a Jorge Mario en la mañana del 2 de mayo ocurrió en las celdas del edificio de los *marshals*, al otro lado de la calle de donde están la Corte Federal y el FDC.[3]

El agente Weil dijo, en cambio, que entrevistaron a Jorge Mario en el FDC, algo que podría haber sido un lapsus de memoria porque lo recordaba así casi un año y medio después. De cualquier manera, si ocurrió en uno u otro edificio, ambos lugares están sólo separados por unos pasos de distancia.

La DEA quiso hablar con él antes de que se blindara de abogados. Weil dijo que llegó al FDC, el 2 de mayo a las 8:30 de la mañana, con el agente Darryl Gallaway de la oficina de la DEA en Miami, que serviría como testigo.

"Nos reunimos con el [señor Paredes] en el área donde los abogados hablan con sus clientes en el Centro Federal de Detención", dijo Weil.[4] "El área estaba casi a la par de las celdas, y era parecido a las filas de los cubículos de lectura con sillas en las bibliotecas, excepto que las divisiones entre cada uno iban desde el techo hasta el suelo. Una malla de acero separaba los espacios para detenido y visitante sobre cada mesa, y debajo una pared impedía contacto directo o el intercambio de cualquier cosa".

Weil y Gallaway llegaron primero. Jorge Mario se asomó minutos después, vestido con un overol naranja, el uniforme de la cárcel para los recién llegados. El agente Weil observó que se veía triste. "Sus ojos estaban hinchados, como si hubiera estado llorando", dijo.[5]

---

[3] Caso 03-CR-00987 en Corte Distrito Sur NY. Documento 310. Páginas 90-92, 94 y 98.

[4] Caso 03-CR-00987 en Corte Distrito Sur NY. Documento con el registro X96OMPARH consigna el interrogatorio al agente Eric Weil por parte del fiscal Anirudh Bansal y luego por Linda George, meses antes del juicio. También véase el documento 197, reporte de Weil preparado el 5 de mayo de 2008 acerca del interrogatorio a Jorge Mario Paredes en Miami tres días antes.

[5] Caso 03-CR-00987 en Corte Distrito Sur NY. Documento 310. Página 126. / El detalle del color del uniforme lo informó Jorge Mario Paredes a la autora en correspondencia electrónica del 10 de febrero de 2025.

Arnoldo Vargas, el primer narcotraficante guatemalteco extraditado a Estados Unidos y que para 2008 sumaba 16 años encarcelado en ese país, lo dijo en una entrevista: "El preso que diga que no ha llorado, miente".[6] Jorge Mario apenas cumplía 24 horas de encierro. Había dormido poco y no había comido, según lo reveló después.

Weil le habló en español cuando se presentó junto a Gallaway, y se identificó como el agente encargado de su caso. "El señor Paredes nos dijo que no sabía por qué estaba allí, por qué fue capturado, que teníamos a la persona equivocada y que nosotros, el gobierno de Estados Unidos, lo habíamos hecho ver como un personaje más importante de lo que era en realidad", relató Weil.

No era imposible que la DEA se equivocara así. Dos años antes esta agencia capturó por equivocación a un guatemalteco en Nicaragua, y el mismo día lo trasladó a Estados Unidos.[7] Era abril de 2006, y el guatemalteco Víctor Cruz García había tenido la desdicha de que un narcotraficante colombiano le había robado la identidad. Cruz pasó seis meses en una cárcel estadounidense hasta que el error fue advertido, pero nunca le ofrecieron disculpas y lo enviaron en un vuelo de deportados a Guatemala. La DEA aseguraba que este no era el caso de Jorge Mario. Un año después de la captura Weil afirmó, en una audiencia antes del juicio, que "estaba muy seguro de la identidad del señor Paredes como Jorge Mario Paredes Córdova". El agente lo identificó como nacido en la aldea Marajuma, en Morazán, El Progreso, el 9 de enero de 1966, aunque Jorge Mario declaró en Estados Unidos que había nacido en la capital de Guatemala.[8]

---

[6] C. Méndez Arriaza. "Las penas de un extraditado". *elPeriódico*. 16 de noviembre de 2003. Edición impresa. Páginas 16-18. Vargas permaneció un total de 25 años en la cárcel. Primero en Nueva York. Después en Kentucky. Fue deportado a Guatemala en 2017.

[7] M. Sandoval. "El día que la DEA se equivocó". *elPeriódico*. 28 de noviembre de 2010. Edición impresa. Páginas 16-18.

[8] La aldea Marajuma está en el municipio de Morazán, en El Progreso. Un documento de la OFAC (Oficina de Control de Bienes Extranjeros), del Departamento del Tesoro, consigna la misma fecha de nacimiento, pero en Morazán, El Progreso. Véase "Sanctions List Search". Enlace: https://sanctionssearch.ofac.treas.gov/Details.aspx?id=10382.

Weil fue uno de los ocho agentes que vigilaron a Sammy entre enero y abril de 2003 y que escucharon las llamadas telefónicas que recibió.[9] Lo que este agente observó en esa primera entrevista o interrogatorio con Jorge Mario en Miami, un día después de su captura en Honduras, quedó plasmado en un reporte en el expediente del caso.

"Casi desde un inicio de la entrevista comenzó a llorar", dijo Weil. "Le pregunté: '¿Por qué está llorando? ¿Está bien?'". El agente dijo que Jorge Mario le respondió que estaba preocupado por su familia. "Traté de calmarlo en dos formas. Le dije: 'Primero que nada, si no está involucrado en narcotráfico, ¿entonces de qué está preocupado? Segundo, si [lo está y] usted coopera con nosotros y nos dice la verdad, lo podemos ayudar a proteger a su familia [...], la moveríamos a una ubicación segura'".[10]

Weil le advirtió a Jorge Mario que las acusaciones en su contra eran graves, según lo registró el agente en su informe, y que si no decía la verdad, no cooperaba, y era encontrado culpable en un juicio de las acusaciones en su contra, su sentencia podía ser de hasta 15 años.

"Si usted tuviera un hijo de cinco años, después de esos 15 años, su hijo tendría 20, así es que probablemente debería pensar en decirnos la verdad", intentó persuadirlo el agente.

Le mencionaron nombres. Jorge Mario permaneció callado.

"Como no les estaba dando respuestas, y les dije que no conocía a ninguna de esas personas, me mostraron mi billetera y sacaron las fotos de mis niños", relataría después en una corte. "Comenzaron a decirme que no los iba a volver a ver, que estaban en peligro y que yo debía hablar en ese momento si quería tener la oportunidad de ver a mis hijos otra vez".[11] En aquel entonces, los siete hijos de Jorge Mario tenían entre dos y 15 años de edad. Los dos más pequeños, de su último matrimonio, vivían con él y su esposa en Honduras,

[9] Caso 03-CR-00987 en Corte Distrito Sur NY. Documento 310. Página 79.

[10] *Ibid.* Páginas 86 y 87.

[11] Interrogatorio en documento con registro X96OMPARH, página 113. Caso 03-CR-00987 en Corte Distrito Sur NY.

cuando lo capturaron.[12] Uno de sus hijos, como en el ejemplo que le dio Weil, tenía cinco años.

Mucho después, le pregunté vía email a Jorge Mario cómo se había sentido durante ese primer interrogatorio. Le comenté lo que dijo el agente Weil respecto a que observó que tenía la apariencia de haber llorado, y que lo vio llorar. “Es cierto”, respondió. “En el interrogatorio me sentí humillado, sin que me respaldara un abogado. Me saturaron [con tanta pregunta], y lo que me afectó mucho fue que me enseñaran las fotos de mis hijos; cualquiera se desmaya con eso”.[13]

Salvando las distancias, en el pódcast *Costa Nostra*, un narcotraficante que opera en Marbella, España, explica: “Nos pintan como los malos, como los que salimos en la tele, en los periódicos, [pero] un traficante [...] es una persona también, y tiene familia, y cuando hay un lío, [te preocupas] por tu familia”, dice. “Hay que tener mucho [...] cuidado porque las fallas [...] se pagan [...]. Tienes que llegar hasta donde haga falta, [si no] al final te van a hacer un robo, te van a hacer algo, que te vas a quedar tú con la deuda o va a pagarlo tu familia”.[14]

Jorge Mario nunca explicó por qué temía por la seguridad de su familia, pero era evidente que tenía razones suficientes para creer que corría peligro. Luego declaró que, en ese primer interrogatorio, como los agentes de la DEA lo amenazaron con no dejarle ver a su familia nunca más si no confesaba que todo era verdad, les dijo “lo que querían escuchar”. Meses después, cuando la abogada George lo defendía, ella denunció que los agentes le hicieron firmar un docu-

---

[12] Caso 03-CR-00987 en Corte Distrito Sur NY. *Financial Affidavit* (declaración jurada financiera). Documento 157.

[13] Email de Paredes enviado por el sistema TRULINK del Buró Federal de Prisiones el 30 de noviembre de 2023. Su frase textual fue: “Me saturaron y me afectó mucho cuando me enseñaron las fotos de mis hijos; cualquiera se desmaya con eso”. Para hacer el texto más legible y la frase más clara, la autora lo editó cuidando mantener el significado.

[14] “Costa del mal”. Episodio 8 del pódcast *Costa Nostra*. Contenido por Antonio Pampliega. Producción: La Maldita para Amazon Music. Septiembre de 2023. Enlace: https://open.spotify.com/episode/4N9UJ5dTDKUNIL5vmpwKLb.

mento, sin leerlo antes, donde renunciaba a ciertos derechos como pedir un abogado antes de responder preguntas, y a guardar silencio para no incriminarse. Esos derechos son conocidos en el sistema judicial estadounidense como la "advertencia Miranda" o *Miranda warning*.[15]

Casi un año después de aquel interrogatorio en Miami, Weil admitió ante la corte en Nueva York que vagamente recordaba haberle preguntado a Jorge Mario por las fotos de su familia que estaban en la billetera. Sin embargo, aseguró que sí le leyeron a Jorge Mario el *Miranda warning* en español, y que sólo hasta después Jorge Mario aceptó firmar el formulario para renunciar a sus derechos.

"Saqué una tarjeta amarilla de mi bolsillo que contenía la advertencia Miranda y la leí en español", recordó el agente. "Él [Paredes] me dijo: '¿Podría repetirla por favor?'. Le preguntamos si sabía leer español, dijo que sí, y lo pusimos a leer sus derechos. No parecía confundido después [de leerlos]. Llenó el formulario y escribió sus iniciales [en el documento]".[16] Para entonces, ya eran las nueve de la mañana.

El formulario, incluido en el expediente, estaba en español y con un encabezado imposible de ignorar por el tamaño 14 de las letras mayúsculas del título: ADVERTENCIA DE DERECHOS. Ese 2 de mayo, Jorge Mario también firmó un formulario para renunciar a tener una audiencia judicial en la que podía decirle al juez que se oponía a ser trasladado de Florida a Nueva York. Su firma implicaba que estaba de acuerdo.

---

[15] Caso 03-CR-00987 en Corte Distrito Sur NY. Documento fechado el 30 de marzo de 2009, contenido en el expediente, pero sin número asignado. El contexto se refiere a que Paredes firmó el *Miranda waver form*, que contiene un listado de derechos de todo detenido, incluido su derecho a permanecer callado y no decir nada con lo que pueda autoincriminarse.

[16] Caso 03-CR-00987 en Corte Distrito Sur NY. Evidencia C (*exhibit C*) o N-192 (registro de la DEA). El formulario en español registra que fue llenado a las nueve de la mañana en punto, del 2 de mayo de 2008. Paredes marcó con sus iniciales "JM" que renunciaba a su derecho de consultar un abogado y a permanecer en silencio. / Weil dijo que Paredes leyó y escuchó en español cuáles eran sus derechos, y luego llenó el formulario 3501H-1 para registrar que renunciaba a ellos. Véase el documento 310. Páginas 80-89, 119 y 120.

"Estaba asustado y no sabía [qué hacer], y, como uno de los agentes me dijo que firmara, firmé", declararía después Jorge Mario en la corte en Nueva York. Así lo consigna una certificación que narra los hechos desde su captura hasta su traslado a Miami, y su primer interrogatorio. "No me recuerdo cuál fue el formulario que firmé", reconoció. "No me acuerdo haber recibido una explicación al respecto, y nunca lo leí antes de firmarlo. Yo hice lo que me dijeron que hiciera. No quise hacer nada que podría [hacerme] parecer reacio a cooperar. Los agentes me dijeron que por mi bien debía contestar todas sus preguntas. Lo hice por preocupación, por la seguridad de mi familia y la mía".

Un año después, Weil confirmó a fiscales y la jueza Batts en Nueva York que Jorge Mario nunca se negó a responder sus preguntas. La jueza dijo que si tenía un *bachelor's degree*, una licenciatura (en términos estadounidenses), y era un hombre de negocios (como se identificó), podía entender perfectamente lo que estaba leyendo y cuanto le estaban diciendo en el interrogatorio en Miami.[17] Sin embargo, lo que Jorge Mario tenía, según una declaración jurada luego de su traslado a Florida, era un título de bachillerato, que es equivalente a un título de la escuela secundaria en Estados Unidos. Era una pequeña diferencia de palabras y términos. De igual manera, la jueza no consideró que fuera incapaz de entender lo que le preguntaban y advertían los agentes de la DEA.

Meses después, Frank Rubino, uno de los abogados de Jorge Mario (a quien Liotti le pidió apoyo con el caso después de la captura de su cliente), pidió a la fiscalía una copia del formulario que según la DEA Jorge Mario llenó para renunciar a sus derechos.[18] Rubino, quien tenía su bufete en Miami, también tenía ese año entre sus clientes al exdictador y exgeneral panameño Manuel Antonio Noriega, capturado en su país y encarcelado en Estados Unidos por narcotráfico, lavado de dinero y asesinato, aunque había sido colaborador de la Agencia Central de Inteligencia (CIA).

---

[17] Caso 03-CR-00987 en Corte Distrito Sur NY. Documento 310. Página 157.

[18] Caso 03-CR-00987 en Corte Distrito Sur NY. Evidencia número N-192.

El contenido del interrogatorio o entrevista a Jorge Mario en Miami aparece en un informe de la DEA, titulado "Reporte de investigación", que Weil y el agente Gallaway prepararon. Incluye "la declaración posterior a su arresto de Jorge Mario Paredes Córdova" y la evidencia, *exhibit*, N-192 del 2 de mayo de 2008 en Miami, Florida: el formulario con la firma de Jorge Mario como la señal inequívoca de que había renunciado a los derechos enumerados en la advertencia Miranda. La mayor parte del informe acerca de su declaración sólo lo parafrasea y no lo cita textualmente:

> Paredes primero dijo que no tenía ningún involucramiento en el narcotráfico y que las publicaciones de prensa, que decían lo contrario, estaban equivocadas. Después aclaró que sí había traficado drogas antes de 2005, pero desde entonces había dejado esa actividad. Cuando a Paredes se le preguntó en qué trabajaba, dijo que era un finquero y que se ganaba la vida en la compraventa de fincas en Guatemala y Honduras.

Este era un sujeto a quien la prensa en Guatemala, en una publicación del 25 de enero 2009, describía como propietario de seis fincas y cuatro casas, citando información de las autoridades locales. Sin embargo, en una corte de Nueva York, Jorge Mario ofreció datos bastante distintos en una declaración jurada de sus finanzas.[19] Se describía como empleado por cuenta propia en San Pedro Sula, Honduras, ganando 3 500 dólares por mes, y con gastos mensuales entre los 1 500 y 1 800 dólares. "¿Tiene dinero en efectivo a la mano, o dinero en cuentas de ahorro o de cheques?", preguntaba el formulario. Jorge Mario respondió que llevaba 600 dólares y 1 000 euros, que se presume le decomisaron cuando la policía lo detuvo en Honduras y los entregó a los agentes de la DEA. Además, había marcado una casilla que indicaba "NO", "no era dueño de ninguna propiedad, vehículos o acciones". Pero en ese momento, su pasado

[19] Caso 03-CR-00987 en Corte Distrito Sur NY. *Financial Affidavit* (declaración jurada financiera). Documento 157.

inmediato no importaba. Allí, sentado frente a dos agentes de la DEA en Miami, respondía preguntas acerca de hechos ocurridos hacía cinco años o más. Weil lo escribió así:

> Paredes dijo que conocía a Otoniel Turcios Marroquín, pero que, hasta donde sabía, Otto Turcios se ganaba la vida en negocios de compraventa de vehículos. También dijo que conocía a Gabriel Horacio Botero Tabares, alias León, pero que este nunca lo presentó con ningún individuo que lo ayudó a expandir sus negocios de narcotráfico.

Obviamente la alusión era al dominicano Sammy, Samuel Santiago, en Nueva York. En sus declaraciones, Jorge Mario no se refiere a él por su nombre. Siempre negó que lo conocía. Sin embargo, era interesante que admitió conocer a Horacio.

> Paredes dijo que nunca conoció a ningún sujeto residente en Nueva York para que este recibiera y distribuyera cargamentos de cocaína en su nombre, ni con el propósito de que recolectara y enviara a Guatemala el dinero producto de la venta de dichos cargamentos. Paredes dijo que Otto Turcios fue quien se reunió con un sujeto que vivía en Nueva York para ese propósito.

Weil le preguntó a Jorge Mario si sabía que Otoniel también se reunió con un individuo en Nueva York para traficar droga. Se refería a cuando fue detenido en esa ciudad en los años noventa. "Yo nunca le dije eso", se defendió Jorge Mario. "Le dije que conozco a Otto Turcios, y sabía que había sido detenido en Nueva York con [Horacio] Botero, y no que se reunieron a traficar". Según el expediente, no los habían detenido juntos. La policía capturó a Horacio en 1993 y a Otoniel hasta 1997, pero ambos coincidieron en la misma cárcel. La defensa y la fiscalía tampoco mencionaron que los capturaron juntos.

Este interrogatorio motivó más adelante una audiencia en Nueva York para aclarar algunos puntos en el informe de la DEA. George, por ejemplo, le preguntó a Jorge Mario si alguna vez le dijo al agente Weil que sabía de los 265 kilos de cocaína destinados para esa ciudad.

"Nunca", respondió Jorge Mario.

"Esa carga fue enviada por Otto Turcios y León [Horacio Botero] y no por mí", le aclaró, pero cuando Weil le dijo que tenían grabaciones con su voz llamando a un contacto en Nueva York, y preguntándole por el cargamento, Jorge Mario permaneció callado, según el informe del agente.

Pero no guardó silencio acerca de Otoniel y otro personaje.

> Paredes dijo que recibió grandes cantidades de dólares en efectivo de Otto Turcios para comprar fincas y casas en Izabal, y en Cobán, Alta Verapaz, en Guatemala. Dijo que nunca hablaron acerca del origen de ese dinero con Otto Turcios, [pero que] sospechaba que los dólares eran ganancias de narcotráfico. Agregó que conocía a Juancho León [narcotraficante asesinado el 25 de marzo de 2008 en Guatemala por Los Zetas, siete semanas antes de la captura de Paredes], pero que nunca había hecho transacciones de narcotráfico con él, sino sólo negocios de ganado y bienes raíces. Añadió que recibió [también] grandes cantidades de dólares de Juancho León para comprar propiedades en Antigua Guatemala, Sacatepéquez.

Al terminar el interrogatorio, el agente Weil le preguntó a Jorge Mario si tenía amigos, familiares o abogados que quisiera llamar en Estados Unidos, pero le respondió que no. Era extraño que hubiera dicho eso si había contratado a Liotti hacía dos años. Sí pidió hablar con su "mujer", la madre de sus dos hijos más pequeños, con quienes vivía en San Pedro Sula, para contarle dónde estaba detenido. Le dio a Weil el número de teléfono de Honduras. El agente registró en el informe en inglés que Jorge Mario quiso llamar a su *paramour*, a Lucía, su esposa.[20]

---

[20] El nombre fue cambiado por seguridad, a solicitud de Paredes de no exponer a su familia. Véase la página 51 en el documento con registro X96OMPARH.

"Traté de llamar a la señora Lucía, pero no la pude localizar", dijo Weil, después que marcó el número desde su celular varias veces, sin que ella respondiera.[21]

El sobrino, hermano y el primo de su esposo que viajaban en el vehículo, cuando la policía les marcó el alto en San Pedro Sula un día antes, ya le habrían contado a Lucía lo que observaron después de que condujeron la camioneta de Jorge Mario de regreso a su casa. Habrían intentado averiguar a qué estación de policía o cárcel lo llevaron, sin que ningún policía encontrara su nombre en la lista de capturados del día. Esa incertidumbre cumplía 24 horas cuando el teléfono de Lucía sonó, y el identificador de llamadas le indicó que era un número del extranjero. Esa pista le sugería que aquella captura inusual podía tener que ver con la acusación que su esposo enfrentaba en Estados Unidos. Entonces, es razonable que Lucía tuviera miedo, suficiente miedo como para no contestar.

Un año después, George, la abogada de Jorge Mario, pidió que se excluyera de las evidencias del caso esa primera declaración en Miami, pero la jueza Batts se lo negó.[22] La jueza creía que el testimonio del agente Weil y la grabación de la entrevista comprobaban que nadie le había tocado un pelo a Jorge Mario ni lo amenazaron en forma alguna, y que él habló por cuenta y riesgo propios.

El interrogatorio ese 2 de mayo de 2008 en Miami duró cuatro horas, que acabaron cuando llevaron a Jorge Mario a su primera audiencia ante un juez. La DEA seguía sin notificar al consulado —algo que ha ocurrido en otros casos de detenidos llevados a Estados Unidos para enfrentar cargos por narcotráfico—.[23]

---

[21] Según declaraciones de abogada Linda George, los datos de la petición de Paredes constan en el reporte 3501H-1 (marcado como "Evidencia 5" de la defensa), página 3, párrafo 7. Las declaraciones de Weil al respecto también constan en el documento número 310 del expediente, en la página 90.Véase el caso 03-CR-00987 en Corte Distrito Sur NY.

[22] Caso 03-CR-00987 en Corte Distrito Sur NY. Documentos 185 y 199.

[23] En 2009, cuando Colombia extraditó a Phanor Arizabaleta a Estados Unidos, ni la embajada ni el consulado colombianos fueron notificados, aunque en teoría la cancillería debería haber sabido acerca del traslado. Véase J. López. "Nueve años de cacería para ocho narcos guatemaltecos III". *Plaza Pública*. 1 de junio de

El juez Edwin G. Torres ordenó que Jorge Mario permaneciera detenido antes del juicio y que fuera "removido" de Florida a Nueva York "al no haber pagado la fianza impuesta por la corte".[24] Era una razón extraña, considerando que no podía pagar una fianza sin un abogado que la gestionara (aunque debió acompañarlo uno de oficio en la audiencia), en el caso de haber podido conseguir el dinero. Pero, además, Jorge Mario también había firmado el formulario de consentimiento para su traslado a Nueva York, en el cual renunciaba a la audiencia en la que podía rechazar el traslado.

Después de casi dos horas en que fue a la corte y regresó, Weil y Gallaway se encontraron otra vez con Jorge Mario en el área de la cárcel donde fotografían a los detenidos y les toman las huellas dactilares, cerca de la fila de celdas. Los rodeaban algunos oficiales del Buró Federal de Prisiones (BOP, por sus siglas en inglés) y de los Marshals. "El agente Gallaway le tomó huellas al señor Paredes", relató Weil. "Las fotografías se las tomó alguien más".[25] Luego, llenaron un formulario con información personal de Jorge Mario para sus archivos. Aunque otro fiscal dijo que la DEA les llamó el 1 de mayo, recuentos de prensa indican que Jorge Mario llevaba 24 horas en Miami cuando la DEA telefoneó al jefe de la Fiscalía de Narcoactividad en Guatemala, Geovanni Castro, para contarle acerca de la captura. No le dijeron cómo ocurrió. La fiscalía no lo investigaba, y la oficina de Asuntos Internacionales del Ministerio Público sólo recibió la petición de captura y extradición que hizo la Fiscalía del Distrito Sur de Nueva York, y que autorizó un tribunal guatemalteco, pero que la policía guatemalteca nunca cumplió.[26]

Sólo unas horas después de que el juez Torres ordenó su traslado a Nueva York, el 2 de mayo, el *New York Daily News* publicó (en

---

2012. Edición electrónica. Enlace: https://www.plazapublica.com.gt/content/nueve-anos-de-caceria-para-ocho-narcos-guatemaltecos-iii.

[24] Orden de remoción de la Corte Distrital de Estados Unidos en el Distrito Sur de la Florida. Caso núm. 08-2553-TORRES, fechada y firmada el 2 de mayo de 2008. Véase el caso 03-CR-00987 en Corte Distrito Sur NY.

[25] Caso 03-CR-00987 en Corte Distrito Sur NY. Documento 310. Página 79.

[26] Estrada y Acuña. *Op. cit.* Página 3.

su edición digital) que fiscales en esa jurisdicción anunciaron que el 1 de mayo anterior "había sido capturado en Honduras" el "líder de una organización de narcotráfico que contrabandeó toneladas de cocaína a Estados Unidos desde Centroamérica". La información oficial lo identificaba como Jorge Mario Paredes Córdova, de Guatemala. Eran las 10 de la noche.

La noticia salió en los diarios en Guatemala y de la región al día siguiente. Era la primera noticia de la captura que leería su familia, 48 horas después de que la policía hondureña se lo llevó sin explicaciones. No habían tenido forma de saber antes que ya no estaba en el país, salvo por la llamada con código de área estadounidense que Lucía no respondió. Para entonces, el fiscal Castro aún no recibía una notificación oficial escrita de la captura.

En un comunicado de prensa de ese 3 de mayo, la DEA anunció que lo único que tenían contra Jorge Mario desde 2003 "eran meramente acusaciones" y que le "presumían inocente hasta que se comprobara su culpabilidad".

La DEA lo llevó a Nueva York hasta el 7 de mayo, cinco días después de que el juez Torres ordenó su traslado. Nada en el expediente explicó la demora. El 5 de mayo, mientras estaba en una celda del FDC, todavía sin comunicarse con sus abogados ni familia, la DEA publicó un comunicado de prensa[27] que lo identificó como uno de los "más significativos narcotraficantes del mundo", según el Departamento de Justicia de Estados Unidos (USDOJ, por sus siglas en inglés), por estar en la Lista Consolidada de Objetivos en Organizaciones Prioritarias (CPOT, por sus siglas en inglés).

"Al procesado se le acusa de conspirar para que grandes cantidades de narcóticos [toneladas de cocaína, decía en otra parte del texto] fueran traídas a nuestro país y distribuidas en nuestras calles", decía Michael J. García, fiscal del Distrito Sur de Nueva York, citado en el texto.

[27] Comunicado de prensa de la DEA/Nueva York del 5 de mayo de 2008 respecto a la captura de Jorge Mario Paredes. Enlace: https://www.dea.gov/sites/default/files/divisions/nyc/2008/nyc050508p.html.

El comunicado citaba a John P. Gilbride, el agente a cargo de la oficina de la DEA en la misma ciudad, diciendo que "este arresto y 'extradición'" ejemplificaban "la meta de las autoridades internacionales de identificar y arrestar narcotraficantes alrededor del mundo". Gilbride hablaba de una extradición que nunca ocurrió, antes de agregar que "viviendo con tiempo prestado, [Jorge Mario] Paredes eludió a la ley durante algún tiempo hasta que las consecuencias de sus acciones lo alcanzaron". Jamás usó el término "expulsión".

Un documento no numerado en el expediente confirma que Jorge Mario puso pies en el Distrito Sur de Nueva York (SDNY, por sus siglas en inglés) hasta el 7 de mayo. Era un formulario llenado a máquina y a mano, con una anotación con bolígrafo en el extremo superior derecho, donde se lee: "Honduras 5/1/08, Miami 5/1[/08], SDNY 5/7[/08]". Se refería al 1 y al 7 de mayo de 2008.

Lo llevaron directamente al Metropolitan Correctional Center. El MCC era el mismo búnker de concreto marrón de 12 pisos donde Sammy, Horacio y Otoniel habían estado 10 años antes, situado apenas seis kilómetros al sur de aquella intersección en la calle 35 y la 8ª avenida en Manhattan, donde el dominicano fue capturado con los 265 kilos de cocaína en 2003. Jorge Mario insistía en que nada tenía que ver con aquel cargamento, pero ahí estaba, encerrado en una cárcel de Nueva York por esa misma razón.[28]

En el MCC en Park Row 150 en el bajo Manhattan —a cuatro cuadras del puente Brooklyn— la mayoría de los detenidos esperaba ir a juicio, o recibir sentencia, o estaban en negociaciones con la fiscalía respecto a la sentencia. Entre ellos había miembros de la mafia, acusados de ser terroristas, capos del narcotráfico, o detenidos por algún delito relacionado con drogas. Por eso, adentro del MCC había otra cárcel conocida como el *10 South*, o Diez Sur, una sección de confinamiento solitario para los reos más peligrosos. Era un sitio con mala fama. En ese lugar sometían a los detenidos "a algunas de

---

[28] K. Moran. "Manhattan Jail That Holds El Chapo Is Called Tougher than Guantanamo Bay". *The New York Times*. 23 de enero de 2017. Edición elecrónica. Enlace: https://www.nytimes.com/2017/01/23/nyregion/el-chapo-guzman-manhattan-jail.html.

las más brutales condiciones de aislamiento en el país". Era lo que un exmonitor especial de tortura y castigo para la Organización de las Naciones Unidas calificó como "medidas punitivas indignas".[29]

Jorge Mario pasó su primera noche en Nueva York allí.

El 8 de mayo de 2008 lo llevaron ante el juez James C. Francis para el *arraignment*, la audiencia en que el capturado anuncia si se declara "culpable" o "no culpable". Eran las tres de la tarde. Para ello, lo hicieron caminar por un túnel 12 metros bajo la superficie de la Pearl Street que separa la corte del MCC, un "boulevard de 36.5 metros" subterráneo según una descripción de *The New York Times*,[30] para el traslado de internos. El túnel previene el riesgo de una fuga, algo que algunos reos debieron intentar. Por eso, el MCC era el único edificio en el bajo Manhattan con alambre de espiga bordeando la parte superior de dos muros.

En su primera audiencia en una corte neoyorkina, donde lo acompañó un abogado de oficio, Jorge Mario se declaró "no culpable" de la acusación en español y luego, por medio de un intérprete de la corte, en inglés. Es una declaración estándar que el detenido después puede cambiar a "culpable" si acepta ofrecer información de interés para la fiscalía y negocia un trato a cambio de una sentencia reducida. Jorge Mario nunca lo hizo. Pero además se rifó la audiencia con el abogado de oficio porque la fiscalía nunca les informó a sus abogados, Thomas Liotti de Long Island (Nueva York) y Frank Rubino de Miami, que la DEA lo transportó a Nueva York el 7 de mayo. El 8 de mayo el jefe de la fiscalía, Preet Bharara, telefoneó a la defensa por la tarde y dijo que "había olvidado llamar" para avisarles

[29] Para la primera cita, véase A. Stahl. "Prisoners Endure a Nightmare 'Gulag' in Lower Manhattan, Hidden in Plain Sight". *Gothamist*. 19 de junio de 2018. Enlace: https://gothamist.com/news/prisoners-endure-a-nightmare-gulag-in-lower-manhattan-hidden-in-plain-sight. / Para el resto de la información, véase M. E. O'Hara. "NYC'S 'Little Gitmo' Holds Terrorism Suspects in Extreme Isolation For Years". *VICE News*. 7 de abril de 2014. Enlace: https://www.vice.com/en/article/vbnpg9/nycs-little-gitmo-holds-terrorism-suspects-in-extreme-isolation-for-years.

[30] J. Dwyer. "A Passageway for Prisoners, 40 Feet Below". *The New York Times*. 6 de abril de 2011. Enlace: https://www.nytimes.com/2011/04/06/nyregion/06about.html.

que su cliente ya estaba en esa jurisdicción, y que ya había tenido su primera audiencia acompañado por los abogados de oficio. Liotti y Rubino no estaban nada contentos.

Ese día Jorge Mario regresó a la cárcel con una instrucción del juez Francis para los administradores. Era un "Formulario de Atención Médica" para informar al director del MCC que "el procesado sería encarcelado al no haber pagado una fianza cuando fue presentado a la corte" (algo que no podía hacer con un abogado de oficio que no conocía y en quien no confiaba), y que necesitaba atención médica. "Sus muñecas podrían estar infectadas y no ha recibido medicamentos en cuatro días", escribió el juez. Esos eran los cuatro días que habían transcurrido entre el 4 de mayo (cuando ya llevaba 48 horas en Miami) y su segundo día en Nueva York. Aunque le habían sujetado los brazos atrás de la espalda con dos juegos de esposas, una fotografía de cuando lo bajaron del avión en Miami mostraba que los grilletes se hundían en la piel de sus muñecas.

Algunos años después, exinternos del MCC y abogados defensores decían que el tratamiento médico en esa cárcel era inexistente. "A menos que sea una situación de vida o muerte, no hay atención médica", le dijo el exreo Marlon Roberts a la revista *Gothamist*. "Se tardan hasta dos meses para responder tu solicitud si estás enfermo o necesitas algún tipo de atención".[31]

En marzo de 2009 Liz Moyer, de *Forbes*, escribía con sorna que "el MCC [...] no era un *happy place*", no era un "lugar feliz". Luego, describió cómo a los prisioneros en confinamiento solitario en el *10 South* sólo los dejaban salir de sus celdas por una hora al día para actividades recreativas.[32] Para los detenidos de alto perfil, como Jorge Mario, la norma parecía ser la detención durante uno o varios días en las celdas de aislamiento —una especie de técnica para ablandarlos antes de su traslado a la población general, donde tendrían contacto con otros reos—.

---

[31] Stahl. *Op. cit.*

[32] L. Moyer. "Bernie Behind Bars". *Forbes*. 12 de marzo de 2009. Enlace: https://www.forbes.com/2009/03/12/madoff-white-collar-crime-fraud-business-wall-street-prisons.html?sh=33ea8bb21f49.

Una persona que habló con el expresidente de Guatemala Alfonso Portillo, después de que lo llevaron al MCC en 2013 por lavado de dinero, dijo que Portillo pasó tres semanas en una celda del *10 South*, con la luz encendida todo el tiempo. El expresidente nunca aceptó una entrevista para confirmar la información.[33] Jorge Mario tampoco respondió a mis preguntas respecto a las condiciones en el MCC, pero años después admitió que pasó un mes en confinamiento solitario.

Jeanne Theoharis, una catedrática de Ciencias Políticas en el Brooklyn College y politóloga que ha escrito al respecto, dijo que hasta los abogados defensores tenían prohibido hablar acerca de las condiciones en que sus clientes eran retenidos en esa cárcel.[34] Asumo que la prohibición aplicaba también a los internos, aunque algunos sí hablaron después de que los trasladaron a otras cárceles.

"Las ventanas eran enormes, pero tenían vidrio nevado, así que había bastante iluminación, pero no podíamos ver nada", relató a *The Intercept* Uzair Paracha, un pakistaní detenido en el *10 South* en 2003. Cámaras de video monitorean el interior de la celda, incluyendo la ducha y el retrete. Los guardias controlan la luz y deliberadamente la podían dejar encendida toda la noche para que a los internos se les dificultara dormir. Las paredes metálicas hacían que las celdas fueran como hornos en el verano y congeladoras en el invierno. A Jorge Mario le tocó lo primero porque llegó en mayo.

Ahmed Khalfan Ghailani, condenado por los ataques terroristas en 1998 a dos embajadas estadounidenses en África del Este, y que estuvo detenido en Guantánamo, Cuba, y en el MCC en Nueva York, le dijo al psiquiatra que lo atendía que Guantánamo era "más agradable" que la cárcel en Nueva York.[35] No por nada el MCC era llamado "la Guantánamo de Manhattan".

---

[33] Le escribí por WhatsApp o llamé a Portillo 10 veces entre el 11 de junio de 2022 hasta el 25 de septiembre de 2023. Algunas veces respondió. En otras ocasiones ofreció hacer la entrevista, pero nunca se concretó. Al final, ya no respondió los mensajes.

[34] Stahl. *Op. cit.*

[35] A. Kundnani. "The Guantanamo in New York You're Not Allowed to Know about". *The Intercept*. 5 de febrero de 2016. Enlace: https://theintercept.com/2016/02/05/mahdi-hashi-metropolitan-correctional-center-manhattan-guantanamo-pretrial-solitary-confinement/.

Cuando Jorge Mario salió del aislamiento, su situación no mejoró sustancialmente. Esta era una cárcel diseñada para 449 internos, pero en 2008 la ocupaban 750. Estaba en esas condiciones cuando tuvo su primera audiencia con la jueza Batts, el 30 de junio de 2008, siete semanas después de su traslado a Nueva York. El juicio se había fijado para el 1 de diciembre.

Rubino consiguió la transcripción de cuanto Jorge Mario dijo en su primera audiencia en Nueva York, cuando el fiscal Bharara olvidó avisarle a la defensa que su cliente ya estaba encarcelado en esa ciudad. Junto a Liotti y otro abogado, Ramón Pagan (también de Nueva York), habían comenzado a trabajar en una estrategia para mitigar la posible condena contra su cliente cuando la abogada Linda George de Hackensack, Nueva Jersey, apareció en escena y comenzó a visitarlo en el MCC.

8
Un cliente codiciado

Jorge Mario no llevaba ni una semana en el MCC cuando sus abogados notaron algo curioso. En los registros de visitantes de la cárcel, y de Jorge Mario en particular, aparecía el nombre de la abogada Linda George. Incluso hasta había dejado una constancia escrita explicando que estaba "en negociaciones para representarlo". La señora George no pertenecía a ninguno de los bufetes de Liotti, Rubino ni Pagan. Sólo la conocían por referencias en el mundillo de abogados litigantes en casos penales en Nueva York, y sabían que lo que hacía era ilegal. La ley le prohíbe a cualquier abogado abordar a una persona encarcelada que ya tiene a un abogado defensor identificado como tal en su expediente.

Rubino telefoneó a la señora George para reclamarle. La abogada reaccionó diciéndole que él no podía representar a Jorge Mario. Su tono sugería que él era incapaz de defenderlo. "Fue extremadamente brusca y colgó de inmediato", relató el abogado en un oficio en el expediente. Para entonces, Rubino aún defendía a Noriega (dictador panameño, 1983-1989), quien en 2008 llevaba 18 años en una cárcel de Florida por narcotráfico y lavado de dinero, y que salió dos años después por buena conducta, ayudado por los buenos oficios de Rubino. Cumplió sólo la mitad de su condena original de 40 años, aunque salió hacia Francia y luego a Panamá para enfrentar otros procesos.[1] Es decir, Rubino podría ser cualquier cosa, menos un abogado incapaz.

---

[1] Después de salir de la cárcel, Noriega fue enviado a Francia en 2010, donde fue condenado por lavado de dinero y devuelto a Panamá en 2011 para cumplir el resto de sus condenas en ese país y enfrentar cargos por asesinato, pero pasó una buena parte de los siguientes seis años hasta su muerte en 2017 hospitalizado o en prisión domiciliaria.

En Nueva York, Liotti también tomó cartas en el asunto con la abogada.

"El 12 de mayo de 2008 le escribí a la señora Linda George informándole nuevamente [ya le había escrito una vez] que represento al señor [Paredes] Córdova y que no debería tener más contacto con él", denunció el abogado en un oficio que dirigió a la corte. "Ella nunca respondió, y hasta el 21 de julio de 2008 seguía visitando a mi cliente en el MCC".

El 30 de julio Jorge Mario cumplió tres meses encarcelado en Estados Unidos, y Rubino registró en el expediente que Liotti tenía dos años de monitorear el caso, con particular atención a los intentos de extradición desde Guatemala. Agregó que Liotti le refirió el caso, aunque seguía pendiente del proceso, especialmente de todo lo relativo a la señora George. Ese mes los abogados de Jorge Mario y Miguel coincidieron en que ambos fueran a juicio juntos.[2] Un año después, cuando Jorge Mario había cambiado de abogados, estos decidieron que cada uno fuera a juicio en forma separada.

En agosto de 2008, en una entrevista con el diario guatemalteco *elPeriódico*, Rubino dijo que la fiscalía neoyorkina no había revelado la identidad de algunos testigos. Reconoció que ese era uno de los problemas que tenía la defensa, y que había algo en común entre quienes declararon contra su cliente.

"El caso está basado en testimonios de personas que están en prisión", dijo el abogado. "Están cambiando sus testimonios para que les reduzcan las sentencias; esto le da poca credibilidad a su versión [...], [por eso] tenemos una fuerte posibilidad de ganar el caso".[3]

Ese mismo mes, la señora George ya visitaba repetidamente a Jorge Mario, y los abogados volvieron a quejarse por escrito con la jueza Batts. Le explicaron a Jorge Mario que esas visitas eran ilegales, pero él la recibió todas las veces que ella pidió verlo. Además, denunciaron que la abogada se había tomado el cuidado de decirle

---

[2] Caso 03-CR-00987 en Corte Distrito Sur NY. Documento 159 del 14 de julio de 2008.

[3] L. Á. Sas. "Cambiaron testimonio por reducción de la sentencia". *elPeriódico*. 6 de agosto de 2008. Edición impresa. Página 6.

a Judith, exesposa de Jorge Mario, que "Rubino era un viejo gastado", un *old has-been*, que Liotti estaba bajo investigación, y que Jorge Mario debía despedirlos, igual que a Ramón Pagan. Todo eso era mentira. "Ella continuamente se comunica con la familia de nuestro cliente para persuadirla a que nos despida", decían los abogados.

Pagan escribió en otro reporte que la señora George se refirió a ellos con "comentarios despectivos". También supieron que la abogada les decía a los administradores del MCC que ella era "la única abogada defensora de Jorge Mario registrada ante la corte". Mentía. Su nombre ni siquiera estaba en el expediente en ese entonces, lo cual es constatable consultando los documentos ingresados hasta agosto de 2008.

El 7 de agosto Liotti escribió en el documento 163 del expediente que cualquier otro abogado que no defendía a Jorge Mario tenía prohibido visitarlo. La señora George no podía contactarlo a menos que tuviera su expreso consentimiento por escrito para hacerlo. Intentaban ponerle freno a una abogada que no tenía el menor recato en mentirles a funcionarios públicos para mantener el contacto con Jorge Mario.

"Hoy nuestra oficina se enteró, al hablar con la consejera Hill y Rena Desai del departamento legal en el MCC, que la señora George les dijo a administradores de esta prisión y a la Oficina de Control de Bienes Extranjeros (OFAC), del Departamento del Tesoro, que ella era la abogada de nuestro cliente y que estaba registrada en el expediente", escribió Liotti. George seguía mintiendo.

La OFAC, entre otras cosas, publica listados de empresas relacionadas con el narcotráfico o con el lavado de dinero, así como de las personas vinculadas a esas empresas. Jorge Mario estaba en esa lista. Por eso, Rubino y Pagan habían solicitado una licencia adicional específica que la OFAC exige a los abogados que defienden a las personas en esa lista.

"Hoy la señora George trató de visitar al procesado [Jorge Mario Paredes] con su hijo", continuó Liotti, en el oficio del 7 de agosto. "El procesado y su familia nos han dicho que ella le está diciendo que él nos debería despedir porque ella puede arreglar visitas familiares, y nosotros no. Además de que esto es falso, porque nosotros solicitamos las visitas familiares como consta en registros documentales, la señora George está abordando al cliente en violación de las reglas de conducta ética para los estados de Nueva York y Nueva Jersey. Ver cánones 27-29 y 32 de los Cánones de Ética Profesional para el estado de Nueva York y de Nueva Jersey. Otras leyes dicen que 'es impropio ofrecer sus servicios (a un cliente) mediante arreglos, aunque esos arreglos se hayan hecho por medio de un familiar'. El MCC nos informó que necesita recibir una orden de esta corte para prohibirle a la señora George que siga visitando al procesado. La señora George no sólo viola las reglas de ética, sino además está socavando la relación entre el procesado y sus abogados actuales. Si a ella se le permite continuar con esta conducta, perjudicará profundamente la habilidad del procesado para defenderse en el juicio de este caso".

Si la jueza Batts le ordenó por escrito al MCC impedir que la señora George visitara a Jorge Mario, como se lo solicitó Liotti, el expediente público no incluye una copia del documento. Además, la abogada nunca dejó de visitarlo. Si Linda George tenía una osadía disparatada, era porque también tenía antecedentes que ayudaban a explicarla. Ella no era ningún corderito. Liotti y Rubino registraron en el expediente que había sido acusada de integrar una red ilegal de apuestas de la mafia en Nueva Jersey en los años noventa.

En marzo de 1995 un gran jurado del condado de Passaic, en Nueva Jersey, acusó a George y su esposo, Marcello Ferreira (del cual estaba separada), porque eran dueños del café The Spot, en Paterson, Nueva Jersey, que funcionó como fachada para un sitio de apuestas ilegales entre 1988 y 1993[4] de la mafia. El sitio generaba 26 millones de dólares al año, según los fiscales del caso.

La lista de 34 acusados incluía a George y Ferreira, y a prominentes figuras del crimen organizado como Fortunato "Frank"

---

[4] T. Troncone. "Kerik Tied to Lawyer Indicted in Mob Gaming". North Jersey Media Group. 17 de diciembre de 2004. Enlace: https://alt.fan.howard-stern.narkive.com/Q3JYd7e4/kerik-and-attorney-his-scandals-just-don-t-stop.

Inzone, a quien también encarcelaron por ser un conspirador para importar heroína a la ciudad de Nueva York, en un famoso caso conocido como la *Pizza Connection*. Inzone recibió 18 meses de libertad condicional en el caso de las apuestas, pero la corte sí sentenció a varios policías de Paterson y un exinvestigador de la fiscalía de Passaic a una temporada en la cárcel. La señora George y Ferreira escaparon a ese desenlace porque se declararon culpables y pagaron una multa. Ella siguió litigando como abogada, aunque no podía tener su bufete en Nueva York —y aún lo conserva en Nueva Jersey—.

En 1995, cuando fue acusada, acabó una relación sentimental con Bernard Kerik, famoso porque fue el comisionado de la Policía de Nueva York entre 2000 y 2001, cuando Giuliani todavía era el alcalde de la ciudad y durante los ataques terroristas del 11 de septiembre de 2001. Pero ¿por qué importa la relación entre George y Kerik? Porque la señora George contrató a Kerik para ayudarla a armar la defensa de Jorge Mario en 2008, según Liotti, aun cuando el excomisionado policial estaba acusado de cometer varios delitos. Y no eran poca cosa. Los líos legales de Kerik fueron tan serios que lo obligaron a renunciar en 2001 a su nominación como jefe del Departamento de Homeland Security, del entonces presidente George W. Bush.

Los pecadillos de Kerik incluían que, para consumar dos *affairs* mientras estaba casado, usó un apartamento reservado exclusivamente para que descansaran los trabajadores de los servicios de emergencia que buscaban víctimas en los escombros después de los ataques terroristas del 9/11 en la ciudad.[5]

En 2009 Kerik se declaró culpable de ocho acusaciones, y lo sentenciaron a cuatro años de cárcel en 2010.[6] Luego también lo

---

[5] C.V. Bagali. "Apartment Said to Have Been Scene of a Kerik Affair". *The New York Times*. 12 de diciembre de 2004. Edición electrónica. Enlace: https://www.nytimes.com/2004/12/15/nyregion/apartment-said-to-have-been-scene-of-a-kerik-affair.html.

[6] Associated Press. "Former N.Y.C. top cop Bernard Kerik gets four years in federal prison". *New Jersey Online*. 18 de febrero de 2010. Enlace: https://www.nj.com/news/2010/02/former_nyc_top_cop_bernard_ker.html.

condenaron por fraude fiscal, violaciones a la ética y hacer declaraciones falsas que violaban la ley.[7] Este era el perfil de Kerik cuando entre 2008 y 2009 se reunió varias veces con familiares de Jorge Mario, mientras —según Liotti— trabajaba para la señora George.

Liotti dijo que ella también viajó a México y El Salvador para reunirse con la hermana y la madre de Jorge Mario, y otros familiares, sólo unos días después de que la DEA llevó a Jorge Mario de Miami a Nueva York, en mayo de 2008.

"Me han dicho que [George] viajó para reunirse con la familia del cliente por lo menos en una ocasión", escribió el abogado en el expediente. "Ella amenazó a familiares del cliente y exigió el pago de 2 millones de dólares". Liotti aseguró que lo sabía porque la exesposa y la esposa de Jorge Mario se lo dijeron a él directamente.

"Linda George estaba diciendo todo tipo de cosas acerca de nosotros y eso fue injusto, cuando nosotros éramos abogados de lujo", dijo Liotti.[8] No sólo lo decía el abogado; también sus referencias. Liotti era director del New York State Bar Association, o Colegio de Abogados del Estado de Nueva York, y miembro vitalicio de la Asociación Nacional de Abogados Defensores Criminalistas.

La defensa de algunos clientes llevó a Liotti a las páginas del *New York Post* y le dio notoriedad. Mientras tanto, a Rubino lo antecedía su fama como abogado de Noriega.

El impacto de las condiciones en la cárcel

Mientras la señora George comenzaba a cavar una zanja entre Jorge Mario y sus abogados, Jorge Mario aguantaba las condiciones en la Guantánamo de Manhattan, donde el aislamiento para los nuevos solía ser la norma.

---

[7] M. D. Shear y M. Haberman. "Trump Grants Clemency to Blagojevich, Milken and Kerik". *The New York Times*. 18 de febrero de 2020. Edición electrónica. Enlace: https://www.nytimes.com/2020/02/18/us/politics/trump-pardon-blagojevich-debartolo.html).

[8] Liotti, 2023. El abogado se jubiló y cerró su bufete el 31 de mayo de ese año.

Theoharis, la politóloga, decía que esas celdas eran "sucias, [...] con un aislamiento tan extremo", que castigaban a los internos "por hablar a través de la pared", y "tenían reglas tan absurdas como que no [podían] ver los periódicos a menos que [tuvieran] 30 días de publicados".[9]

Un abogado que defendía a sujetos en la unidad de aislamiento del MCC, Peter Quijano, aseguraba que esas celdas desbarataban el estado mental de los internos. "Parece obvio que estar detenido en esas condiciones, por el periodo de tiempo que sea, tiene que comenzar a afectarle a cualquiera", dijo. "Hemos visto que el deterioro ha incrementado, especialmente para los detenidos que esperan ir a juicio. Parece un castigo y afecta su habilidad para defenderse". Una posibilidad es que este fuera el caso de Jorge Mario.

Si la señora George lo comenzó a visitar poco después de su traslado a Nueva York, podría haber estado aún en el *10 South*, donde hasta los abogados tenían dificultades para hablar con sus clientes.

Quijano habló de temperaturas extremas en un cuarto de visitas que ya era "claustrofóbico" y que complicaba las reuniones de los abogados con sus clientes en el MCC. "Es difícil quedarse ahí por más de dos horas", dijo el abogado. Defensor y defendido estaban en un recinto dividido por una malla tan tupida que impedía el contacto visual.[10]

Si la señora George se empecinó en ver a Jorge Mario cuando estaba recién salido de ese ablandamiento, entonces hablaron cuando estaba recién integrado a una hacinada población reclusa del MCC, distribuida en un dormitorio comunal (para los menos peligrosos) y en celdas para dos internos de 2.2 por 2.4 metros, que habían sido diseñadas para una persona. Las celdas tenían una litera metálica gris con colchones delgados, un pequeño escritorio y banca empotrados en la pared, y un pequeño armario. Apenas quedaba lugar para dos personas de pie, sin moverse.[11] El espacio era más limitado si uno

[9] Stahl. *Op. cit.*

[10] Kundnani. *Op. cit.*

[11] L. McShane. "Inside Bernard Madoff's New Home: The Metropolitan Correctional Center Prison in Manhattan". *Daily News*. 13 de marzo de 2009. Enlace:

de los internos pesaba 330 libras, como era el caso de Jorge Mario, según la DEA. Todo en la celda era blanco, las paredes de block, las sábanas, la frazada y almohada y los escasos muebles. Debajo de la cama quedaba espacio para el cajón de pertenencias y el par de zapatos de cada ocupante.

Despertaban a los reos a las seis de la mañana. Servían el desayuno 30 minutos después. Pasaban el día en un holgado enterizo café (que era naranja para los más peligrosos). El almuerzo lo servían a las 11:30 de la mañana, y la cena a las cinco de la tarde. Las únicas distracciones eran ver televisión en las áreas comunes, la biblioteca de la cárcel o jugar ping-pong, además de las ocasionales salidas al patio de recreación en la terraza del edificio. Apagaban las luces a las 11 de la noche.[12]

Según la ubicación de las celdas, algunos podían divisar las luces de los rascacielos de Manhattan por una ventana no más grande de medio metro de ancho por un metro de alto. Las ventanas tenían vidrio transparente imposible de romper, una reja con cuadros de dos pulgadas, y persianas fijas y verticales que bloqueaban parcialmente el ángulo de visión hacia la calle.

Así eran los días de Jorge Mario, mientras Linda George intentaba meter un pie en la defensa y quitarles el cliente a Rubino, Liotti y Pagan. En esa venia, el 17 de septiembre de 2008, Jorge Mario le escribió esta carta a mano, en una hoja de cuaderno, a la jueza Batts.

> Septiembre 17 de 2008
>
> Honorable Sra. Juez. Debra Batts, USDJ
> Yo, Jorge Mario Paredes, con la causa No. S1 03-CR-987
>
> Disculpe que le mande esta simple nota así, en esta forma y en español, ya que no sé inglés. Me tomé el atrevimiento de escribirle esto por la razón siguiente. He estado muy confundido res-

---

https://web.archive.org/web/20160109070929/http:/www.nydailynews.com/news/money/bernard-madoff-new-home-metropolitan-correctional-center-prison-manhattan-article-1.371570.

[12] *Idem*.

pecto con los abogados, y quisiera que me disculpe, que estamos viendo con mi familia si cambiamos de abogado, ya que desde la última fecha que estuve en la corte (junio 30) hasta ahora, no he visto a nadie, no ha venido nadie a verme y no he visto ninguna evidencia en mi contra, y eso me tiene consternado y preocupado.

Y como usted sabe, [su] señoría, que dicen que me tienen en una lista de Clinton, por eso le pido si me da un tiempo para ver qué decisión tomamos, o si usted me puede ayudar con un abogado de la corte, ya que dicen que en diciembre empieza el juicio. Y la verdad no estoy preparado para eso, mayormente ahora que no tengo abogado, y estamos viendo con mi familia respecto a [la abogada] Linda George, ya que ningún abogado ha venido a visitarme.

Perdóneme y discúlpeme por esto, [su] señoría, le suplico de corazón, de verdad, si pudiera ayudarme, se lo voy a agradecer mucho y Dios se lo pague, le estaré atentamente agradecido.

Atentamente, Jorge Mario Paredes.

Solo un día antes, el 16 de septiembre, Rubino le había escrito al fiscal Bansal para solicitar otra vez acceso a evidencias, como grabaciones y las primeras declaraciones de Jorge Mario después de su captura, y copias de todos los documentos que le hicieron firmar incluyendo uno en el que supuestamente renunció a tener un abogado presente en su primer interrogatorio, en Miami. También pidió todos los informes de la DEA que registraran capturas o incautación de dinero y droga, y la evidencia N-55, los documentos que falsamente reportaban el decomiso de 2 268 000 dólares y de los que Sammy le entregó una copia a Miguel, y a otro sujeto, el 19 de marzo de 2003, para aplacar las dudas "del Gordo" acerca del paradero de la plata.[13] Para entonces, la fiscalía aseguraba que el Gordo era Jorge Mario

[13] La carta está impresa en papel membretado del bufete de Rubino, en siete páginas, pero al menos la copia que la autora encontró en el expediente no tiene número de documento.

Paredes. Los abogados ya les habían pedido todo esto a los fiscales el 19 de junio, y habían respondido que enviarían todo "en breve", pero tres meses después seguían sin cumplir. Parecía que no tenían gran prisa en entregarles la información.

La carta de Jorge Mario había hecho un corto viaje desde el MCC hasta la sala 24B del piso 24, donde estaba el despacho de la jueza Batts en el edificio de la corte, sólo separados por una calle de un carril (quizá brevemente desviada por el correo postal). La ley prohíbe la comunicación directa entre personas acusadas y las cortes, y la misiva enfureció a la jueza. Por eso, Batts mandó un lacerante regaño por escrito al bufete de Liotti, para ordenarle que su cliente no se atreviera a comunicarse otra vez con la corte, y recordarles que sólo lo podía hacer por medio de sus abogados. Esa gota derramó el vaso.

El 3 de octubre de 2008 Liotti le envió una carta en español a Jorge Mario. Le dijo que, por instrucciones de la corte, le informaba que no debía comunicarse con la jueza por cuenta propia, sino sólo por medio de su defensa.[14] Un paciente Liotti le reclamó por haberle mencionado a Batts situaciones que nunca ocurrieron. Le recordó que su bufete lo había representado durante dos años y medio. Es decir, desde marzo de 2006 —cuando Jorge Mario todavía estaba libre en Guatemala, y al menos cinco meses antes de que se fuera a Honduras—. Le recordó que (una vez ya encarcelado en el MCC) lo visitaron varias veces con otro abogado de su bufete, y que sus abogados en Guatemala —Víctor Hugo Cano Recinos y su hijo, Víctor Hugo Cano Chávez, que había contratado desde hacía varios años— viajaron varias veces a Nueva York para a reunirse con el resto de la defensa. Liotti me confirmó este detalle en persona cuando conversamos en esa ciudad años después.

En 2023 hice varios intentos por ubicar a Cano Recinos, y nada. Le llamé al número que tiene registrado en el Colegio de Abogados que nadie respondió a ninguna hora, le escribí por Messenger, fui a la dirección de su oficina registrada en el colegio (nadie respondió a la puerta, aunque aparecía aún como inquilino según

[14] Caso 03-CR-00987 en Corte Distrito Sur NY. Documento número 166.

la administración del edificio) y le escribí por email al hijo, que tampoco respondió. No me dieron ni la hora. Primero me respondió Liotti desde Nueva York, con quien hablé a finales de ese año, además de leer lo que escribió en varios documentos del expediente.

"Cuando su familia nos pidió que la defensa incluyera a un abogado latino, incorporamos a Ramón Pagan y a su hijo", continuaba la carta de Liotti a Jorge Mario. Los Pagan, decía, "hablan español, y además también emplearon intérpretes. Le mostramos la evidencia en el proceso y reproducimos los casetes (las grabaciones de la DEA de las llamadas interceptadas en 2003) para usted en el MCC. También nos hemos reunido con sus familiares en Nueva York, además de hacer los arreglos para que lo visitaran en el MCC. Ellos nos dijeron que confiaban en nosotros como sus abogados. Ramón también viajó a Guatemala y El Salvador para encontrarse con sus familiares".

El abogado le recordó a Jorge Mario que su exesposa Judith y su esposa Lucía contrataron a Frank Rubino, y que todos los abogados de la defensa se reunieron con él en el MCC para explicarle detalladamente su estrategia. "Usted estuvo de acuerdo, y estrechamos manos", le escribió el abogado, recordándole también a Jorge Mario que él mismo les dijo que confiaba en ellos y les aseguró que ya no se reuniría con Linda George y que ella ya no estaba involucrada en su caso.

"Judith nos dijo que Linda George la amenazó cuando estaban en El Salvador", revelaba el abogado a su cliente. "Judith también nos dijo que no quería tener nada que ver con esta abogada".

Liotti le explicó a Jorge Mario que estaban preparados para continuar con su caso hasta el final y que, si él así lo quería, les dijera que esa era su decisión, y ellos lo notificarían a la jueza. Mientras tanto, dijo, estaban preparando varias peticiones para la corte y la fiscalía, y Rubino seguía traduciendo las grabaciones de las llamadas telefónicas.

"Usted está creando una gran confusión y nos está enviando mensajes contradictorios", le reclamó Liotti a Jorge Mario. "Además, como se lo expusimos, no tenemos claro cuál es el papel de Linda

George en este caso. Ella y usted nunca han aclarado su papel. Esperamos su respuesta".

La carta de Liotti —incluida en el expediente— mostraba dos evidencias: *exhibit A* y *exhibit B*. La A era una carta de Jorge Mario en la que aseguraba que quería que sólo Rubino fuera su abogado. La B era una notificación oficial en la que a Linda George se le prohibía tener contacto con Jorge Mario, aunque no aparece en la parte pública del expediente, que tampoco revela si la notificación era de la corte o de los abogados.

Un mes después, Jorge Mario despidió a Liotti, Rubino y Pagan. Les comunicó por escrito que ya no necesitaba sus servicios. "El consejo de Rubino había sido [desde un principio] que otro abogado tomara el caso", diría Liotti años después. Un documento número 185 del expediente, firmado por todas las partes (los abogados entrante y saliente y el *defendido*) el 19 de noviembre de 2008, hizo oficial la salida de Rubino y su sustitución por Linda George. El expediente, el *docket*, registra que Rubino salió oficialmente del caso el 16 de diciembre de 2008, mientras que Liotti y Pagan acabaron su relación oficial con el proceso el 7 de agosto de 2009. Sin embargo, desde diciembre de 2008 Linda George se encargó de todo lo relacionado con la defensa.

Exactamente 15 años después de todo esto, Liotti recordó que la señora George armó todo este embrollo cuando era una total desconocida. "Ella no era una jugadora de alto calibre en las grandes ligas de ese ambiente judicial, y nadie había escuchado hablar de ella", me dijo en noviembre de 2023. "Este era un caso en el Distrito Sur de Nueva York, donde había casos que defendían los mejores abogados del país, [y] Linda George era una mala abogada".

—¿Usted cree que Paredes cambió de abogados porque Linda George amenazó a su familia? —le pregunté a Liotti.

—Sí —respondió sin vacilar.

—Me pregunto si ella persuadió a Jorge Mario Paredes de que podía conseguir que lo declararan "no culpable" si iban a juicio —especulé.

—Estoy seguro de eso —dijo sin dudar.

—Pero es una locura —agregué, más como pregunta que como afirmación, recordando que las fiscalías siempre ganan estos casos.

—Es imposible lograrlo en un caso así —aseguró Liotti, respecto a que la defensa puede ganar un juicio de estos—. [Lo sé porque] defendí casos en varias cortes del país. Ahora estoy jubilado, pero era un jugador clave en este negocio y muy reconocido. Yo estaba diseñando una estrategia que podía funcionar para el señor Paredes, junto con Ramón Pagan y Frank Rubino, que son grandes abogados.

—¿Planeaba recomendarle que cambiara su declaración de "no culpable" a "culpable"? —le pregunté, porque parecía el siguiente paso lógico como en otros casos, pero respondió con cautela.

—No estoy seguro de eso —dijo—, dependía de qué le ofreciera [la fiscalía] al señor Paredes.

Nunca llegaron a ese punto, aunque Liotti tenía amplia experiencia en las negociaciones con las fiscalías. Este abogado recordaba un caso que defendió en Pensilvania, en el que los acusados movieron 1 millón de dólares en efectivo del narcotráfico por día, del Bronx a Manhattan —en determinado lapso—. Dijo que les fue bien porque todos sus clientes recibieron sentencias de 10 años de cárcel, en cambio otro acusado defendido por un abogado diferente resultó condenado a 26 años. Yo lo escuchaba contar esto y pensaba que probablemente Jorge Mario Paredes habría salido libre antes de 2023 si hubiera seguido con Liotti.

—Es interesante, porque él [Paredes] negoció con ellos [los fiscales] inicialmente. Yo trabajé con muchos defendidos que negociaron con la fiscalía, respecto a cómo se iban a declarar. Tal vez en cientos o hasta miles de casos. Siempre negocié, pero con respeto hacia el cliente y su familia [...]. Hasta donde yo recuerdo, la madre del señor Paredes y su esposa querían que yo las representara. Sus abogados allá [en Guatemala] querían también que yo los representara, pero Linda George me jugó la vuelta —admitió.

Liotti había puesto las cartas sobre la mesa mientras que la abogada hacía lo contrario. Ese pulso fue sólo un episodio en una larga carrera en la que —decía— había recibido amenazas de muerte de narcotraficantes, algunos de los cuales eran sus clientes, y hasta de autoridades, que no le hicieron perder el paso.

—Venían tipos a mi oficina con pistolas —decía de su bufete en Long Island—. Yo representaba a un sujeto y su esposa, y mientras los entrevistaba, sus guardaespaldas armados estaban ahí mismo sentados. [Me decían que] si decía una sola palabra acerca de que cooperarían con la fiscalía, me iban a disparar ahí mismo. No podíamos decir absolutamente nada acerca de la negociación con el gobierno [la fiscalía].

Liotti negociaba con la fiscalía, aunque hubiera ganado más dinero al llevar el caso a juicio. ¿Explicaba eso la insistencia de George de ir en rumbo contrario? Años después, Jorge Mario Paredes no tenía duda de que así fue. "Yo creo que la abogada insistió en ir a juicio por dinero", diría en un email enviado desde la cárcel. Eso también fue evidente para Liotti, según me lo dijo más adelante.

En una conversación *off the record*, una persona que defiende acusados en cortes de Nueva York, y que conoce a la señora George, dijo que el *modus operandi* de la abogada es "sonsacarles" los clientes narcos a otros abogados. Esta persona relató que, en una ocasión, tenía una cita con un cliente en una cárcel. Cuando llegó, vio a George en el mismo sitio, y luego supo que trató de hablar con su cliente, pero que él se rehusó a recibirla. En algunos casos, como el de Jorge Mario, George sí era persuasiva.

"Yo era muy bien conocido en el círculo de Nueva York, y le iba a cobrar 1 millón de dólares al señor Paredes por trabajar con él", dijo Liotti. "Creo que él tenía ese dinero, pero George jugó sucio con Frank Rubino y conmigo, y logró que el cliente [Paredes] la contratara".

Según Liotti escuchó de los familiares de Jorge Mario, George además le cobró el doble.

La abogada nunca se pronunció públicamente o en el expediente acerca de las acusaciones de los anteriores abogados de Jorge Mario. Yo le escribí el 3 de noviembre de 2023 para preguntarle qué opinaba de las quejas que Liotti, Rubino y Pagan presentaron en su contra ante la corte. Nunca respondió.

Después de casi un año de intercambio de cartas entre 2022 y 2023 con Jorge Mario, no conseguía que me explicara por qué cambió de abogados en 2008 y cómo lo persuadió la señora George. No podía ser sólo porque ella decía que iba a ganar. Escribió que prefería no responder más preguntas para no complicar su situación. Yo seguía sin entender.

El 13 de noviembre de 2008 la fiscalía pidió mover el juicio para 2009 debido a "la anuencia de las partes de continuar negociaciones respecto a cómo se iba a declarar el procesado", y la necesidad de revisar las evidencias, en particular las grabaciones de cientos de llamadas que requerían el servicio de un intérprete.[15] Era curioso que su defensa de entonces —es decir, Linda George— estaba de acuerdo. Esto significaba que aún estaba abierta la puerta para que Jorge Mario cambiara su declaración de "no culpable" a "culpable", evitara ir a juicio y, al colaborar con la fiscalía (y según el calibre de la colaboración), pudiera recibir una sentencia de cárcel menos larga. La verdad, en el fondo, es que tal vez la abogada sólo estaba ganando tiempo porque tenía toda la intención de cerrar esa puerta. La señora George estaba segura de que podía probar que la voz de Jorge Mario no aparecía en las grabaciones que la DEA hizo de las conversaciones telefónicas en 2003, y que así lo salvaría de una condena. O eso decía.

En un oficio a la corte, la abogada hasta se quejó de que la defensa anterior de su cliente había dejado que desear en cuanto a la revisión de las grabaciones.

"La defensa anterior falló en revisar exhaustivamente la evidencia con el procesado", se lee en un reporte de la defensa, que preparó la señora George. Un lívido Liotti había explicado a la jueza Batts que jamás habían descuidado la defensa, y que las promesas que la abogada le hizo a su cliente respecto a las ventajas que ella ofrecía

[15] Caso 03-CR-00987 en Corte Distrito Sur NY. Documento titulado "Moción para reconsiderar rechazo de mociones presentadas antes del juicio", presentado por la abogada defensora Linda George al juzgado, y fechado el 2 de abril de 2009. El documento pretendía refutar que las mociones presentadas por la defensa antes del juicio ocurrieron a destiempo. Documento 199.

en contraste con él se sustentaban en mentiras. Por ejemplo, reiteró que era falso que no hicieron una revisión exhaustiva de las grabaciones. Que no acabaron la revisión antes de que Linda George los sacara de en medio, y les birlara el cliente, es otra cosa.

Mientras tanto, Jorge Mario navegaba la situación de su defensa en sentido contrario a la mayoría de los internos en el MCC, que se declaraban culpables para no ir a juicio y que los condenaran ya: así los mandaban a otra prisión (menos terrible) a cumplir su sentencia. En diciembre de 2008, cuando Linda George ya era oficialmente su abogada defensora, el abogado Gerald Shargel le dijo a un juez en una audiencia de su cliente: "En ese lugar, [el MCC], podrías perder la cabeza".[16] El consenso entre abogados, acusados y algunos observadores externos era el mismo: era un sitio enloquecedor. En realidad, todos los acusados en el caso de Jorge Mario Paredes pasaron por la misma cárcel, en las mismas malas condiciones, como Horacio, Otoniel y Miguel, pero todos negociaron con la fiscalía, menos Jorge Mario, el único que tenía a una abogada como Linda George.

Y la señora George no iba a ceder.

Para comprobar que la voz que la fiscalía atribuía a su cliente en las grabaciones no era su voz, contrató al investigador privado Edward Kacerosky, quien además buscó el *expertise* de intérpretes profesionales y testigos que conocían la voz de Jorge Mario para derrumbar la acusación.

Kacerosky, una importante carta de la defensa

En el expediente, Kacerosky se presentó como un investigador privado con licencia para trabajar en Florida. En 2008-2009 aseguró a la corte en una declaración jurada que se había retirado tres años antes de una carrera de 29 años como agente en varias agencias federales de Estados Unidos. Digamos que no era una descripción muy detallada. En ninguna parte aparecía de qué agencias se trataba.

[16] Moyer. *Op. cit.*

Por esos días yo intercalaba la lectura del expediente, para desenmarañar la historia del caso, con la del libro *El cártel de los sapos*,[17] del exnarcotraficante y autor Andrés López López. Claro que ya había visto la serie en Telemundo, y me había sorprendido cómo los productores encontraron actores que (en su mayoría) eran bastante parecidos al personaje de la vida real que interpretaban. Pensaba que el libro y la serie me podían ayudar a entender mejor la dinámica de los narcotraficantes que colaboraban con las fiscalías estadounidenses y que se delataban entre sí, según el libro, y de los que preferían callarse la boca. Al menos me iba a servir de conocimiento general para un reportaje para *El Diario NY*, en el que trabajaba desde enero de 2009, unos nueve meses antes del juicio. En esas estaba cuando vi algo que me dejó boquiabierta. Allí, en una de las páginas del libro, aparecía el nombre "Edward Kacerosky". Corrí a hojear el expediente para confirmar que era el mismo, y sí, lo era. Entonces, me encontré con que había sido un oficial de la Agencia de Aduanas de Estados Unidos, que Andrés López López describía como clave para lograr la extradición desde Colombia hasta Miami, en 2004 y 2005, de los hermanos Gilberto y Miguel Rodríguez Orejuela, líderes del Cártel de Cali capturados en 1995.

Kacerosky, decía López, y un abogado colombiano estaban tras la pista de que los Rodríguez Orejuela seguían delinquiendo desde la cárcel en Colombia, lo que permitiría extraditarlos.[18] Lo busqué en Google para corroborar los datos y encontré la confirmación en varios artículos, incluyendo comunicados del gobierno estadounidense: era la misma persona. Esta información me sirvió más adelante cuando vi a Kacerosky en persona en el juicio de Jorge Mario Paredes en Nueva York meses después.

Desde antes del juicio, Kacerosky tuvo una misión cuesta arriba. La señora George intentaba justificar ante la corte que las amenazas contra los testigos de la defensa le habían impedido conseguir

---

[17] A. López López (2008). *El cártel de los sapos.* Editorial Planeta.

[18] *Ibid.* Páginas 66 y 67. En su libro, López escribe el apellido con "s", Kaserosky. Sin embargo, en documentos oficiales del expediente aparece como Kacerosky. El investigador, además de Google, confirmó que se trataba de la misma persona.

más rápidamente las pruebas que ayudaran a su cliente. "Muchas personas tenían miedo de ayudar porque temían por sus vidas", escribió la abogada en un reporte. No era por nada. Un sujeto, al que la defensa consideraba su testigo principal, fue asesinado en Guatemala tres días antes de que la señora George lo entrevistara en el país. El crimen asustó a otros testigos y se le esfumaron a la defensa. Ya no declararon. Aun así, la abogada insistió en llevar a su cliente a juicio.

El 2 de abril de 2009 los abogados George y Batista admitieron que aún consideraban la posibilidad de un *plea agreement*, un acuerdo con la fiscalía. Después, cambiaron de rumbo el resto del mes, alegando que la fiscalía no podía comprobar un vínculo entre Jorge Mario Paredes y los Arriola, y que no había ningún acusado en común entre ambos casos. George insistió en que era "muy sospechoso" que el mismo cargamento —los 265 kilos— aparecía en dos conspiraciones: la de Nueva York y la del rancho en Peyton y los Arriola.[19] La fiscalía lo explicaba asegurando que Jorge Mario Paredes y sus cómplices eran parte de una conspiración mayor que involucraba a la "Organización Arriola Márquez", y que había una grabación de Óscar Arriola Márquez, líder de la organización, hablando por teléfono y mencionando a Jorge Mario en este contexto.

Para la fiscalía era suficiente comprobar que los 265 kilos con que la DEA sorprendió a Sammy en 2003 en Nueva York salieron del rancho en Peyton, Colorado, que los Arriola manejaban. Los fiscales además decían que las conversaciones telefónicas grabadas entre el dominicano y Horacio les permitieron comprobar que Sammy sí trabajó para Jorge Mario Paredes.

Mientras pasaban los meses y se acercaba el juicio, se encogía considerablemente la lista de los testigos de la defensa. De hecho, ir a juicio comenzaba a parecer algo suicida, considerando que ese destino lo evade 98% de los acusados de narcotráfico porque saben

[19] Caso 03-CR-00987 en Corte Distrito Sur NY. Moción para reconsiderar la orden judicial que niega al defendido las mociones presentadas antes del juicio, pero fuera de la fecha permitida. Documento 199 fechado el 2 de abril de 2009.

que van a perder. En cambio, se declaran culpables y colaboran con la fiscalía para reducir su sentencia. Quienes sí van a juicio siempre resultan condenados. Lo dijo en 2019 un abogado criminalista de Nueva Jersey, con 35 años de experiencia, a un diario local en Guatemala: en Estados Unidos sólo 2% de los casos criminales van a juicio (incluyendo los de narcotráfico) y sólo si la fiscalía está segura de que conseguirá una condena.[20]

[20] López. "Cómo cazar un narcotraficante".

9

Ir a juicio, una navaja de doble filo

En febrero de 2009, en una entrevista para *El Diario NY*, la agente de la DEA Erin Mulvey dijo que prefería no hablar de la captura de Jorge Mario Paredes por creer que "tenían un caso fuerte en las manos".[1] Faltaban siete meses para que comenzara el juicio, que seguía en pie porque todavía se declaraba "no culpable" por consejo de su abogada. En los siguientes meses le escribí a Mulvey por email, pero no respondió. La fiscalía del Distrito Sur de Nueva York tampoco habló del tema con la prensa.

Para ese año, casi todos los detenidos en el caso se habían declarado culpables, menos Jorge Mario —a quien todos los demás echaron al agua cuando hablaron con la fiscalía—. Sólo Otoniel seguía prófugo, aunque la fiscalía también le había pedido a Guatemala capturarlo y extraditarlo.

Desde un principio, razonaba si Jorge Mario dejó su suerte en las manos de Linda George resignado a que, si tenía algo que perder, sería la libertad, no la familia —a la que podía arriesgar si delataba a alguien para salvarse—. Esta me parecía una explicación lógica, pero que se fue al carajo cuando él mismo me dijo (en un email de octubre de 2022) que nunca quiso ir a juicio, que se quería declarar culpable, pero que la abogada lo obligó a seguir con el proceso.

Me dejó estupefacta. No entendía cómo una abogada podía obligar a un narcotraficante a ir a juicio. ¿Podía ser que las amenazas de la abogada a sus familiares, para que la contrataran, surtieron efecto? Liotti parecía pensar que sí, aunque también me dijo que un abogado defensor no podía obligar a su cliente a nada. Durante meses de correspondencia, Jorge Mario no respondió a mi pregunta de

[1] J. López. "¿Quién es 'el Profe'? Evidencias en tela de duda". *El Diario La Prensa*. 14 de octubre de 2009. Edición impresa. Página 5.

por qué no cambió de abogado otra vez si no quería ir a juicio. Y yo entendía menos qué es lo que había pasado.

Eso sí, la señora George no estaba ayudando a Jorge Mario a salir más rápido de la cárcel. Al contrario. Le dio información equivocada y lo obligó a ir en contra del impulso natural que tenía cualquier tipo encerrado en el MCC.

"Lo que quieres es declararte culpable y salir de este basurero para ir a cualquier otra cárcel [con mejores condiciones]", dijo al *Gothamist* Nicky, un interno, después de que salió del MCC. Melvin Rodríguez, otro exinterno, explicó que por algo los *feds* (los agentes federales, los fiscales) tenían un récord de 98% de casos ganados con condenas, porque la gente con tal de salir de ahí se declaraba culpable, recibía una condena y la trasladaban a otro sitio. "Ellos te quiebran mentalmente", dijo Rodríguez.[2]

"Yo no quería ir a juicio, sino declararme culpable", escribió Jorge Mario en una carta del 5 de octubre de 2022. "Me llevaron a juicio, [lo] cual yo no quería, porque nunca me negué a aceptar que participé, pero ellos querían hacer publicidad y me obligaron, llevándome a ese juicio que acabó con mi vida", agregó.[3] Se refería a los abogados George y Batista. Para mí esto fue una bomba, aunque seguía sin entender por qué no cambió de abogado para no ir a juicio. Liotti me confirmó después que Jorge Mario podría haber despedido a Linda George, como lo hizo antes con Rubino y él, y conseguir otro abogado. ¿Por qué no lo hizo? Pues porque ella lo persuadió de que iban a juicio porque podían ganarlo.

"[Me dijo] que, si me declaraba culpable, me iban a dar cadena perpetua", escribió Jorge Mario, respecto a George, en una carta del 30 de noviembre de 2023. "Imagínese cómo me podía sentir, porque me habían traído [a Estados Unidos] sin ningún tratado, por el secuestro que me hicieron, y que era mejor irme a juicio, que me

---

[2] Stahl. *Op. cit.*

[3] Carta manuscrita de Jorge Mario Paredes Córdova fechada el 5 de octubre de 2022 y enviada a la autora por correo postal ese mes. Con el "ellos" asumo que Paredes se refería también a José Batista, el otro abogado cubano-americano que asistía a George con la defensa de Paredes.

garantizó en un 95% ganado [...]. Fue el peor error de mi vida haber confiado en esa abogada, si se le puede llamar abogada, ya que nunca me dio opciones".[4]

Y todo ese tiempo Jorge Mario aguantó las condiciones en el MCC creyendo que podía evitar morir en prisión al sostener que no era culpable. Es lo que le había dicho George. Lo admitió después de un año de intercambio de esporádicos mensajes y de preguntarle otra vez por qué no cambió de abogados si no quería ir a juicio.

Ahora yo entendía por qué.

La abogada le mintió descaradamente a Jorge Mario para ganar más dinero al ir a juicio o tenía una confianza ilusa en su estrategia de defensa. Años después, Jorge Mario se inclinaba por lo primero. "Por ignorancia de no saber cómo era la justicia aquí [en Estados Unidos], si se le puede llamar justicia a esto, la abogada que contraté se aprovechó y siento que fue por interés [por] los honorarios", escribió Jorge Mario de puño y letra el 5 de octubre de 2022.[5]

La promesa de casi tener ganado el juicio "en un 95%" era algo que a cualquier abogado criminalista serio en Nueva York o Nueva Jersey, con algún prestigio, le habría arrancado una carcajada, o al menos le hubiera hecho sacudir la cabeza. Que ofreciera algo así era descabellado. Linda George no tenía ni el 5% de probabilidades de ganar el caso, según las estadísticas en los procesos criminales.

En aquel momento no había ningún otro caso parecido de donde tomar nota, pero años más tarde les ocurrió exactamente lo mismo a los hermanos guatemaltecos Waldemar y Eliú Lorenzana Cordón. Se declararon "no culpables" de traficar cocaína a Estados Unidos en una corte de Washington D. C., pero en el juicio en 2016 el jurado los declaró culpables, y la jueza Colleen Kollar-Kotelly los condenó a cadena perpetua en 2018.

Este era el destino que evadían quienes se declaraban culpables, porque conocían el sistema y sabían cómo sortearlo. George

[4] Comunicación por escrito y vía electrónica con Jorge Mario Paredes Córdova del 30 de noviembre de 2023.

[5] Carta enviada por correo postal por Paredes Córdova a la autora.

Jung, conocido como "El gringo de Boston" en Medellín en los años setenta, y uno de los más famosos traficantes estadounidenses de la época, lo decía en 1993: "En el sistema de justicia criminal [en Estados Unidos] tu situación personal rara vez permanece jodida por mucho tiempo si aplicas algunas reglas básicas del juego". La primera regla era: "Sé muy escéptico en general hacia cualquier consejo de tu abogado en el sentido de que debes pelear el caso y presentarte ante los hombres y mujeres del jurado. Así es que los abogados ganan dinero, y tú ganas años de cárcel [...]. No sólo el jurado sin ninguna duda o miramiento te cortará las pelotas con una navaja oxidada y te las entregará en una bandeja, sino también este ejercicio seguramente te costará mucho dinero que gastarás sin nada a cambio".[6] A Jorge Mario le costó 2 millones de dólares, según Liotti. El cliente debe pagar por la representación legal durante el juicio, independientemente de que sea condenado o absuelto.

Me preguntaba si Paredes descartó ir a juicio y colaborar porque esa era una cuesta resbalosa, pues la colaboración implicaba que debía tener a alguien grueso a quien delatar, a alguien importante para la DEA. ¿Y qué pasaba si no daba la talla? Debía tener opciones. Por ejemplo, Vicente Zambada Niebla, alias "Vicentillo", el hijo mayor de Ismael "el Mayo" Zambada, jefe del Cártel de Sinaloa (hasta su captura en julio de 2024), no soltó ninguna información que ayudara a capturar a su papá o al Chapo. Después de su detención en México en 2009, a Vicentillo lo extraditaron y llevaron a una corte en Chicago, donde estaba acusado de narcotráfico, pero entonces negoció con la fiscalía y delató a figuras claves para la DEA, que no eran más que contactos reemplazables del cártel en la frontera México-Estados Unidos. Eran "socios del Mayo a quienes podía traicionar sin grandes costos para su padre, quien siempre tenía nuevos clientes".[7] Además los hijos y la esposa de Vicentillo vivían en Estados Unidos, lejos de amenazas.

---

[6] Porter. *Op. cit.* Página 4.

[7] Hernández. *Op. cit.* Páginas 127 y 309.

Jung, por cierto, se había conocido con Carlos Lehder (socio cercano de Pablo Escobar) en una cárcel en Pensilvania en los años setenta, donde Jung cayó por tráfico de mariguana, y salió rápido después de declararse culpable. Salió sólo para traficar con Lehder miles de kilos de cocaína de Colombia a Estados Unidos. Lo detuvieron otra vez en 1994, se declaró culpable de nuevo y colaboró con la fiscalía; lo condenaron a 60 años de cárcel y salió después de sólo 20. Este era un ejemplo de que conocerse en una cárcel estadounidense no era un preámbulo nuevo para los negocios de narcotráfico.

Claro, Jorge Mario no era Vicentillo, ni Jung, y sólo él sabría si podía delatar a alguien sin un costo alto que pagar. En su caso, todos los demás acusados y capturados declararon en su contra salvo Otoniel, que permanecía prófugo para entonces.

Los testigos estrella

Para junio de 2009 la fiscalía no mostraba todas sus cartas —la identidad de sus principales testigos—. No los quería arriesgar, pero a la defensa de Jorge Mario y a otros detenidos no les tomó mucho tiempo más deducir quiénes eran. "Los acusados en el caso creen que Samuel Santiago es el CS (el informante) al que se refieren las transcripciones de las llamadas [telefónicas ...] y que Horacio Botero es el testigo del gobierno que corroboró las afirmaciones de Santiago", mencionó Linda George en una audiencia.[8] Debió ser fácil adivinar que Sammy era uno de esos testigos principales porque fue el único de toda la operación que desapareció el 1 de abril de 2003 (el día cuando acabaron las escuchas telefónicas). Al principio, los demás sospechaban que se había esfumado porque se robó el dinero y la droga. Para 2009 todos estaban capturados, salvo Otoniel, y el dominicano, que ni siquiera aparecía en el expediente por su nombre.

[8] Caso 03-CR-00987 en Corte Distrito Sur NY. Documentos 213 y 264. La acusación o *indictment* fechado el 2 de junio de 2009, con el registro S8 03-CR-987 (que sustituye a la que inicia con S7 del 2 de marzo de 2006), abarca actividades desde 1999 hasta 2005.

Antes de que comenzara el juicio, la fiscalía confirmó en una audiencia que Sammy era uno de los testigos, aunque pidió a la corte ocultar su paradero para impedir que otros acusados lo sacaran de circulación si sabían dónde encontrarlo.

La fiscalía necesitaba testigos que pudieran reconocer a Jorge Mario en el juicio porque había perdido bastante peso desde su captura. El fiscal Bansal reconoció que su apariencia había cambiado entre el 2003, el año de las escuchas telefónicas entre Nueva York y Guatemala, el 2008, cuando lo capturaron, y cuando fue a juicio, en 2009.

Las fotografías que tenía la DEA lo mostraban con párpados hinchados, que habían desaparecido para cuando lo capturaron en Honduras.[9] Un año y medio después, para el juicio, había cambiado aún más.

Había perdido al menos la mitad del peso —que no era sorprendente considerando las condiciones en el MCC—. Por eso, la fiscalía quiso mostrar las fotos suyas en 2003 para que lo reconocieran los testigos que aseguraban haber tratado con él en esa época.

"Jueza, el señor Paredes, si le enseñáramos algunas fotos, como las de su pasaporte o su documento de identificación de 2003, [usted podría ver] que actualmente su apariencia es muy diferente", le dijo el fiscal Bansal a Batts en esa audiencia del 28 de septiembre de 2009, un día antes de que comenzara el juicio.[10] "Él ha perdido bastante peso, su pelo es diferente, y hay algunas indicaciones de que pudo haber tenido cirugía plástica", ofreció Bansal. Jorge Mario declaró después de su captura que no se había operado.

---

[9] Esta es la foto de archivo en Guatemala que recoge un comunicado del Departamento de Estado de Estados Unidos para la captura de Paredes, y es la misma que la Policía Nacional Civil de Guatemala tenía en sus archivos en los años noventa: https://www.state.gov/narcotics-rewards-program-target-information-brought-to-justice/jorge-mario-paredes-cordova-captured/. / Las fotos, tomadas por la DEA, corresponden al 1 de mayo de 2008 cuando Paredes fue trasladado a Miami el día de su captura: https://www.dea.gov/sites/default/files/divisions/nyc/2008/nyc050508p.html.

[10] Caso 03-CR-00987 en Corte Distrito Sur NY. Documento 266.

"Tenemos un pasaporte guatemalteco del señor Paredes que la señora George nos entregó, y tiene una foto de él antes de su cambio en apariencia, y se ve como en las fotos que los testigos identificaron", agregó el fiscal. Bansal dijo que dos testigos identificaron a Jorge Mario en un despliegue de fotografías y que al menos uno lo podría reconocer en la corte. Del otro no estaba seguro. También proponía usar la foto del pasaporte.

Reaparece Sammy

Ningún acusado en el caso ni sus abogados supieron que el dominicano reapareció el 13 de mayo de 2003 acusado en dos procesos, distintos al de Jorge Mario, Horacio, Miguel y los hermanos Otoniel y Lico. La última vez que habían cruzado palabra con él fue seis semanas antes, cuando la DEA cerró la operación de las escuchas telefónicas y la misión de Sammy como informante. Esta agencia y la fiscalía neoyorkina decían en el expediente que el dominicano había "cooperado proactivamente con las autoridades".

Que el dominicano tenía dos acusaciones en contra fue un detalle que la defensa de Jorge Mario reveló durante el juicio en 2009, incluso divulgando el número de los procesos ante la corte.[11] En uno de los casos, una conspiración para distribuir drogas, los documentos públicos no incluyen el nombre de Sammy entre los acusados. En el segundo, el dominicano es el único acusado en otra conspiración para también distribuir drogas. Este, asumo, se desprendió del caso de Jorge Mario y los demás, porque se refería a la captura de Sammy con las manos en 265 kilos de cocaína en enero de 2003. Puede ser que no lo acusaron de inmediato porque la DEA y la fiscalía estaban ocupadas fingiendo que el dominicano seguía moviendo y vendiendo cocaína desde Nueva York, aunque estaba encerrado en un

[11] Caso 03-CR-00987 en Corte Distrito Sur NY. La defensa de Paredes después divulgó que se trataba de los procesos 03-CR-268-DC y 03-CR-03610-JFK, también iniciados en 2003.

cuarto de hotel con dos agentes federales vigilándolo todo el tiempo. Otra razón es que tal vez lo excluyeron de la lista de acusados en el mismo caso con Jorge Mario, Horacio y los demás (aunque se trataba del mismo cargamento) para protegerlo porque era un testigo clave, y la fiscalía no quería colocar tan temprano sobre la mesa todas las cartas relacionadas con Sammy.

Por cierto, por una de las acusaciones, Sammy tuvo que ir a dar la cara otra vez con el juez Keenan, el mismo que le redujo la sentencia de cárcel en 1998 (por traficar heroína y encañonar a un policía con una pistola en plena calle), después de escucharlo suplicar que le diera la oportunidad de demostrar que ahora sí era "un hombre diferente".

Sammy se paró frente al juez cuando ya llevaba varias semanas en una cárcel de Brooklyn, el Metropolitan Detention Center (MDC). Pero mientras eso ocurría, el dominicano les seguía siendo útil a los agentes federales y la fiscalía. Un informe del Departamento de Justicia del 1 de julio de 2003 relata que los agentes de la DEA Jeremiah Callaghan y Robert Roth en Nueva York "entrevistaron al procesado y fuente confidencial o *confidential source* (CS) desactivado en el MDC en Brooklyn".[12] El nombre aparecía tachado con marcador negro, pero se referían a un sujeto "desactivado (como CS) el 1 de abril", cuando acabó la operación de escuchas telefónicas. Dos meses después, en la corte, la fiscalía confirmó que se trataba de Sammy Santiago. Ese informe de Callaghan y Roth fue el único documento en el expediente del caso de Jorge Mario y los demás donde al CS (Sammy) lo identifican como "procesado". En los demás documentos aparece como testigo.

Cuando interrogaron al dominicano en la cárcel en Brooklyn, el agente Callaghan le mostró la evidencia o *exhibit* N-73, un despliegue de fotografías de seis diferentes sujetos entre las que el CS (Sammy) "identificó la foto de Jorge Mario Paredes Córdova como el individuo que conoce como 'Gordo'".

---

[12] Caso 03-CR-00987 en Corte Distrito Sur NY. Documentos 216 al 218. Véase el informe en el formulario DEA 6 del 1 de julio de 2003, llenado por el agente Jeremiah Callaghan y aprobado por su supervisor, Richard Bendekovic.

En el expediente hay un documento en el que la DEA se refiere a una reunión entre un CS y (Sammy) Santiago como si fueran dos personas distintas,[13] pero en una audiencia del 28 de septiembre de 2009 la señora George y el fiscal Bansal identificaron a Sammy como el CS y la persona que observó las seis fotos que le mostraron los agentes de la DEA, entre las cuales identificó a Jorge Mario como "el Gordo". No mencionan a ningún otro CS. Nadie más lo hizo. El fiscal Bansal reconoció que los dos testigos clave eran Sammy y Horacio, porque identificaron la fotografía de Jorge Mario. "Ese despliegue de fotos se usó en junio de 2003 para comprobar si Samuel Santiago había estado tratando con [Jorge Mario] Paredes, y fue una de las bases en que nos sustentamos para avanzar en el caso contra el señor Paredes", dijo el fiscal.

"El señor Botero identificó la foto más recientemente", dijo Bansal, refiriéndose a 2005, cuando lo extraditaron a Nueva York. "Se hizo para confirmar que podía ser un testigo cooperante contra el señor Paredes, para probar su credibilidad y asegurarnos de que estaba describiendo correctamente las circunstancias acerca de las cuales iba a testificar". La identificación de la fotografía también fue clave para que la fiscalía y la DEA fueran a Honduras por Jorge Mario Paredes en 2008.

Cuando Sammy emergió como testigo en el juicio de Jorge Mario Paredes en octubre de 2009, seguía encarcelado en Brooklyn. Si no lo llevaron al MCC en Manhattan, probablemente fue para impedir que se encontrara después con otros acusados en el caso, que comenzaron a caer detenidos en 2004.

Sammy declaró un día cuando llegué tarde a la audiencia. Claro, me quería patear —aunque nadie me iba a reclamar porque yo

[13] Caso 03-CR-00987 en Corte Distrito Sur NY. El dato aparece en una carta que Frank Rubino envió a la fiscalía el 16 de septiembre de 2008 solicitando una lista de evidencias. Por aparte, Rubino cita un informe del 29 de enero de 2003 de la DEA que menciona la entrega de un cargamento de "256 kilos" (no 265 —se presume que se trata de un error mecanográfico—) y donde constan conversaciones entre un *confidential source* (CS), o informante, y Samuel Santiago. Si hubo un segundo CS además del dominicano, no fue identificado en el expediente.

había viajado por mi cuenta a Nueva York para cubrir el juicio—. No era por encargo de algún diario. Simplemente pensaba que algún día escribiría esto, y bueno. El dominicano testificó por escasos minutos antes que Horacio, el 1 de octubre, a quien sí escuché desde que subió al estrado. Así que el rostro de Sammy iba a seguir siendo un signo de interrogación para mí. Sólo sabía que tenía 53 años cuando apareció en esa corte, y que en las grabaciones de las llamadas telefónicas (que reprodujeron en el juicio) sonaba totalmente relajado y con inclinación para la risa. Me sorprendió que hablara así porque esas llamadas las hizo o las recibió cuando ya llevaba casi seis semanas de servirle como anzuelo humano a la DEA, encerrado en el cuarto de hotel con dos agentes las 24 horas.

Podía imaginar a Jorge Mario observando a Sammy en el juicio, a unos seis metros de distancia, pensando quién sabe qué. Nunca aceptó que lo conocía, y la señora George, su abogada, dijo luego que el dominicano no había reconocido a su cliente en la corte. "El señor Samuel no me reconoció, y yo nunca lo había visto", confirmó Jorge Mario cuando me escribió años después. "Según él, ya había estado detenido anteriormente con Turcios y Botero, [y] eran camaradas. Ya usted sabrá por qué y [también] debe saber más o menos cómo se compone un juicio para culpar a una persona [...]. Es algo asombroso que nunca me imaginé vivir".[14]

No pude comprobar si lo que dicen que sucedió en la audiencia era cierto. La abogada y los fiscales no quisieron hablar, y las transcripciones del juicio no están en el expediente público del caso.

En el juicio, el abogado José Batista (asistente de George en la defensa) me confirmó que Sammy estuvo en la cárcel en Brooklyn. Se quejó de que, después de identificar la foto de Jorge Mario Paredes en 2003, el dominicano desapareció del sistema. Pero esto no era totalmente cierto, como lo averigüé después. Los registros del Buró Federal de Prisiones mostraban que no lo habían movido de Brooklyn entre ese año y 2009.

[14] Correspondencia electrónica de Jorge Mario Paredes Córdova hacia la autora del 4 de marzo de 2025.

Desacreditar a Sammy, otra carta echada al fuego

La señora George pidió que le mostraran los registros de supervisión de libertad condicional de Sammy desde el año 2000. Era evidente que la supervisión había sido algo laxa, porque ese año comenzó a viajar a Guatemala sin permiso, y además traficó cocaína y movió dinero producto de la venta en Nueva York. Todas eran razones para encerrarlo de nuevo porque su libertad condicional le impedía salir de Nueva York antes de 2005, y más aún alternar con delincuentes —no digamos cometer nuevos delitos y ser reincidente—.

La abogada quería usar el pasado delictivo del dominicano para demostrarle al jurado que no era un testigo apto. Por eso quiso ver las acusaciones contra Sammy por posesión de heroína para la venta e intento de homicidio, de 1994 y 1996, y sus registros médicos, en preparación para el juicio, y lo quería interrogar como testigo.

"[Samuel] Santiago fue adicto a la heroína, un hecho que compromete sus facultades [mentales]", decía la abogada para erosionar su credibilidad. Pero la jueza Batts le negó todas sus peticiones porque, argumentó, nada cambiaba lo que el dominicano declaró en 2003 contra Jorge Mario Paredes, después de su captura en Manhattan, y durante y después de la operación de escuchas telefónicas. Lo único que logró fue que Sammy llegara como testigo al juicio, donde tuvo una aparición fugaz.[15]

La señora George también quería comprobar que el dominicano tenía un interés personal en hundir a su cliente. Decía que culpar a Jorge Mario era su boleto para salir libre en poco tiempo, aunque lo hubieran capturado con 265 kilos de cocaína en Manhattan. Por eso, estaba convencida de que la DEA indujo a Sammy a identificar a Jorge Mario Paredes en el despliegue de fotografías y en las llamadas telefónicas que la agencia grabó.

Antes del juicio, en una audiencia del 2 de abril de 2009, la señora George insistía en que Sammy "repetidamente identificó incorrectamente al señor Paredes" y que la fiscalía debía investigar por

[15] Caso 03-CR-00987 en Corte Distrito Sur NY. Documentos 242, 243 y 248.

qué y en qué circunstancias lo hizo. La abogada quería enhebrar las razones del dominicano para identificar a su cliente, porque sus declaraciones les sirvieron a los miembros del Gran Jurado, entre otras evidencias, para concluir que había suficiente justificación para que la corte ordenara la captura de Jorge Mario Paredes. La señora George también pidió en marzo de 2009 que le mostraran la transcripción de las deliberaciones del Gran Jurado. Tres meses después, Batts se rehusó. La jueza creía que el *defendido* no había demostrado una "necesidad particular" para revisarlas, y que la acusación y otras evidencias le bastaban para llegar preparado al juicio. La abogada alegaba, a esas alturas, que la acusación le impedía saber de qué acusaban a Jorge Mario, pero Batts le respondió que el recuento de hechos, fechas y lugares era lo suficientemente específico.[16]

En realidad, la acusación daba pistas tipo adivinanza acerca del movimiento de cocaína y las transacciones en Nueva York entre 2001 y mediados de 2003. Destacaba el fiasco con los 265 kilos y llamadas telefónicas que atribuía a Jorge Mario, Otoniel, Lico y Horacio para acordar la entrega de plata o la venta de kilos, no digamos el manejo de millones de dólares en manos de Myve Lorena y toda esa vuelta de Miguel correteando a Sammy para tratar de recuperar el dinero de la venta y la droga sin distribuir en Nueva York. Como el tráiler de película, con todo y *teaser*, se refería a varios cómplices o "coconspiradores" sin nombre: uno "que no está entre los acusados" y que participó en la reunión tal, otro que llevaba la coca, y otro apareció en Nueva Jersey con más coca y unos cuantos miles de dólares encima, etcétera. El juego era adivinar quién era quién, y si entre ellos estaba Sammy y otros que se les esfumaron (que no era raro en este negocio), pero que en realidad estaban capturados, y debían decidir qué iban a reconocer como la verdad.

[16] Véase el caso 03-CR-00987 en Corte Distrito Sur NY. Documento 221 fechado el 8 de junio de 2009.

Los testigos de la defensa que no fueron

Los abogados de Jorge Mario esperaban que si el jurado escuchaba a sus cuatro testigos durante el juicio, lo podían persuadir de que la acusación de la fiscalía era un error. Uno era un amigo suyo que trabajaba como gerente de un Wendy's en Queens, un guatemalteco con residencia estadounidense. Otros dos eran de Honduras, exsocios en un negocio de bienes raíces en ese país, y el cuarto era un "muy conocido" abogado guatemalteco que trataba con Jorge Mario desde 1997 y le asesoró en asuntos de bienes raíces. La defensa también iba a presentar como su testigo principal a Jorge Alberto Choto Zepeda, un guatemalteco de 56 años que la señora George describía como "un individuo que trabajó en la finca del señor Paredes durante muchos años".[17] Es posible que la fiscalía habría usado otro verbo, como "traficó", porque este era el mismo tipo que identificó como "una constante presencia" en los negocios de narcotráfico que le achacaba a Jorge Mario.[18]

Por eso Sammy y Horacio decían que Choto era su "mano derecha". Según la fiscalía, era tan importante en esos negocios que también tenía documentos falsos para viajar.

Para conseguir que llegara al juicio y hablara frente al jurado, la señora George iba a llegar a Guatemala el lunes 26 de enero de 2009 para entrevistarlo. No contaba con que, tres días antes de llegar, alguien iba a asesinar a Choto. Le dispararon cuando estaba frente a un pequeño centro comercial, sobre una transitada calle de doble vía en un sector donde vive gente de plata en la zona 14 capitalina, a

[17] Caso 03-CR-00987 en Corte Distrito Sur NY. *Affidavit* o declaración jurada del investigador privado Edward J. Kacerosky como respaldo y referencia a la moción del *defendido*. Documento presentado a la corte de la jueza Batts, fechado el 26 de marzo de 2009. Páginas 5 y 7. / Moción para solicitar que la corte reconsidere el rechazo a las mociones presentadas por la defensa antes del juicio y fuera de la fecha estipulada. Documento fechado el 2 de abril de 2009. Página 3.

[18] Caso 03-CR-00987 en Corte Distrito Sur NY. Documento 8 del caso civil 1:14-CV-01764-DAB archivado el 18 de agosto de 2014, relacionado con la acusación S8 del caso criminal 03 Cr. 987 DAB. Página 3.

10 cuadras de la casa de Jorge Mario, donde la policía decomisó los 14.4 millones de dólares en 2003.

El día del asesinato, algunos testigos observaron a Choto acomodando unas piezas de ropa de hombre en la parte trasera de una camioneta Toyota Fortuner 2008 inmaculadamente blanca. Estaba estacionada sobre el carril derecho de la calle, cuando un automóvil se desplazó despacio sobre el izquierdo. Un sujeto que iba de copiloto le disparó cuatro veces. El conductor aceleró y huyeron en seguida. Choto quedó tendido sobre el asfalto. Todo fue tan repentino que ni tiempo tuvo de empuñar la pistola que llevaba al cinto debajo de la camisa.

Manuel de Jesús Xolom, de 40 años, un guardia privado de un comercio cercano, comenzaba a empuñar su escopeta cuando lo acribillaron antes de que lograra disparar. Murió minutos después en el hospital.

Mientras tanto, cuando la policía registró el cadáver de Choto, encontró la pistola y 8 250 quetzales (el equivalente a unos 1 100 dólares) en billetes de 100 quetzales enrollados en los bolsillos de su pantalón. Un día después lo identificó como el contador en las operaciones de narcotráfico de Jorge Mario en Guatemala y dijo que el crimen podía ser una venganza por un conflicto de dinero con un hermano del patrón, pero nunca lo comprobó. Los diarios locales luego publicaron que Choto había sido capturado en Honduras en 2005, cuando viajaba en una camioneta blindada, y cargaba encima 17 000 dólares, 17 000 quetzales y 8 500 lempiras. Ocurrió un año antes de que Jorge Mario se fue a vivir a San Pedro Sula. La prensa también divulgó que alguien, que no identificó, lo demandó por estafa en 2008 —el mismo año cuando la policía hondureña capturó a Jorge Mario—.[19]

Ningún artículo de prensa publicó algo acerca de la frustrada reunión con la señora George. Nadie sabía que se iban a encontrar,

---

[19] Redacción. "Un narcoataque". *Nuestro Diario*. 24 de enero de 2009. Edición impresa. Página 2. / J. Lara y S. Valdez. "Matan a presunto narco". *Prensa Libre*. 24 de enero de 2009. Edición impresa. Página 14.

salvo por los abogados de Jorge Mario y cualquiera a quien Choto le hubiera contado. Nunca se supo si lo mataron para callarlo, aunque no parecía que cuanto pudiera decir en el juicio ayudara en algo a juzgar por las referencias que los fiscales tenían de Choto. Más bien todo pintaba a que a la defensa le hubiera salido el tiro por la culata cuando la fiscalía lo interrogara frente al jurado, y que su testimonio iba a hacer más daño que beneficio.

Ahora, el asesinato les apagó el estímulo a los otros testigos, que optaron por callarse la boca y no declarar ni pío en el juicio. Así los abogados se quedaron con nadie en Guatemala que hablara en favor de Jorge Mario y les ayudara a agujerear la acusación de la fiscalía. Ante este escenario, la señora George sólo podía esperar que los análisis de voz que hizo Kacerosky persuadieran al jurado de que la voz del sujeto apodado "el Gordo", en las grabaciones que la DEA hizo de las conversaciones telefónicas de 2003, no era la de Jorge Mario.

Un juego de voces

La defensa pensaba en Kacerosky como en un as bajo su manga. El investigador había contratado a un profesor de criminalística del John Jay College y a un intérprete para juicios en cortes neoyorkinas para analizar las conversaciones telefónicas que la DEA grabó. La señora George apostaba porque ellos iban a comprobar que no contenían la voz de Jorge Mario, como lo aseguraban Horacio y Sammy. Si la voz en las grabaciones fue identificada erróneamente, Jorge Mario no podía ser hallado culpable de ninguna conspiración de la cual lo acusaba la fiscalía. La defensa también sostenía que Jorge Mario nunca conoció a Sammy y que Horacio nunca alternó con Jorge Mario, sino con un traficante mexicano.

Para explicarle a la corte por qué tenía la experiencia necesaria para analizar las grabaciones, Kacerosky dijo que había investigado casos en México, Colombia, Centroamérica y otros países latinoamericanos. Agregó que fue testigo experto en "múltiples" juicios en cortes federales para descifrar grabaciones de conversaciones telefónicas en español.

El investigador entendía que las grabaciones no comprobaban tan cristalinamente —como decían la fiscalía y los testigos— que Jorge Mario estaba metido en esto. "Reconocí un gran número de conversaciones altamente probatorias de una extensiva actividad de narcotráfico y lavado de dinero en la ciudad de Nueva York y otras áreas", dijo Kacerosky a la corte. "Escuché todas las grabaciones tres o cuatro veces, y logré identificar tres voces diferentes atribuidas al [...] procesado Jorge Mario Paredes Córdova". Esto sonaba como algo que podía complicar a la fiscalía.

Kacerosky aseguró a la corte que visitó 12 veces a Jorge Mario en la cárcel, y habló con él durante 40 horas para estar totalmente familiarizado con su voz. Lo primero que reconoció fue que una voz que le atribuían tenía acento colombiano. Estaba tan seguro porque había vivido y trabajado en Bogotá durante años, y su esposa y suegros eran de Colombia. Conocía el acento de sobra.

En otra llamada, Kacerosky aseguró que a Jorge Mario también le endilgaban la voz de Otoniel. La DEA aclaró luego que después de que Otoniel habló con Sammy, el dominicano se comunicó con Jorge Mario al final de la conversación, y que por error no registró en su reporte que el dominicano habló con ambos en esa misma grabación.[20]

"Una preocupación adicional es que no reconocí la voz del señor Paredes en ninguna de [todas] las [otras 14] grabaciones, una preocupación que aumentó cada vez que lo visitaba", escribió Kacerosky en un informe a la corte. Entonces, le pidió a Jorge Mario leer

[20] Caso 03-CR-00987 en Corte Distrito Sur NY. Kacerosky reconoció que el acento colombiano en la voz que le atribuían a Paredes en la llamada núm. 11 y en la llamada núm. 14B determinó que el contexto indicaba que la voz atribuida a Paredes era la de Otoniel Turcios, otro de los acusados. Todo lo relativo al análisis de las voces aparece en una declaración jurada de Kacerosky de 14 páginas fechada el 26 de marzo de 2009. La declaración está en el expediente, pero no aparece con número de documento.

la parte de la conversación grabada que le atribuían para confirmar sus sospechas e informarlo a la defensa.

También les pidió a tres personas que habían nacido y crecido en México que escucharan 13 conversaciones que tenían la voz de Jorge Mario según la DEA y Sammy, y las tres dijeron que la voz era mexicana. Una de las personas hasta dijo que tenía un acento de Monterrey.[21]

El investigador luego organizó dos grupos de testigos que conocían la voz de Jorge Mario. Los grupos incluían a un abogado en Guatemala (que el expediente no identifica por nombre) que aseguraba conocerlo desde 1997, un intérprete guatemalteco radicado en Queens, y los dos exsocios de Jorge Mario en una empresa de construcción en San Pedro Sula, Honduras. Después de escuchar al menos la mitad de las grabaciones, "todos los testigos dijeron que no reconocieron ninguna de las voces en las grabaciones", explicó Kacerosky.

Otros dos intérpretes, Dagoberto Orrantia y Walter Krochmal, identificaron tres voces distintas atribuidas a Jorge Mario entre las grabaciones con la voz que le endosó la DEA.

El intérprete Eduardo Enamorado Solís había nacido en Guatemala, vivía en Queens y trabajaba para Eriksen Translations, Inc. en la Ciudad de Nueva York. Tenía ocho años de experiencia, conocía muy bien el español guatemalteco y de otras nacionalidades, y concluyó lo mismo que Kacerosky, Orrantia y Krochmal: en las grabaciones había tres voces diferentes que le atribuían a Jorge Mario. Confirmó además que la voz en una de las llamadas era de un colombiano por las palabras que usaba, su entonación y acento. Era una voz distinta a la de Horacio.

Solís también confirmó que la voz que la DEA identificó como del informante, o *confidential source* en las grabaciones, era de un dominicano, y el único dominicano en las grabaciones era Sammy. En otras llamadas, "el dominicano habla con un interlocutor que

---

[21] Caso 03-CR-00987 en Corte Distrito Sur NY. *Affidavit* de Kacerosky, del 26 de marzo de 2009. Página 9.

posiblemente es mexicano", explicó el intérprete.[22] Es lo mismo que decían las tres personas mexicanas que Kacerosky consultó. Ese es el interlocutor que, según la DEA, era Jorge Mario. "Como alguien originario de Guatemala, que ha hablado español toda su vida, y como un intérprete profesional, mi opinión es que no es probable que esa voz es la de un guatemalteco", concluía Solís.

Estos detalles hacían pensar a la señora George que ese mexicano podría ser el traficante Vicente Carrillo Fuentes, alias "el Viceroy", según dijo a la corte. La abogada aseguraba que un agente de la DEA sabía que Horacio, mientras esperaba su extradición en la cárcel en Colombia (entre 2004 y 2005), habló con un testigo acerca del Viceroy. Esa era su única pista. Pero no había nada más por escrito explicando cómo jugaba todo esto con las llamadas y los movimientos en Guatemala. George decía que iba a llamar al agente para declarar en el juicio, aunque no hay nada más del asunto en el expediente.

El Viceroy era hermano de Amado Carrillo Fuentes, "el Señor de los Cielos" (por el transporte aéreo de la droga), líder del Cártel de Juárez. Después de que su hermano murió durante una cirugía plástica, el Viceroy tomó el mando del cártel en 1997 y traficó con el Cártel Sinaloa hacia Estados Unidos entre 2001 y 2003 (cuando Horacio ya estaba en Guatemala y metido hasta las rodillas en el tráfico de cocaína hacia Nueva York).[23] Sin embargo, solamente el testimonio del agente de la DEA, según la abogada, lo relacionaba con Horacio.

En algunas movidas de la defensa, les salió el tiro por la culata. No ayudó que Kacerosky grabara a Jorge Mario leyendo las mismas palabras pronunciadas por la voz que la DEA le atribuía en las llamadas telefónicas grabadas. El investigador dijo que intentó que leyera

[22] Caso 03-CR-00987 en Corte Distrito Sur NY. Se refería también a la llamada núm. 11, en la que Kacerosky también había identificado un acento mexicano en la voz atribuida a Paredes. La voz, cuyo origen no reconoció, aparecía en las llamadas 6 y 13. Las otras 12 llamadas en las que dijo que Santiago "probablemente" hablaba con un interlocutor mexicano (que había sido identificado como el Gordo, o Paredes) eran las número 1 a la 5, 7 a la 10, y 12, 14A y 15. También ver documento 96 del expediente acerca de las conclusiones del intérprete Eduardo Solís.

[23] Hernández. *Op. cit.* Páginas 104, 105 y 107. / El Viceroy traficó drogas hasta 2014, año de su captura.

esa parte del diálogo con su voz normal, para que el jurado escuchara la diferencia entre su voz real y la grabada que le endilgaban. Pero el resultado fue desastroso. Lo que se escuchó en la corte era la voz grave y monótona de alguien que lee con dificultad y tedio, arrastrando cada sílaba.

Jorge Mario sonaba como alguien no acostumbrado a leer en voz alta, apenas deteniéndose en las pausas de la puntuación.[24] Sin embargo, un jurado suspicaz también podía interpretarlo como un intento de ocultar su tono de voz normal.

Por eso, a la defensa sólo le quedó explotar el hecho de que la DEA y la fiscalía reconocieron que se equivocaron al identificar sólo la voz de Jorge Mario en una cinta, para luego rectificar y aclarar que Sammy también había hablado con Otoniel en la misma llamada.[25] Los abogados alegaron que si la DEA se equivocó en una grabación, se podía haber equivocado también en las demás.

George esperaba que Kacerosky destrozara la evidencia de la fiscalía ante el jurado, pero la jueza Batts la sorprendió con una decisión tajante: se opuso a que el investigador declarara en la corte como testigo experto, echando por tierra la carta principal de la defensa.

"Parece que el investigador Kacerosky no está calificado para testificar respecto a si una de las voces en las grabaciones de las llamadas telefónicas es la del procesado Paredes", dijo Batts. Era una audiencia en la que sólo estaban la señora George, el fiscal Bansal y la jueza, un lunes por la tarde y un día antes de la selección del jurado.[26] Batts le iba a permitir a George hablar de los hallazgos del investigador, pero no que él los presentara directamente al jurado en el juicio.

"¿Qué está ofreciendo [Kacerosky] al jurado que ellos no puedan escuchar por cuenta propia?", preguntó la jueza a la abogada, porque las grabaciones no eran de conversaciones en persona, entre

---

[24] La autora escuchó esta grabación de Jorge Mario Paredes en la corte en octubre de 2009 durante el juicio.

[25] Caso 03-CR-00987 en Corte Distrito Sur NY. Documento 261 del 20 de septiembre de 2009.

[26] Caso 03-CR-00987 en Corte Distrito Sur NY. Documento 266 fechado el 28 de septiembre de 2009, registro 99S8PARC. Páginas 1-14.

dos interlocutores, sino por teléfono. "Lo clave es que el jurado decida si está escuchando la voz del señor Paredes", agregó.[27] Ahora, en esa audiencia, George decía que el testimonio de Kacerosky era necesario por el tiempo que había empleado hablando con Jorge Mario, comparando su voz en las grabaciones de la DEA con su voz grabada en la cárcel.

Además, había detalles que el jurado no podía identificar sólo escuchando las grabaciones por cuenta propia, especialmente si la voz en las grabaciones que la DEA y la fiscalía le atribuían a Jorge Mario no era en realidad una sola, sino tres voces diferentes, según Kacerosky y el intérprete. Los miembros del jurado no podían identificar el origen y distintos tipos de modismos y acentos guatemaltecos, mexicanos y colombianos en las grabaciones, a menos que se los explicara el intérprete de la corte (quien sólo hacía una traducción del español al inglés). Eso no lo iba a poder hacer ningún miembro del jurado, a no ser que hablara español y pudiera identificar la diferencia de acentos y modismos.

En una audiencia del juicio, en octubre de 2009, yo escuché la grabación de la voz de un sujeto que identificaban como "el Gordo". No soy lingüista ni intérprete, pero habiendo vivido en Guatemala toda mi vida, podía reconocer que al menos esa voz en esa grabación no sonaba como guatemalteca. Específicamente en esa cinta, la voz parecía la de alguien que interactúa frecuentemente con extranjeros y adopta acentos y modismos de diferentes orígenes porque, en el mismo diálogo, usó modismos de Colombia y de México, y tenía acentos de ambos países —algo que un jurado que no habla español jamás iba a percibir—.

George le dijo a la jueza que el jurado necesitaba saber si los testigos que identificaron la voz de Jorge Mario no tuvieron mucho tiempo para familiarizarse con ella. La abogada se refería al dominicano Sammy, de quien decía que nunca había conocido a su cliente en persona. "Eso es lo que usted dice", le respondió Batts, "pero si

[27] Caso 03-CR-00987 en Corte Distrito Sur NY. Documento 310 fechado el 24 de junio de 2009.

[los testigos] no necesitaban familiarizarse con la voz porque ya lo conocían, ¿hacia dónde nos lleva lo que dice usted?". Esos testigos eran Horacio y Sammy, que le dijeron a la fiscalía que conocieron a Jorge Mario entre 1999 y el 2000.

Weil, uno de los agentes de la DEA de Nueva York que vigiló a Sammy mientras grababan las llamadas telefónicas en 2003, dijo que cuando habló con un recién detenido Jorge Mario Paredes en Miami, en 2008, tuvo la certeza absoluta de que era la misma persona que escuchó hablar por teléfono con el dominicano cinco años antes, y que era el Gordo.[28]

La señora George insistió en que ninguno podía identificar la voz de su cliente con la misma certeza que Kacerosky, quien estaba convencido de que la voz de Jorge Mario no estaba en ninguna de las grabaciones. Pero Batts fue tajante y anunció que el investigador no tenía las cualidades profesionales para aportar más que la DEA en el juicio. La jueza sólo le permitió a la abogada comparar —durante el juicio— la voz de algunas grabaciones de 2003 y la grabación de Jorge Mario leyendo, en la cárcel, la transcripción de lo dicho supuestamente por él en esas grabaciones, algo que en nada ayudó a la defensa.

Juego de números

George también pensó que podía comprobar que Sammy no pudo haber recibido, en Nueva York, las llamadas atribuidas a un Jorge Mario Paredes que estaba en Guatemala, en 2003. Al menos ese era el plan porque, alegaba, el identificador de llamadas del celular de Sammy no desplegó un número de Guatemala. La abogada decía que "una llamada entrante la hizo alguien en Estados Unidos", porque el número no era extranjero.[29] En realidad, había siete llamadas —no sólo una— en las que el sujeto apodado el Gordo llamó a Sam-

[28] Caso 03-CR-00987 en Corte Distrito Sur NY. Documento 310. Página 79.
[29] Caso 03-CR-00987 en Corte Distrito Sur NY. Documento 266. Página 8.

my desde un número estadounidense. Por lo menos una de las 15 llamadas, que la DEA atribuyó a Jorge Mario, salió del número de una línea fija de Nueva York (212-243-7712) y otras salieron de dos números de Kentucky, uno de Texas o de números no identificados.[30]

La jueza Batts anunció durante el juicio que necesitaban a un experto de la empresa Verizon, a la cual pertenecían los números y teléfonos celulares que Sammy usó (por orden de la DEA) en las llamadas interceptadas y grabadas, para comprobar el origen de las llamadas. George dijo que lo conseguiría, pero el testimonio del experto de Verizon no aparece en ninguna parte del expediente (por lo menos en la porción de acceso público). En cambio, descubrí otra cosa.

La fiscalía le mostró al jurado dos números de siete dígitos con el área 502, el área de marcaje internacional para Guatemala, para demostrar que Jorge Mario llamó a Sammy desde ese país. Sin embargo, una sencilla búsqueda en Google podía revelar, según los directorios telefónicos en Estados Unidos, que estos números eran de Louisville, Kentucky. Otro detalle importante es que, desde 1999 y por lo tanto en 2003, ningún número en la red telefónica en Guatemala tenía siete dígitos, sino ocho, además del código de área 502.[31] Lo comprueba un acuerdo gubernativo de la Superintendencia de Telecomunicaciones de 1999, algo que la defensa nunca mencionó. Era imposible hacer una llamada desde Guatemala usando un número de siete dígitos en 2003 porque ya no existían en la red de

---

[30] Llamadas del Gordo a Sammy: el 30 de enero de 2003 la DEA registró una llamada desde el 212-243-7712, una línea fija de Nueva York. El 3 de febrero registró otra del 502-395-2834, una línea fija de Frankfort, Kentucky. El 11 y 12 de febrero registró otra dos desde el 956-566-3381, una línea de celular de McAllen, Texas. El 24 de febrero registró otras dos llamadas desde el número de Frankfort, Kentucky. El 25 de febrero registró otra llamada desde el 502-295-4951, línea fija de Louisville, Kentucky. El 20 de marzo Sammy llamó al Gordo al 502-395-2827, otra línea fija de Frankfort, Kentucky. Estos datos constan en el informe DEA 6 del 15 de abril de 2003, preparado por el agente Tim Foley. El documento sin número está archivado en el expediente del caso 03-CR-00987 en Corte Distrito Sur NY.

[31] El país utilizaba números de ocho dígitos más el área de código internacional desde 1999 según este acuerdo: http://www.sit.gob.gt/uploads/docs/plannumeracion/PlanNumeracionGT.pdf.

telefonía local. Sin embargo, el jurado quedó convencido de que las llamadas salieron de este país después de una vehemente exposición del fiscal Bansal.

La fiscalía tenía el testimonio de un taxista en Panamá —Humberto Vega—, quien le dio el número desde el cual, según dijo, Jorge Mario le telefoneaba. Era el mismo al cual Sammy dijo que lo llamó desde Nueva York. Era el 502-395-2827, otra línea fija de Frankfort, Kentucky. Fue la única vez que el dominicano lo llamó.

"Pero ¿averiguaron a quién pertenecía ese y otros números de teléfono?", preguntó George en el juicio. No lo hicieron, claro, y si lo hicieron, no lo compartieron en la corte. ¿Cómo iban a explicar que Jorge Mario Paredes llamaba al taxista desde un número de línea fija en Kentucky si no podían probar que había puesto pie en Estados Unidos? Y, como era un número de un teléfono fijo, tampoco podían argumentar que el número se utilizó con *roaming* porque no pertenecía a un teléfono móvil.

El expediente explicaba que, entre enero y marzo de 2003, el sujeto apodado el Gordo llamó 15 veces a Sammy, mientras el dominicano sólo le llamó una vez. De las llamadas que hizo el Gordo, ocho salieron de un número privado, no disponible o restringido. Las otras siete procedían de números con códigos de área estadounidenses, aunque no había cómo comprobar si Jorge Mario estuvo ilegalmente en Estados Unidos (no tenía visa). Eso significaba que la fiscalía sostenía su argumento de que las llamadas salieron de Guatemala sólo en cinco de las 15 llamadas que, decía, Jorge Mario le hizo a Sammy desde números con el código de área 502, que en realidad eran de Kentucky. Por supuesto que los fiscales no lo mencionaron en el juicio, porque tenían los testimonios de Horacio y Sammy: el primero diciendo que estaba a la par de "don Jorge Mario" en Guatemala cuando este hablaba por teléfono con Sammy, y el segundo asegurando que Jorge Mario lo llamaba desde Guatemala.

En febrero de 2003 Otoniel y el Gordo llamaron a Sammy desde un número de Louisville, Kentucky, el 502-295-4951 —una línea fija de la empresa Powertel todavía en 2009—. Otras llamadas atribuidas al Gordo, con el código 502, salieron de otra línea fija de

Frankfort, Kentucky. ¿Cómo podrían haber llamado desde líneas fijas en ese estado, según la fiscalía, si estaban en Guatemala?

En 2009, cuando yo investigaba esta historia para *El Diario NY*, los números eran fácilmente rastreables por medio de www.reversephonedetective.com y de www.numberinvestigator.com.

En un informe de las llamadas, la DEA explicó que el Gordo tenía un número para llamar y otro para recibir llamadas. La única vez cuando Sammy llamó al Gordo fue a un número de línea fija en Frankfort, Kentucky, aunque el dominicano aseguró que lo llamó a Guatemala. Este era el mismo número desde el cual, según el testigo taxista en Panamá, también lo llamaba Jorge Mario.

Ojo, que el hecho de que los números fueran de Kentucky no significaba que no se pudieran usar desde Guatemala, o desde cualquier otro país. Para 2003 había aplicaciones como Skype que permitían comprar números de Estados Unidos para hacer llamadas por la internet desde cualquier parte del mundo. Las llamadas se podían hacer a cualquier teléfono celular o línea fija, y el identificador de llamadas desplegaría el número comprado —como si la llamada saliera de Estados Unidos—.

Sin embargo, para la fiscalía debía resultar complicado comprobar que Jorge Mario usó una aplicación como Skype (había varias). Entre otras cosas, hubiera tenido que vincularlo a una dirección de IP conectada a una computadora o Blackberry desde Guatemala. El expediente no menciona ningún teléfono o computadora incautados a Jorge Mario que hubiera usado en 2003. En cambio, era menos engorroso persuadir al jurado de que los números eran de Guatemala porque el código de área era 502, aunque no lo fueran. Pero el jurado se lo tragó.

Algunas buenas preguntas para la fiscalía habrían sido estas: *1)* si sabían que esos números no eran de Guatemala cuando los presentaron como tal ante el jurado; *2)* si sabían que los números de siete dígitos ya no existían en el sistema telefónico guatemalteco en 2003 y *3)* si omitieron esa información de sus argumentos porque les derrumbaba la versión de que Jorge Mario usó esos números desde Guatemala. Como la defensa tampoco se enteró del detalle, la fiscalía jamás tuvo que demostrar que alguien en Guatemala, o en cualquier otro país, sí podía llamar a Estados Unidos por internet usando números estadounidenses.

También había dos llamadas del 11 y 12 de febrero de 2003 del Gordo a Sammy, que salieron de un número de McAllen, Texas —el 956-566-3381— y otra desde un número restringido del 10 de febrero, en la cual le dijo al dominicano que "estaba escuchando mariachis", el código para decir que estaba en México.

El fiscal Bansal dijo en el juicio que había suficientes lugares con señal en Reynosa (Tamaulipas, México), como para que hubiera llamado desde allí usando un teléfono celular y número de McAllen. Reynosa está a 15 kilómetros de McAllen, unos 17 minutos en automóvil. Además, Jeto (socio de Otoniel, según el expediente) tenía su base de operaciones en esa ciudad de Texas. Si seguimos el argumento del fiscal, no habría sido inusual que el Gordo se hubiera reunido con Jeto del lado mexicano para usar su teléfono, o simplemente que hubiera usado un número de McAllen por medio de Skype, desde México o Guatemala, o cualquier otro país.

George alegaba que dos de las llamadas salieron del número de McAllen en fechas cuando el pasaporte de Guatemala de Jorge Mario no mostraba que entró a México,[32] aunque la fiscalía decía que podría haber usado un pasaporte mexicano (le decomisaron uno años después, según los fiscales, pero no ofrecieron detalles sobre las fechas estampadas en el documento).

Alguien de la defensa (que pidió no revelar su nombre) había viajado a Guatemala para pedirle a una empresa de telefonía celular una certificación que validara que uno de los números de Kentucky (usado en una de las llamadas) no era de ese país, pero la empresa le dio largas y nunca sucedió. Para entonces, los abogados tal vez sólo necesitaban una copia certificada del acuerdo gubernativo que anunciaba que, desde 1999, todos los números del sistema telefónico en Guatemala —de línea fija o telefonía móvil— tendrían ocho

[32] Caso 03-CR-00987 en Corte Distrito Sur NY. Evidencia B, en el documento número 254. También véanse los documentos 213, 222 y 223.

dígitos más el código de área 502. Si no querían fastidiarse con el asunto de comprobar si las llamadas se hicieron por internet, sólo esa certificación habría comprobado que ningún número de siete cifras funcionaba en Guatemala en 2003, aun con el código de área 502, y que ninguna de las llamadas en la operación de escuchas de la DEA ese año pudo haber salido de números telefónicos guatemaltecos. Esto no era la palabra de un testigo en favor del acusado. Eso era simplemente un hecho que la tecnología del sistema telefónico en uso en Guatemala podía comprobar de manera oficial.

La artillería de los fiscales

La fiscalía tenía toda una colección de evidencias bajo el brazo con la que pensaba ganar el juicio. Estas evidencias descansaban en otros acusados convertidos en testigos y que declararon contra Jorge Mario. Eso mismo le permitió a la fiscalía ampliar la acusación en su contra de hechos ocurridos entre 1999 y 2003 a 2005. También le daba un plan B por si lo de las grabaciones y los testimonios de Horacio y Sammy no persuadían al jurado. Amplió la acusación el 2 de junio de 2009, cuando faltaban cuatro meses para el juicio. Es decir, además del asunto de Nueva York, asociaba a Jorge Mario con el movimiento de "toneladas de cocaína" desde Colombia a México, a veces vía Centroamérica, para luego importarla a Estados Unidos. Lo describió como una operación marítima y terrestre, con múltiples participantes entre proveedores, inversionistas, importadores y distribuidores.[33]

Esta era la lista de evidencias con la que llegó al juicio:

1) El testimonio de cinco testigos que trataron con Jorge Mario Paredes cuando traficaba cocaína entre Panamá, México y Guatemala.

[33] Caso 03-CR-00987 en Corte Distrito Sur NY. Memorándum de ley en rechazo a la moción de Jorge Mario Paredes para corregir su sentencia. Documento 8 del caso civil 1:14-CV-01764-DAB archivado el 18 de agosto de 2014, relacionado con la acusación S8 del caso criminal 03 Cr. 987 DAB. Páginas 1-21.

2) Muestras de un cargamento de 265 kilos de cocaína que, la fiscalía aseguraba, pertenecía a Jorge Mario Paredes y que Samuel Santiago iba a recibir en Nueva York cuando lo incautaron agentes de la DEA el 24 de enero de 2003.
3) Las grabaciones de llamadas telefónicas que hizo y recibió Samuel Santiago después de capturado, entre el 27 de enero y el 1 de abril de 2003, mientras lo vigilaba la DEA.
4) Fotografías de 1 347 kilos de cocaína incautados en Panamá, y que estaban ocultos en una grúa, que serían transportados por barco hacia México y que asociaba a Jorge Mario Paredes.
5) Documentos oficiales que registraban los viajes de Jorge Mario Paredes en Centroamérica y Panamá, "algunas veces usando identidades falsas", según la fiscalía.
6) Las declaraciones de Jorge Mario Paredes en Miami, un día después de su captura en Honduras, acerca de su involucramiento en el narcotráfico.

"La evidencia demostró que el señor Paredes estaba en el *hub* de una operación masiva de cocaína, transportando toneladas desde Colombia, vía Centroamérica y México, para su distribución en Estados Unidos", dijo en un memorándum cinco años después del juicio Preet Bharara, jefe de la Fiscalía del Distrito Sur de Nueva York. "Paredes estaba involucrado en todos los aspectos [de la operación]", concluía.[34]

Jorge Mario Paredes, en cambio, ha asegurado siempre que sólo traficó en Guatemala y que nada sabía de todo lo demás.

La nueva acusación

Ese "todo lo demás" que niega es lo que la fiscalía llamó *Operación Grúa*. Era una investigación que comenzó por separado con otros acusados que, a primera vista, no tenían relación con Jorge Mario,

[34] *Idem*.

pero que luego declararon en su contra y lo relacionaron con el caso. Esto, mientras negociaban una rebaja a sus condenas de cárcel.

"[Eso fue] lo más duro, [...] que a los 10 meses de estar aquí [...] me hacen otro caso por cosas que yo ignoro", escribió Jorge Mario años después.[35]

En 2008, y recién capturado, le dijo a la DEA que dejó de traficar en 2004, pero los fiscales luego consiguieron testimonios que lo ubicaban traficando entre Panamá y Estados Unidos vía México un año después. Decían que en 2005 Jorge Mario y otros narcotraficantes trataron de enviar cocaína desde Panamá hasta Puerto Progreso, en Yucatán, México, por el océano Atlántico, para después enviarla por tierra a Estados Unidos. La cocaína estaba oculta en un barco de carga. Era una ruta que el Cártel de Sinaloa también usaba en 2006.[36]

La *Operación Grúa* no estaba en el radar de la fiscalía de Nueva York cuando acusó a Jorge Mario en 2003, hasta que Horacio comenzó a hablar —en algún momento entre 2005, cuando lo extraditaron de Colombia a esa ciudad, y cuando se declaró culpable en 2007—. El colombiano era el único que conocía y podía conectar los puntos en común entre la operación en Nueva York y la de Colombia-Panamá-México, según la entendían los fiscales. Otros dos eslabones que nunca perdieron de vista eran Choto Zepeda (el trabajador de Jorge Mario, que aparecía en ambas operaciones y fue asesinado en 2009) y Myve Lorena (acusada en el caso de Nueva York y una presencia constante en ambas operaciones, según la fiscalía).[37] Además, los fiscales decían que Horacio conocía y presentó a Jorge Mario con sus compatriotas colombianos "el Loco" Barrera Barrera, Pablo Rayo y Jackson Orozco, a quienes identificaron como sus proveedores principales de cocaína.[38]

---

[35] Carta manuscrita de Jorge Mario Paredes Córdova fechada el 5 de octubre de 2022 y enviada a la autora por correo postal ese mes, y en poder de la autora.

[36] Hernández. *Op. cit.* Páginas 138 y 139.

[37] Caso 03-CR-00987 en Corte Distrito Sur NY. Caso de apelación 1:14-CV-01764-DAB. Documento 8. Página 10.

[38] Horacio Botero declaró que conoció a Jorge Mario Paredes hasta noviembre de 1999. Sin embargo, la fiscalía también asociaba a este colombiano con el inicio de la historia de Paredes con Rayo y Orozco, aunque los fiscales aseguraron que Rayo

Después, según los fiscales, Jorge Mario Paredes, Rayo y Orozco acabaron traficando cocaína de varios dueños oculta en barcos cargados con chatarra por el Atlántico, desde Panamá a México, entre 1999 y 2002, y en 2004.

En 2005, cuando los oficiales aduaneros en Mérida se pusieron más minuciosos con las inspecciones de los embarques, Reyes Duarte (el corrupto agente de aduanas en Panamá) les sugirió[39] ocultar la cocaína en una grúa que podían enviar por barco desde Panamá hacia México por el océano Pacífico. El dueño de la grúa era el traficante colombiano "Hoover" Salazar, otro de los dueños de la coca que enviaban a Mérida oculta en la chatarra, y un antiguo conocido a quien Reyes Duarte había ayudado a mover unos cuantos cargamentos.

La carga en la grúa también era de varios dueños, entre ellos, Jorge Mario, según los demás acusados en el caso. El 21 de julio de 2005 la Policía Judicial de Panamá incautó la grúa y 1 347 kilos de cocaína en su interior, en una bodega portuaria, cuando faltaban pocos días para su envío a México. La fiscalía en Nueva York relacionó a Jorge Mario con 347 kilos de la carga, y amplió la acusación en su contra. Después de que encontraron toda esa coca en la grúa de Hoover Salazar en Panamá, la policía lo capturó en Colombia ese mismo año, y lo extraditaron a Estados Unidos en 2006. El agente aduanero panameño Reyes Duarte (que, por cierto, la DEA asociaba con los Arriola Márquez en México y con el narcotráfico en Panamá y Texas),[40] cayó por cuenta propia un mes antes. El 13 de marzo

y Orozco comenzaron a enviarle cocaína en algún momento entre 1998 y 1999 (es decir, antes de conocer a Botero). Los fiscales agregaron que Paredes había traficado con Orozco hasta 2002. También decían que Paredes volvió a traficar con Rayo y Orozco en 2004, con estos dos colombianos como proveedores.

[39] Documento 8 del caso 1:14-CV-01764-DAB archivado el 18 de agosto de 2014: 21 páginas. El número del caso era distinto al caso 03-CV-00987 porque eran argumentos y evidencias que la fiscalía presentó en una fase de apelación. También véase el documento 321.

[40] Argumento de sumario a cargo de la fiscal Jocelyn Strauber, en la audiencia del 4 de noviembre de 2009 del juicio contra Jorge Mario Paredes. Datos escuchados por la autora en esta audiencia. Además, una corte del Distrito Sur de Texas, en Houston, acusó a Reyes Duarte de delitos vinculados con el narcotráfico en diciembre de

de 2007 un confiado Reyes Duarte cruzó la frontera de Reynosa, México, hacia McAllen, Texas, y así caminó directa y cándidamente hacia la garganta de los agentes federales. Por razones no reveladas en el expediente, su captura se registró hasta el 2 de abril de ese año.

Una fiscalía en Houston, Texas, un puerto hacia donde Reyes aseguraba la llegada de cargamentos, lo había acusado de narcotráfico un año antes junto a otras cinco personas. Esa era una ruta que los proveedores colombianos usaban al menos desde los años setenta, además de inyectar suficientes narcodólares en los principales puertos y aeropuertos en todo el trayecto, para que el producto pasara sin problemas.[41]

Desde finales de 2006, Jorge Mario ya estaba en Honduras por la orden de captura y extradición en Guatemala, meses después de que la policía capturó a Rayo en Brasil y a Orozco en Colombia (los proveedores de coca colombianos).

Jorge Mario cayó el 1 de mayo de 2008. Sólo tres semanas después, Orozco habló de él con la fiscalía. El siguiente en echarlo al agua fue Leija (que la fiscalía identificaba como trabajador de Jorge Mario en México), después de capturado. Se reunió con la fiscalía 12 veces.

El 15 de mayo de 2009, ablandado por dos años de cárcel, Reyes Duarte también estaba dispuesto a quemar a Jorge Mario. Se declaró culpable y firmó un acuerdo para colaborar con la fiscalía. Así lo identificó como uno de los dueños de la cocaína hallada en la grúa en Panamá.[42] El suyo fue uno de los testimonios que la fiscalía usó para ampliar la acusación.

2006. Véase el documento 29 del caso 06-CR-00422 archivado el 6 de diciembre de 2006.

[41] Nicholl. *Op. cit.* Páginas 56 y 57. Por aparte, la DEA dijo en el juicio de Paredes que una de las rutas de trasiego incluía puertos por donde se traficaba la droga adentro de contenedores, oculta en mercancía legal (alimentos, electrodomésticos, etcétera).

[42] Documentos 28, 68 y 76 en el caso 4:06-CR-00422, archivados el 4 de abril de 2007, el 15 de mayo y el 11 de septiembre de 2009, respectivamente, en la Corte Distrital del Distrito Sur de Texas. Para la acusación contra Paredes, véase la página 18 del documento 76, del mismo caso, archivado el 11 de septiembre de 2009 (tres semanas antes del juicio de Paredes), aunque la transcripción del documento está fechada el 21 de mayo de 2009.

Jorge Mario sostiene que la primera noticia que tuvo de todo esto fue cuando la abogada George le habló de la acusación ampliada y la *Operación Grúa* cuatro meses antes del juicio, en junio de 2009.

"La primera vez que supe del asunto de esas drogas en Panamá fue después que fui capturado y traído a este país", declaró ante la corte (en realidad lo supo cuando ya llevaba un año detenido en Estados Unidos). "Eso fue cuando mi abogada Linda George me preparaba para el juicio, y me leyó la nueva acusación y el testimonio del señor [Arnulfo] Reyes Duarte".[43]

George estaba totalmente familiarizada con el asunto porque —¡oh, sorpresa!— ella defendía a Hoover Salazar (el dueño de la grúa) desde su captura en abril de 2007, según el expediente del colombiano. El 5 de febrero de 2008 una corte en Nueva York condenó a Hoover a 30 años de cárcel. En mayo George comenzó a intentar arrebatarle el cliente (Jorge Mario Paredes) a los abogados Liotti y Rubino.

En diciembre de 2008 la fiscalía le advirtió a la jueza Batts que podía haber un conflicto de interés porque George representaba a Jorge Mario y a Hoover Salazar, aunque ambos todavía no aparecían en el mismo caso como acusados. Pero los dos notificaron por escrito a la corte que no iban a cambiar de abogada. Meses después, Hoover Salazar aparecería como un testigo de la fiscalía declarando contra Jorge Mario.[44] La señora George siempre había dicho que el caso de Hoover no tenía relación con Guatemala ni mencionaba a Jorge Mario, hasta que la declaración del agente aduanero Reyes Duarte en mayo de 2009 indicó lo contrario.

George dijo que la fiscalía amplió la acusación porque el delito de 2003 (la acusación del caso en Nueva York) prescribía en cinco años, porque no tenía pruebas firmes, y no quiso depender sólo de su análisis de las grabaciones. Pese a los vínculos que los fiscales establecieron entre Horacio, Choto y Myve Lorena y los traficantes

[43] Caso 03-CR-00987 en Corte Distrito Sur NY. Página 5, documento 04GHPARS del día de emisión de sentencia: 16 de abril de 2010.

[44] Caso 03-CR-00987 en Corte Distrito Sur NY. Documentos 176 y 246.

colombianos en las dos operaciones, la abogada alegaba que la fiscalía ignoró la falta de relación entre los acusados, y que eso impedía condenar a Jorge Mario por el asunto de Panamá.

La jueza Batts rechazó los argumentos de la defensa cuando faltaban 25 días para el juicio, dictando que no había conspiraciones diferentes, y que era evidente que existía un "esquema multianual de múltiples toneladas" con cómplices en común.[45]

Otros testigos clave en la *Operación Grúa*

Aparte de Hoover Salazar, Pablo Rayo, Jackson Orozco y el corrupto agente de aduanas panameño Reyes Duarte, los fiscales en Nueva York tenían a otros cinco testigos para sostener en el juicio que Jorge Mario Paredes también debía ser hallado culpable por la *Operación Grúa.* Esos cinco testigos estaban detenidos por otro caso de narcotráfico en Texas, pero también eran cómplices en el asunto de Panamá. La fiscalía neoyorkina usó sus testimonios para acabar de enhebrar la vinculación de Jorge Mario con 347 de los 1 347 kilos de cocaína en la grúa porque no tenía nada más que lo pudiera comprobar —salvo por la cocaína incautada y la palabra de esos cinco testigos—. Tres de ellos hablaron de un vínculo entre Jorge Mario y Reyes Duarte. Cualquiera de los intentos de la defensa por marcar distancia con todo esto no funcionó.

Uno de los cinco testigos era un mexicano vinculado a la misma red de narcotráfico que Myve Lorena en Panamá.[46] En agosto y

---

[45] Caso 03-CR-00987 en Corte Distrito Sur NY. Documento 244 respecto a la reprogramación del juicio al sustituir la acusación S7 (hechos 1999-2003) por la S8 (hechos 1999-2005). Véase la página 2. En el documento 245 consta que la jueza niega ampliar la acusación a varias conspiraciones.

[46] El testigo era Rodrigo Mora-Mondragón. Su declaración aparece en un documento dirigido a la jueza Batts y fechado el 27 de octubre de 2009, adjunto al documento 326 del 26 de julio de 2012 del caso 03-CR-00987 en Corte Distrito Sur NY. El expediente no identifica la nacionalidad de Mora-Mondragón, pero una publicación del diario *Panamá América* del 15 de agosto de 2007 lo describe como mexicano, a cuya organización vinculó a Myve Lorena Orellana, citando a autori-

septiembre de 2006, en una corte de Houston, dijo que dos dueños de la cocaína en la grúa lo culparon, además de a Reyes Duarte, de que la policía panameña hubiera encontrado la droga. Aclaró que él cargó con la peor parte porque Reyes era intocable. "[Estaba] alineado y lo protegía un socio cercano, Jorge Mario Paredes Córdova, alias 'Gordo Mario', en Guatemala", reveló, luego de deslizar en su testimonio que una pequeña parte del cargamento en la grúa también pertenecía a Reyes Duarte.

Otro testigo que trabajó para uno de los dueños de la coca incautada, ya detenido en Houston en 2006,[47] le dijo a la fiscalía neoyorkina que el testigo mexicano viajó varias veces a Guatemala con Reyes Duarte, y "confirmó que Reyes trabajaba con Jorge Mario [verdaderamente identificado como Jorge Mario Paredes-Córdova]". El expediente no revela su nacionalidad ni ninguna otra seña.

El tercer testigo era un tipo que pagó 1.5 millones de dólares por una parte de la cocaína oculta en la grúa, plata que esperaba multiplicar al vender la droga en México.[48] También confirmó a la fiscalía que Reyes Duarte "estaba cercanamente asociado y protegido por un importante traficante guatemalteco conocido como 'Jorge Mario' [alias 'Gordo Mario']", y que ambos hacían "negocios de narcotráfico a gran escala".

---

dades panameñas. Véase J. M. Daz C. "Promotora pudo estar ligada a paras". *Panamá América*. 18 de agosto de 2007. Edición electrónica. Enlace: https://www.panamaamerica.com.pa/nacion/promotora-pudo-estar-ligada-paras-290906.

[47] La fiscalía sólo lo identificó como Gerardo Cárdenas Procopio. No reveló su nacionalidad ni ningún otro detalle, salvo por sus declaraciones como testigo. Caso 03-CR-00987 en Corte Distrito Sur NY. Declaraciones adjuntas al documento 326 del 26 de julio de 2012. Su declaración también aparece en un documento dirigido a la jueza Batts y fechado el 27 de octubre de 2009.

[48] El tercer testigo no fue identificado por nombre, por seguridad, según la fiscalía. Su testimonio y los de Rodrigo Mora y Gerardo Cárdenas constan en un documento de seis páginas que la fiscalía preparó para la corte, y que firman los fiscales Bansal y Strauber el 27 de octubre de 2009, 10 días antes de que el jurado anunciara su veredicto al final del juicio contra Paredes. Los testimonios aparecen como un archivo adjunto al documento 326 del expediente 03-CR-00987 en la Corte del Distrito Sur NY, del 26 de julio de 2012, una carta de la fiscalía a la jueza Batts explicando que los testigos habían declarado en el juicio y no era necesario mantener su identidad bajo reserva.

Según George, el cuarto testigo —un colombiano— habló con la fiscalía acerca de la *Operación Grúa* sólo meses antes de salir de la cárcel en Nueva York, aunque nunca mencionó a Jorge Mario en su relato. El expediente lo describe como un informante que orquestó el plan de usar la grúa para transportar la coca (aunque otro testimonio le endilga la idea a Reyes Duarte). El testigo estaba en el Metropolitan Detention Center de Brooklyn en diciembre de 2007, y salió libre con una fianza de 10 000 dólares en junio de 2008, mes y medio después de la captura de Jorge Mario. El expediente no explica si luego lo recapturaron en Texas o simplemente lo trasladaron a ese estado, donde también lo acusaron por el caso en Panamá y otros delitos. Salió libre en enero de 2009, ocho meses antes del juicio a Jorge Mario. Como el colombiano nunca lo mencionó en su testimonio, George quería que declarara en el juicio, pero la jueza Batts no lo autorizó, y el fiscal Bansal explicó que los testigos no podían conocer a todos los involucrados en la operación, aunque podían confirmar detalles que otros testigos con más información también mencionaron.[49]

La fiscalía además usó el testimonio de Álvaro Ardila Rojas (alias "Mickey"), una joya en el mundo criminal que habló de Jorge Mario. El expediente no daba más señas particulares que su nombre, pero revelaba que entre 1993 y 2005 movió 300 millones de dólares de Nueva York a Miami, y después a Panamá y Colombia, y traficó hasta 100 000 kilos de coca. Ardila paró en Allenwood, una prisión de seguridad mínima en Pensilvania, y se declaró culpable de todas esas vueltas en agosto de 2008. Lo sentenciaron en Texas a 15 años de cárcel,[50] aunque salió el 27 de noviembre de 2009 (tres semanas después de que acabó el juicio de Jorge Mario). George había pedido a la corte que testificara en una de las audiencias porque

[49] El cuarto testigo era José Israel Guzmán Morales. Véanse los documentos 246, 250 y 253 del caso 03-CR-00987 en Corte Distrito Sur NY.

[50] La acusación contra Ardila consta en el documento 17 del caso 05-CR-00517 en la Corte Distrital del Distrito Sur de Texas. El documento 123 del mismo caso registra los datos de su sentencia. También véase evidencia o *exhibit* A, Ardila Direct, páginas 164 y 168, documento 76CGSAL3.

inicialmente tampoco mencionó a Jorge Mario en un testimonio. De cualquier forma, la jueza Batts se negó a citarlo como testigo. No hay registros de cuándo lo recapturaron por el asunto de Panamá o si lo detuvieron recién salido de la cárcel en 2009, pero el Buró Federal de Prisiones de Estados Unidos (BOP, por sus siglas en inglés) sí consigna que Ardila volvió a salir libre el 28 de junio de 2010.

Parecía que, después de que otros testigos dijeran que Reyes Duarte y Jorge Mario eran cómplices, el corrupto agente de aduanas se vio empujado a admitir en mayo de 2009 que sí, que era cierto lo que decían, y acabó de desencadenar la acusación ampliada en la antesala del juicio. Reyes Duarte salió libre el 15 de mayo de 2013, según el BOP. El juez Lee Rosenthal ordenó su libertad cuatro años después de que delató a Jorge Mario.[51]

Para 2024 no había manera de saber qué sucedió con los demás testigos. Los registros electrónicos del BOP solo indican que ya "no están bajo su custodia", y el expediente tampoco aclara el misterio.

Otras pistas en Panamá

Según la fiscalía en Nueva York, el pasaporte de Jorge Mario incluía varios sellos de entrada y salida de Panamá en fechas anteriores a cuando la policía panameña incautó la cocaína en la *Operación Grúa* en 2005. Años más tarde, diversas publicaciones revelaron otros posibles vínculos con ese país. Por ejemplo, el nombre "Jorge Mario Paredes" (sin otro apellido) aparecía como socio del hondureño Jorge Andrés Fernández Carvajal en la sociedad anónima Andreayari, S. A., en Panamá, según el Registro Público de Panamá. Esta sociedad también tenía oficinas en San Pedro Sula, donde vivió Jorge Mario desde 2006. Mucho después, la prensa, citando a autoridades panameñas, publicó que la sociedad había servido para lavado de dinero relacionado con el narcotráfico —aunque no decía que ocurrió

[51] Véase el documento 179 en el caso 4:06-CR-00422 contra Reyes-Duarte, también en la Corte del Distrito Sur de Texas.

específicamente cuando Jorge Mario Paredes era socio, si es que el nombre no era un homónimo—.[52]

Fernández Carvajal, en cambio, sí tenía antecedentes de lavado. Era el esposo de Marllory Chacón Rossell, una guatemalteca que el Departamento del Tesoro de Estados Unidos identificó en 2012 como narcotraficante y "una de las más prolíficas lavadoras de dinero en Centroamérica".

En ese año, Estados Unidos impuso sanciones financieras a Andreayari, S. A., y en 2015 una corte de Florida condenó a Chacón por narcotráfico, mas no por lavado. Para entonces, Jorge Mario ya llevaba siete años en una cárcel estadounidense.

Marllory luego admitió que su esposo era el lavador de dinero, pero cuando lo encarcelaron en Guatemala en 2001 por usar un documento de identificación falso, ella se encargó del negocio. Fernández Carvajal se reincorporó al salir de la cárcel un año después.[53] Parte de cuanto hacían era enviar dólares, producto de la venta de droga en México y Estados Unidos, de Guatemala hacia Panamá para introducirlos en el sistema bancario y pagar a los proveedores colombianos de cocaína. En Nueva York, los fiscales decían que entre 2000 y 2005 Jorge Mario ya recibía en Guatemala cocaína desde Colombia vía Panamá.

Pero toda esa historia del hondureño Fernández Carvajal y su esposa Marllory no se había ventilado aún para 2009, cuando Jorge Mario sorteaba en el juicio otras curvas que no había previsto. Unas semanas antes de que Reyes Duarte declaró en su contra y firmó un acuerdo de cooperación con la fiscalía, Miguel (el hermano del cu-

[52] Fernández Carvajal estaba casado con Marllory Chacón, la guatemalteca que autoridades estadounidenses describen como una de las más prolíficas narcotraficantes y lavadoras de dinero en Centroamérica, y que fue sentenciada a 12 años de cárcel en Miami, Florida, en 2015 (aunque salió después de cuatro años). El vínculo entre su esposo y Paredes fue publicado por el diario *elPeriódico* en 2012 y reproducido en este blog: https://lacunadelsol-indigo.blogspot.com/2012/01/la-reina-del-narco.html.

[53] J. López. "Marllory Chacón dio cátedra de trasiego de dólares y coca, en una corte de EE. UU.". *Plaza Pública*. 14 de marzo de 2017. Edición electrónica. Enlace: https://www.plazapublica.com.gt/content/marllory-chacon-dio-catedra-de-trasiego-de-dolares-y-coca-en-una-corte-de-eeuu.

ñado del colombiano Horacio Botero) también cambió su declaración a "culpable", para soltarle todo el cuento a la fiscalía[54] frente a la jueza Batts: que Horacio le pidió que correteara a Sammy en Nueva York, que lo obligara a entregarle lo que quedaba del cargamento de los 265 kilos de cocaína y algún documento que comprobara que la policía incautó los 2.2 millones de dólares que debió enviar a México. Era el 20 de abril. Claro, Miguel ya debía saber (por tener acceso al expediente por medio de su abogado, como otros acusados) que todo era un gran embuste, que la DEA había incautado la droga, que Sammy le entregó el dinero a la DEA, y que el reporte policial del decomiso del dinero era falso.

Aunque habló para salvarse, Miguel midió sus palabras. No admitió en la corte cuánto se quejaba de los tipos en Guatemala en las conversaciones telefónicas con Sammy, ni que estaba podrido por la llamadera para preguntarle si ya se había reunido con el dominicano y si ya tenía en las manos el reporte policial y la coca. Enfrentaba como mínimo 10 años de cárcel y, como máximo, cadena perpetua, pero salió en febrero de 2010, tres meses después del juicio de Paredes y de pasar tres años y medio preso.

[54] Caso 03-CR-00987 en Corte Distrito Sur NY. Documento 205. Páginas 1 y 2.

10

El juicio y un testigo clave

Llegué al edificio de la corte el 29 de septiembre de 2009, en el edificio marcado "500 Pearl Street", después de caminar a un costado del búnker que era el MCC, la cárcel donde Jorge Mario llevaba detenido un año y cinco meses. Todo estaba a un par de cuadras del puente de Brooklyn.

La entrada casi parecía un puesto de seguridad en cualquier aeropuerto estadounidense, con el arco detector de metales bajo el cual caminé sin zapatos, cincho, monedas ni nada metálico. Luego tuve que dejar mi celular, la grabadora y la cámara en un mostrador contiguo, para reclamarlos al salir, porque la prensa y el público no pueden entrar al edificio con objetos electrónicos.

Los guardias, de saco y corbata, eran todos altos, canosos, sesentones y con el rostro curtido por la vida de la ciudad o, quién sabe, la vida en general. Todos hablaban con un acento ítalo-neoyorkino. Para alguien nuevo en la ciudad, era como escuchar a los Soprano. Los tipos mecánicamente revisaban la pantalla del detector de metales, que las bandejas con pertenencias no se atoraran en la máquina, y le daban al asunto una dinámica prolija, como en los aeropuertos, que nadie les atrancara la entrada, que la cola avanzara. Mientras tanto, yo pensaba en cuán llena estaría la sala de audiencias y si lograría ver algo o reconocer a alguien, a Jorge Mario, por ejemplo, en medio de tanta gente.

Llegué a la sala de audiencias B del piso 24, y me encontré con una treintena de personas sentadas en las bancas junto a la entrada. Eran las 11 de la mañana. Un oficial de la corte que repartía hojas a todos me entregó una. En el encabezado se leía "Part 1". Entonces, caí en la cuenta de que eran instrucciones para el jurado y que esas personas eran el jurado: un grupo variopinto de hombres y mujeres de distintas edades y razas. Corrí atrás del oficial y le devolví la hoja.

Le expliqué que era periodista y que sólo estaba allí para cubrir el juicio. El tipo, sin afanarse, me dijo que ese día el jurado recibía instrucciones y se sometía a una selección final y a la juramentación, que volviera al día siguiente, cuando comenzarían a presentar evidencias, argumentos y testigos.

Antes de entrar al elevador me entretuve un poco viendo por la ventana del vestíbulo. Desde ese piso 24 de la corte se podía ver el MCC a un costado. Sobre la terraza, 12 pisos abajo, divisé unas diminutas figuras humanas en overol naranja corriendo a lo largo del perímetro. Era un espacio grande, porque de un lado había una cancha de basquetbol, y se podían ver otros overoles naranja saltando tras el balón, lanzándolo hacia la canasta o tratando de bloquearlo. Otros tres estaban sentados, o más bien encogidos casi en posición fetal, en una banca donde alumbraba el sol. Hacía 55 grados Fahrenheit (13 centígrados), un clima otoñal que ya demandaba como mínimo un suéter, especialmente a la intemperie y 12 pisos arriba. Toda la escena aparecía cuadriculada por una malla con rejas y varillas de acero que cubría y encerraba la terraza completa, supongo que para desestimular cualquier impulso de saltar —o de empujar a alguien—. Era un sitio a donde llevaban a los internos para hacer ejercicio cada tres días, y era el único acceso que tenían al aire fresco o rayos solares.[1]

El cielo azul, sin una sola nube, era un telón de fondo para una vista de postal con un horizonte de rascacielos, donde todavía destacaban el Empire State y el Chrysler. Pero a las 12:25 se comenzó a nublar, y el sol jugó a las escondidas el resto de la tarde, extendiéndose intermitentemente sobre los overoles naranja en la terraza del MCC y el resto de la ciudad.

Volví a la corte al día siguiente, otra vez preocupada por cómo iba a sortear al público para divisar a Jorge Mario. Empujé despacito la puerta de madera de la sala, casi tan pesada como la de una catedral. No quería hacer ruido, sino ubicarme rápido donde encontrara el primer sitio vacío para sentarme. Entré caminando de puntillas y quedé paralizada de inmediato. Frente a mí observé que todas las

[1] Stahl. *Op. cit.*

bancas para el público estaban vacías. Yo era la única persona en la sala 24B de la Corte del Distrito Sur de Nueva York fuera de la jueza Batts, los abogados de la defensa y un apenas irreconocible Jorge Mario, los fiscales, los intérpretes inglés-español, la mecanógrafa, dos oficiales de los U. S. Marshals y el jurado.

Había fallado rotundamente en mi gran plan de confundirme entre la multitud que, según yo, iba a estar allí, en ese momento, en esa audiencia. Era la primera vez que asistía a un juicio en Estados Unidos, y me recuerdo conteniendo una risita nerviosa porque en mal momento reconocía mi ingenua equivocación: que esto no era como en *La ley y el orden* y todas esas teleseries estadounidenses de detectives, donde los juicios son a sala llena.

Estaba jodida y con un nudo en el estómago. Busqué la penúltima banca y me senté rápido, después de pasar a la par de un tipo altísimo como un ropero, de traje y corbata, parado junto a la puerta —uno de los U. S. Marshals—. Otro igual estaba junto a la puerta lateral de la sala, reservada para la jueza, el jurado y los acusados. Las bancas no estaban divididas en dos secciones con un corredor en medio, como en otras cortes, sino dispuestas en un solo bloque con corredores a los costados. Todavía con la respiración agitada, me reía hacia mis adentros por creer que estaría segura en el anonimato de una muchedumbre que ese día y a esa hora no estaba.

Y así, mientras me sentía tan obvia como un huevo duro sobre una bandeja, mis ojos comenzaron a volar por todas partes, escuchaba quién decía qué para reconocer quién era quién. Me consolaba pensando que al menos no me había equivocado en recordar que los juicios en cortes federales en Estados Unidos prohíben las cámaras, y por eso son retratados con ilustraciones a crayón. Así que llegué armada con una gruesa libreta de apuntes y varios bolígrafos para escribir cuanto viera y escuchara, incluyendo mis elucubraciones de qué chingados hacía yo allí. Nadie me había pedido cubrir el juicio, ni me estaban pagando por cubrirlo, pero ya había escrito un reportaje del tema para *El Diario NY*. Como lo iban a publicar en un par de semanas, me dije que debía estar allí para agregar al texto algo de cuanto ocurría en las primeras audiencias, que resultaron de película.

Uno de los fiscales leyó la acusación y discutieron con la jueza Batts y la defensa las minucias del orden de los testigos.

Yo llevaba nueve meses leyendo el expediente. Reuní los documentos clave en un leitz, luego de dejar una pequeña fortuna en la fotocopiadora del archivo público de la corte (a 25 centavos de dólar la página) porque no todos los documentos del expediente estaban en el archivo electrónico.

Ahora, finalmente, podía ver en persona a los fiscales, abogados y al acusado, el "defendido" o *defendant*, como le llaman en el sistema judicial estadounidense, de los cuales había leído durante meses.

Unas 10 bancas frente a mí creí reconocer a Jorge Mario Paredes de espaldas, flanqueado por sus abogados: Linda George debía ser la única mujer en la fila, donde estaban sentados cinco hombres. Era la primera vez que le veía la cara, de la que no aparece ninguna fotografía en la internet. Algo en su rostro me recordaba a Marcia Clark, la fiscal de Los Ángeles, famosa por la apabullante derrota que sufrió en el juicio por doble asesinato contra O. J. Simpson a mediados de los años noventa. La angustia casi siempre fija en el ceño. George, en cambio, tenía una expresión endurecida. Era blanca, de cabello corto, levemente rizado. Entre los hombres fue fácil reconocer a José Batista, un moreno calvo con apariencia de latino —era un abogado cubano-americano con bufete en Miami—. Asumí que otros dos gringos canosos y sesentones eran otros abogados. No les podía ver bien el rostro, pero uno de ellos debía ser Larry Desind, que asistía a George. El otro podía o no ser Kacerosky.

Por proceso de eliminación, deduje que Jorge Mario era el único sin traje. No vestía el overol naranja, sino una camisa de manga larga y finas rayas azules, y un pantalón beige tipo Dockers. Parecía más un oficinista que el gran capo del narcotráfico, según lo describían los fiscales. Visto desde atrás, su cabeza mostraba una prematura calvicie. No se divisaba como el mismo sujeto de 43 años que pesaba 330 libras y medía un metro 77 centímetros, como lo describió la DEA en un boletín de prensa en 2008. Parecía más bajo y bastante más delgado en contraste con las fotos el día de su captura. Hubo un instante en que se volteó a ver hacia atrás y me observó por espacio de unos segundos. Era la primera vez que lo veía en persona. Mantuve la mirada, pero sentía que algo me engrapaba el corazón.

Una banca al frente de Jorge Mario y su defensa, en primera fila, y conforme se identificaron ante la corte, supe que estaban los fiscales Anirudh Bansal y Jocelyn Strauber, que sí parecían directamente salidos del set de *La ley y el orden*. Bansal, de origen indio, *cum laude* de Princeton y egresado luego de la Universidad de Nueva York, tenía ocho años de ser fiscal y era jefe de la Unidad de Narcotráfico Internacional en la Fiscalía del Distrito Sur de Nueva York. Strauber, también en la jefatura de esa unidad, salió de la Universidad Brown con un *magna cum laude* antes de pasar por la Universidad de Duke. Había llevado además casos de terrorismo y lavado de dinero. Tenía una impecable y larga melena rubio oscuro, que se mecía cuando se ponía de pie para tomar la palabra.

Al frente de la sala, detrás de una armazón de madera oscura elevada por un par de escalones, estaba la jueza Deborah Batts, en lo que parecía un gran trono judicial. Era una afroamericana diminuta, con ojos incisivos detrás de pequeños espejuelos redondos, que en las seis semanas de juicio mantuvo en cintura a los fiscales y a los abogados defensores, y desplegó sorpresivos brotes de humor.

Batts tenía una de esas miradas que decían "ni se te ocurra pasarte de la raya". Era por algo. Por bastante, más bien. Batts era una pionera y una celebridad muy respetada. Fue la primera jueza federal abiertamente gay.[2] "[Ella] literalmente derrumbó la puerta del clóset y permitió que los demás saliéramos", diría años después otra jueza gay. La nominó el presidente Bill Clinton, y fue juramentada en junio de 1994, durante la Semana de Orgullo Gay en Nueva York. También era la primera catedrática afroamericana en la Escuela de Leyes en la Universidad de Fordham, una de las mejores del país.

En 2007 Batts hizo historia cuando rechazó la petición de la ciudad de Nueva York de anular la demanda que plantearon los

[2] Batts se casó en 2011 con la doctora en psiquiatría Gwen Zornberg. Véase K. Q. Seelye y B. Weiser. "Deborah A. Batts, First Openly Gay Federal Judge, Dies at 72". *The New York Times*. 5 de febrero de 2020. Edición electrónica. Enlace: https://www.nytimes.com/2020/02/05/nyregion/deborah-batts-dead.html.

acusados en el caso los Cinco de Central Park (conocido en inglés como *Central Park Five*). Eran cinco jóvenes erróneamente acusados de violación. El caso acaparó atención nacional en Estados Unidos, percibido como uno de injusticia y discriminación racial: la víctima era blanca, y los acusados, pobres y negros (unos afroamericanos; otros, hispanos). Años después, la decisión de Batts obligó a la ciudad a pagar 40 millones de dólares a los cinco jóvenes. Esta era la jueza que iba a dirigir el juicio a Jorge Mario Paredes.

Al extremo derecho de Batts estaba el jurado seleccionado: 16 estadounidenses, la mitad blancos anglosajones, y el resto, afroamericanos, latinos y de origen indio o pakistaní. Era una mezcla casi pareja de hombres y mujeres. Casi la mitad sobrepasaba los 50. El resto incluía a veinte y treintañeros. Ninguno parecía terriblemente entusiasmado con el juicio. En este sistema, cualquier ciudadano puede recibir la notificación de *jury duty*, y tiene la obligación de acudir.

Así que aquel miércoles 30 de septiembre de 2009 comenzó la primera audiencia, de la manera más anónima, y continuó así en los siguientes días. Yo aún reía por dentro ante mi sorpresa de que el caso pasó desapercibido en las noticias en ese país y de la ciudad, hasta en aquellas en español, porque nadie más que yo estaba allí —cuando el juicio era, si no la gran noticia en Guatemala, al menos motivo de llamativos titulares en diarios locales—. En Nueva York, nadie parecía estar enterado de que había comenzado el juicio contra Jorge Mario Paredes Córdova, aunque la fiscalía neoyorkina lo presentó como uno de los narcotraficantes más buscados de Centroamérica y el Departamento de Justicia había ofrecido 5 millones de dólares por información que llevara a su captura.

El anonimato del caso en Estados Unidos prevalecía más de una década después. En un obituario de Batts en *The New York Times*, el caso no aparece mencionado entre los más importantes de la jueza, como sí lo estaba el proceso civil de los Cinco de Central Park.

A lo largo de esa primera audiencia, Jorge Mario volteó a ver hacia atrás varias veces al mar de bancas semivacías, mientras yo me sentía absurdamente obvia. De repente observé que en el otro extremo de la sala había un joven moreno y alto, que escuchaba por los audífonos la interpretación al español de la audiencia —y que había llegado después que yo—. Probablemente afanada en tomar apuntes, no lo observé entrar.

Jorge Mario volteó a ver cinco, seis veces, cada una de las cuales yo sentía que algo me punzaba el esternón. Lo hacía con insistencia, como auscultando las bancas vacías, como si esperara ver a alguien más sentado allí. Yo pensaba que a lo mejor era alguien que había preferido ir a pasear en el gran parque de diversiones que puede ser Nueva York, en lugar de estar encerrado en la sala de una corte con aire acondicionado, viendo el cielo azul y soleado atrás de las ventanas selladas que silenciaban el resto de la ciudad.

Yo lo miraba de reojo, pensando en que podía intentar un saludo, pero no quería hacer el ridículo agitando el brazo y acabar con la lacerante mirada de Batts encima. Así que seguí escribiendo en mi libreta. En un instante de curiosidad, levanté la vista y noté que él me observaba. Fue cosa de segundos, pero me congelé, sin tener cómo disimular la mirada. Hice una mueca de sonrisa, que debió parecer un tic nervioso o que me estaba dando un derrame, porque yo sentía toda la cara tiesa.

El primer testigo que declaró fue el agente Welcome, de la DEA.[3] La fiscalía lo citó para explicar qué rutas y métodos eran comunes entre los traficantes que transportaban cocaína desde Colombia a Estados Unidos vía Centroamérica y México —sin que entrara en las peculiaridades del caso en juicio—. Era una descripción que cabía como anillo al dedo en cuanto a las rutas y *modus operandi* que la fiscalía atribuía a lo que llamaba la "Organización Paredes". Parecía una forma de entregarle al jurado algunas piezas del rompecabezas que pretendía armar durante el juicio.

El agente había estado asignado en Panamá entre 2003 y 2006, justo cuando la policía panameña incautó la cocaína en la

[3] El único lugar donde encontré su nombre, bueno, el apellido, fue en el documento 263 del expediente 03-CR-00987. Ningún otro documento contiene su declaración, y mientras estuve en la audiencia nunca pronunciaron su nombre completo.

Operación Grúa (2005). Además, desde Estados Unidos, había investigado y analizado información obtenida de escuchas telefónicas en México.

George intentó minimizar su experiencia al hacerle admitir que no había investigado organizaciones que operaban en Colombia, Panamá, Guatemala y México, ni había participado en escuchas telefónicas en esos países, ni que había escrito libros o artículos acerca de las rutas, aunque dijo que había testificado al respecto al menos cinco veces en una corte.

Desde atrás de la sala observé a Jorge Mario Paredes escuchando la interpretación simultánea inglés-español sólo con un audífono sobre la oreja izquierda, también atento a escuchar lo que le dijeran sus abogados. Mientras tanto, unas pantallas gigantes mostraban al jurado el mapa del continente americano con la ubicación de todos los países mencionados.

El fiscal Bansal le preguntó al agente de la DEA cuánto costaba un kilo de cocaína. El agente dijo que el precio oscilaba entre 1 500 y 2 500 dólares (en Colombia), y que tiene al menos 88% de pureza cuando se fabrica. Explicó que la cocaína se diluía con otros componentes para venderla en la calle, lo que reducía su porcentaje de pureza, pero aumentaba el volumen y las ventas.

El agente agregó que así los consumidores compraban más droga porque el precio era más bajo, aunque la calidad era pobre. Pero esto no era exactamente así. O sea, sí mezclan la droga para aumentar su cantidad principalmente en la venta directa al consumidor. En la venta al mayoreo a los distribuidores la mezcla no puede ser tal que la calidad sea baja porque entonces también bajan las ganancias. Además, todos los cortes o mezclas no son iguales. Depende con qué se mezcla la cocaína y en qué proporciones.

Un exdistribuidor al menudeo en la capital de Guatemala me confesó en 2021 que la cocaína para la venta al consumidor la podían mezclar con cualquier cosa: desde harina o Aspirina molida, hasta veneno de ratas. El escritor italiano Roberto Saviano también lo explicó en detalle en su libro *CeroCeroCero* (Anagrama, 2013).

> La coca puede ser alterada, en la jerga "cortada", con diversas sustancias [...], en la fase de producción o en el producto final. Existen tres tipos de corte: los activos, con sustancias que producen los mismos efectos psicoactivos que la cocaína; los cosméticos, con sustancias que producen algunos efectos secundarios de la cocaína, y los cortes inertes, que aumentan el volumen del producto sin efectos adicionales o dañinos [...]. En los cortes activos, la cocaína se mezcla con anfetaminas u otras sustancias estimulantes como la cafeína, que aumentan y prolongan el efecto del estupefaciente. [Por ejemplo], la Enyesada, es una cocaína de mala calidad que se mejora y "viste" con anfetaminas. Los cortes cosméticos utilizan fármacos y anestésicos como la lidocaína y la efedrina, que producen algunos efectos secundarios de la cocaína. En un corte inerte, sólo para aumentar el volumen, se emplean sustancias inocuas como la harina o la lactosa, o el manitol, un laxante suave que comparte el aspecto de la cocaína.[4]

Si recuerdan la reacción que, según Horacio, supuestamente sostuvieron Otoniel y Jorge Mario, cuando les entregó una muestra del resultado del corte que hizo a finales de 1999, en El Rancho (El Progreso), una asume que hizo un corte activo (conforme a la explicación de Saviano), porque no sólo aumentó el volumen, sino reprodujo la apariencia cristalizada, iridiscente, sin usar productos inocuos —como si hubiera sido empacada en Colombia—. Otoniel hasta dijo: "Nooo, está bonita", refiriéndose a la muestra. Algunos traficantes no se fían sólo de la apariencia de la cocaína; se frotan una pizca del polvo en la encía para una probadita de los efectos. Horacio no dijo si Otoniel también lo hizo. Sin embargo, un corte o mezcla como la que explicaba el agente de la DEA en el juicio, con muy bajos porcentajes de pureza, no iba a utilizarse en tráfico a gran escala, a nivel de kilos, sino en narcomenudeo, en la venta callejera. Esto porque kilos de baja calidad implican un gasto demasiado alto en el transporte hacia Estados Unidos y un bajo retorno cuando los

---

[4] Roberto Saviano (2013). *CeroCeroCero*. Anagrama. Página 159.

venden en ese país, si es que logran venderlos. Si la calidad es mala, los compradores simplemente buscan a cualquier otro proveedor con mejor producto.

Horacio —con su experiencia en las cocinas de Pablo Escobar en los años ochenta— podía hacer mezclas de calidad, que parecían hechas en Colombia y se podían vender en Nueva York a cambio de millones de dólares. Es al menos lo que le había ofrecido a Otoniel.

Durante el receso a media mañana de la audiencia, la señora George se puso de pie y se acercó a los fiscales Bansal y Strauber para lo que parecía un intercambio cordial. Ese tipo de cordialidad se acabaría en las siguientes semanas.

En un instante cuando Strauber salió, le pregunté si podíamos hacer una entrevista.

"*We have an excellent press office; get in touch with them*", dijo (tenemos una excelente oficina de prensa, comuníquese con ellos). Nunca detuvo la marcha. La fiscalía no tenía ningún interés en hablar del caso con periodistas, más que por comunicados.

Volví a fijarme en la defensa de Jorge Mario, y en los gringos de traje y corbata, para repasar de nuevo quién era quién, cuando inmediatamente saltó a la vista que uno de ellos era Kacerosky. Entonces resultó ser una ventaja inesperada haber visto la teleserie *El cártel de los sapos* unos meses antes, porque los actores que encarnaban a los personajes del libro, aunque con nombres cambiados para la versión televisiva, guardaban alguna semejanza con la persona en la vida real. En el caso de Kacerosky la similitud era casi exacta. Por eso lo reconocí rápido, pero me quise cerciorar.

Todavía en el receso, cuando yo estaba en el vestíbulo, lo vi salir de la sala, y me acerqué.

—¿Señor Kacerosky? —le pregunté. Sabía que hablaba español por lo que decía el expediente.

—¿Quién quiere saber? —seguía caminando rápido, al parecer, con la intención de dejarme con la palabra en la boca. Tenía que pensar rápido.

—Soy periodista, me llamo Julie López, y estoy escribiendo un reportaje del caso del señor Jorge Mario Paredes para *El Diario*

NY —tomé aliento— y leí que usted fue clave en la extradición de los hermanos Rodríguez Orejuela (del Cártel de Cali), cuando usted era agente de Aduanas de Estados Unidos.

Se paró en seco.

—¿Y usted cómo supo eso? —quiso saber, de seguro, porque nada de eso estaba en el expediente. Se había cuidado de no mencionar detalles que lo vincularan con su anterior trabajo, cuando perseguía narcotraficantes y no integraba su equipo de defensa.

—Lo leí en el libro *El cártel de los sapos* —sonreí satisfecha—, que lo menciona con su nombre real, y también encontré la información en Google.

—Mire, está bien, hablemos —dijo, como derrotado—. Yo le cuento lo que quiera, pero por favor no publique eso en el reportaje. Yo le doy mi número de teléfono y hablamos más adelante —se refería a su empleo anterior, como agente aduanero y el asunto con los Rodríguez Orejuela.

Intercambiamos números y lo llamé un par de veces, pero ese su "más adelante" tardó en llegar, aunque no mencioné nada de su vida anterior en el reportaje. Hablamos poco. No contestaba la mayoría de las llamadas y mensajes de texto. Me tomaría meses después del juicio poder cruzar palabra en persona, aunque no necesariamente para que me contara lo que yo quería saber, sino sólo lo que él quería y —seguramente— podía decir.

El día de la audiencia del 30 de septiembre, después del receso, todos regresamos a la sala para permanecer de pie mientras la jueza Batts entraba y se sentaba. Todavía de pie, Jorge Mario volteó a ver otra vez a las bancas vacías, donde ahora sólo estaba yo. Se ajustó la camisa y devolvió la vista al frente.

En este primer día del juicio, el jurado parecía tener algún interés o curiosidad por el caso.

Todos regresaron veloces a sus lugares, a ritmo de marchista, con prisa casi nerviosa, y en fila como escolares, hacia el extremo de la sala donde estarían sentados en dos filas mientras duraran las audiencias.

En el trayecto, un jurado tropezó, pero rápidamente recuperó el balance y el paso. Aquello no pasó desapercibido para la jueza Batts, que no tardó en decirle: "*Slow down because the government doesn't pay!*" (camine despacio porque el gobierno no le va a indemnizar). Es decir, la corte no lo iba a indemnizar si se caía y se golpeaba. Batts sonrió con sarcasmo. Hubo risitas entre los demás miembros del jurado.

En una audiencia anterior al juicio, la defensa descubrió que la jueza también podía ser un tanto brusca.

—¿Me puede dar un momento? —preguntó la señora George a Batts.

—Ya le di un momento, y no le puedo dar otro momento.

—¿Puedo hacer una pregunta?

—Sí puede.

La jueza la tenía a raya.

En otra oportunidad, la jueza también se descargó con la abogada cuando interrogaba a Jorge Mario.

—¿Alguna vez le dijo al agente Weil que...? Anule la pregunta —le dijo la abogada, primero a su cliente y luego a la jueza.

—No —dijo Batts, tajante—. Pongamos las cosas claras. Sólo yo puedo anular. Usted no anula. Sin embargo, puede retirar la pregunta.

—Retiro la pregunta —dijo George—. ¿Puedo?

—Sí puede —respondió la jueza.

Los curiosos hábitos de los narcotraficantes

Se movían en lanchas rápidas, y siempre viajaban armados, mientras surcaban el mar Caribe por la noche o madrugada. Eso, para evitar que les robaran la droga en el trayecto, según lo explicó el agente Welcome de la DEA, en respuesta a las preguntas del fiscal Bansal. En otras ocasiones, transportaban la merca en un barco carguero. Después, movían los costales repletos de kilos a barcos o lanchas más pequeñas y hundían la lancha rápida o el barco, porque les salía más caro llevarlos de regreso a Panamá. Usaban coordenadas marítimas para encontrar el punto de intercambio entre una lancha y otra. Se ubicaban con radios o teléfonos satelitales, o llevaban las instrucciones de antemano.

Esta información le serviría después al jurado como referencia cuando la fiscalía relatara que la "Organización Paredes" recibía cocaína en lanchas rápidas que salían de Panamá hacia la costa del Atlántico en Guatemala. O cuando explicara que Horacio y Otoniel hundían el barco carguero que llevaba los costales de coca después de moverlos a lanchas pequeñas, que navegaban luego hasta un *chalet* en Río Dulce, Izabal (que colinda con Honduras).

En Guatemala, y otros países de la región, el agente explicó que las rutas estaban determinadas por el acceso a autoridades corruptas en cada punto del trayecto, porque eso permitía el paso de los cargamentos.

El agente se refería a Latinoamérica, y no mencionó que esa dinámica también aplicaba a Estados Unidos. En el año 2000, según los periodistas Jesús Blancornelas y Alfredo Corchado, hubo 28 agentes federales estadounidenses bajo investigación ante la sospecha de que tenían vínculos con el narcotráfico en la frontera con México.[5] No por nada en 2003 las autoridades en Estados Unidos estimaban que sólo incautaron 12.2% de la cocaína que pasó por sus fronteras, según un cable diplomático de la época que filtró WikiLeaks.[6] Esto ocurría cuando el cártel de los Arriola transportaba cocaína desde la frontera norte de México hasta Colorado. Esos cargamentos incluían los 265 kilos que —según la fiscalía— Jorge Mario, Otoniel y Horacio enviaron desde Guatemala a Nueva York, donde la DEA los incautó.

Por cierto, ese "paso libre" por varias fronteras —incluyendo los puntos que usaban los Arriola— es tan caro como transportar la droga. "Por eso, mientras más manos tocan la cocaína, más caro es el kilo", decía el agente de la DEA en el juicio a Jorge Mario. Eso

[5] Blancornelas. *Op. cit.* Páginas 128 y 129.

[6] El cable "reference id" 03GUATEMALA1902 está fechado el 24 de julio de 2003.

porque había que pagar a los conductores de vehículos, lanchas, seguridad, etcétera. Así se explicaba que un kilo costaba en Colombia hasta 2000 dólares (entre 1995 y 2005), luego hasta 10000 en Guatemala y hasta 17000 en Nueva York.

Tomé nota de que el precio por kilo en Nueva York, según el agente, era el mismo que el dominicano Sammy le dio a Otoniel (17000 dólares) por teléfono, cuando Otto le pidió ayuda para un socio suyo que necesitaba vender 100 kilos en esa ciudad —en una de las conversaciones telefónicas con el dominicano que la DEA grabó en 2003—.

El fiscal Bansal le preguntó al agente de la DEA qué ocurría cuando la droga "se perdía". Es decir, si la robaban o la policía la incautaba. "[El contacto] tiene que probar que hubo un decomiso o un robo", explicó el agente, que es lo que Sammy tuvo que hacer en 2002 y 2003, atornillado por Horacio, a quien a su vez los demás exprimían en Guatemala. Dijo que todos tenían la obligación de verificar los antecedentes de los contactos que recomendaban, para asegurarse de que no se iban a pasar de vivos. En las semanas siguientes, el jurado escucharía cómo Horacio (en una grabación telefónica de 2003) le suplicaba con la voz quebrada a Sammy que entregara el dinero o devolviera la coca sin distribuir, o los iban a matar a los dos. Pero el colombiano era consciente de que a él le iban a caer encima primero porque era el que estaba a la mano, y porque su recomendado les había quedado mal y parecía que les había jugado la vuelta.

En esas últimas horas de la primera audiencia, Jorge Mario seguía volteando a ver ocasionalmente hacia las bancas vacías. Otra vez, parecía que esperaba ver a alguien que ese día no estaba allí. Por la tarde, no había regresado después del receso de mediodía el joven moreno y alto, con aspecto latino, que escuchaba por audífonos la versión interpretada al español de la audiencia. Me preguntaba si era a él a quien Jorge Mario esperaba ver.

Cuando el reloj marcó las cuatro de la tarde, la jueza anunció: "Se concluye la sesión". Todos nos paramos, y la diminuta figura de Batts, en su ondulante bata negra, salió sin ceremonias del salón.

También salió el jurado. Jorge Mario estaba con las manos esposadas al frente, parado de lado, esperando a salir por la puerta lateral. Realmente estaba casi irreconocible. Nadie jamás habría pensado que él era "el Gordo" del que hablaban la DEA y la fiscalía. Había perdido al menos la mitad del peso. Volteó a ver una vez más hacia las bancas. Seguían vacías, salvo por mí. Me observó fijamente, esta vez más de unos segundos. Si aquello hubiera sido un "serio", aquel juego infantil en el que pierde quien ríe, cierra los ojos o esquiva la mirada, pues yo estaba a punto de perder.

Sentí un chutazo de adrenalina y pensaba en lo poco oportuno que podía ser un desplante a un narcotraficante, aun si se trataba sólo de no sostener la mirada. Lo pensaba, entre otras razones, por si me animaba y me dejaban entrevistarlo más adelante. Mientras tanto, en mi mente había un tráfico de hora pico con preguntas idénticas: "¡¿Qué hago?! ¡¿Qué hago?! ¡¿Qué hago?!". Sólo tenía unos segundos, y Batts ya no estaba, entonces, por impulso, levanté la mano derecha sin despegar el antebrazo del cuerpo, en un disimulado y torpe saludo. Pensé que Jorge Mario podría ignorarme, y salir sin más, como una demostración de hostilidad o fastidio. Pero para mi sorpresa, devolvió el saludo levantando una de las manos que llevaba esposadas al frente. En el corredor ya lo esperaba el oficial de los U. S. Marshals para escoltarlo afuera de la sala por la salida lateral. En pocos segundos lo perdí de vista, pero el nudo seguía alojado en mi estómago.

Regresé a Guatemala al acabar la primera semana del juicio. Para mediados de octubre, a medio camino de las audiencias, salió mi reportaje del caso en *El Diario NY* (el diario impreso de mayor circulación entre la comunidad latina de Nueva York). Ahí estaba, en enormes letrotas amarillas en portada la frase gancho: "Olvídese de la Conexión Francesa; llegó la Conexión Chapina" en la edición del 12 de octubre. La segunda, tercera y cuarta parte salieron entre el 13 y el 15 de octubre, con titulares similares y menos tibios de los que habría elegido. Estaba a miles de kilómetros del juicio, pero ver el diario y las portadas (que una amiga me llevó en una visita a Guatemala) me perturbó un poco.

El reportaje contaba la historia del narcotráfico en el país en los últimos 20 años, y de los narcotraficantes guatemaltecos que acabaron rindiendo cuentas en una corte en Nueva York —incluyendo a Jorge Mario Paredes—. El segundo día de publicación, el titular era: "El soplón que hundió traficantes de Colombia hasta Nueva York". Me alivió un poco estar lejos cuando se publicó, aunque básicamente había reproducido la información del expediente, lo que decían la fiscalía y la defensa. Era información pública, pero con varios detalles que ningún periódico había divulgado.

Volví a Nueva York en la última semana del juicio, a principios de noviembre. El diario me iba a pagar después de publicado el reportaje, pero no cubría mis viáticos, y no podía costear una estadía en la ciudad para ir a todas las audiencias. Así que opté por ir al principio, y al final, ya que para entonces se habría publicado el reportaje.

Un jurado aburrido

Para la sexta y semana final del juicio, las muecas del jurado mostraban que no estaban entusiasmados en lo absoluto, ni tenían la más mínima simpatía por Jorge Mario. El paso ríspido para entrar y salir de la corte se había convertido en pasos lentos y mecánicos. Dos de los jurados estaban resbalados sobre la silla, con la cabeza recostada sobre el respaldo. Otro mascaba chicle, con una mirada de resignación.

Había otra diferencia. El grupo de 16 miembros del jurado se había reducido a 12: dos mujeres y 10 hombres. Sólo tres tenían apellidos latinos: Benjamín Ortiz, Manuel Feliz y Xavier Guzmán. Otros tres tenían apellido italiano, y el resto, anglosajón o europeo (Douglas, Capeheart, Dobras, Morrow, Salant y Yozzo —este último también uruguayo—). La parte pública del expediente no identificaba por nombre ni grupo étnico a los cuatro que quedaron fuera. Un miembro del jurado podía quedar fuera si padecía una enfermedad grave, si tenía una emergencia familiar comprobable o si alguno admitía que leyó algo acerca del caso en la prensa (como lo que salió en *El Diario*) o que discutió el caso con otras personas. No supe si mi reportaje tuvo algo que ver, aunque era responsabilidad de las personas que integraban el jurado no leer nada del caso en la prensa. No se me ocurrió, considerando que aparentemente la mayoría no hablaba ni leía español.

Ese año, la teleserie colombiana *El cártel de los sapos*, filmada en Colombia, Miami y Nueva York, todavía causaba furor en Latinoamérica y Nueva York —alcanzando 3.5 millones de hogares—, aunque pasó desapercibida para los neoyorkinos que no hablan español. Era una producción de Caracol Televisión, filmada entre 2008 y 2010. La telenovela se comenzó a proyectar el 4 junio de 2008,[7] un mes después de la captura de Jorge Mario, y el mismo año en que se publicó el libro del mismo nombre, de Andrés López López, *El cártel de los sapos*. Es decir, cuando Jorge Mario llegó al juicio, la serie tenía un año en pantallas, pero en esa sala 24B en el Distrito Sur de Nueva York, ni siquiera los jurados hispanos parecían más enganchados que los demás. Era evidente que querían salir de allí lo antes posible, y eso no pintaba bien para el *defendant*, el acusado.

Botero, una carta clave de la fiscalía

El 1 de octubre de 2009, en pleno juicio, la señora George sorprendió a los fiscales y a la defensa con una bomba. Soltó que, en junio de ese año, el colombiano Horacio Botero le había enviado un mensaje a Jorge Mario mientras ambos estaban recluidos en el MCC. Hizo la revelación después de que la fiscalía anunció que Horacio sería el próximo testigo en declarar ese día. Eso era de escándalo porque la ley prohibía que los testigos hablaran con el acusado o que se intercambiaran mensajes de cualquier forma.

---

[7] M. Contreras Delgado. "Así lucen los actores de 'El cártel de los sapos', 13 años después". *El Tiempo*. 3 de marzo de 2021. Edición electrónica. Enlace: https://www.eltiempo.com/cultura/gente/fotos-actores-de-el-cartel-de-los-sapos-13-anos-despues-del-estreno-television-570531.

La abogada dijo que el mensaje iba escrito en un libro que Horacio le envió a Jorge Mario con otros internos y que, al leerlo traducido al inglés, decía: "*You better not go to trial because I made a deal with the government, and I'm gonna have to testify against you*" (mejor si usted no va a juicio, porque tengo un acuerdo con la fiscalía y voy a tener que declarar en su contra).[8]

El libro, además, mencionaba a Jorge Mario. El fiscal Bansal pidió verlo. En la portada se leía el título *Mafia & Co.: The Criminal Networks in Mexico, Brazil, and Colombia* (Mafia y compañía: las redes criminales en México, Brasil y Colombia), del académico y analista colombiano Juan Carlos Garzón, entonces funcionario de la Organización de los Estados Americanos (OEA), y que publicó el Woodrow Wilson International Center for Scholars. En la página 122, Garzón escribió que, según la policía guatemalteca, "Jorge Mario Paredes, alias el Gordo Paredes", dirigía una de las 13 organizaciones del narcotráfico más fuertes en Guatemala, que operaban en Chiquimula, Jutiapa, Ciudad de Guatemala y Huehuetenango, para mover cocaína desde Colombia a México, vía Panamá y Centroamérica.[9] Era la única mención en todo el libro.

La primera edición se publicó en español en junio de 2008, un mes después de la captura de Jorge Mario, y fue la que probablemente sirvió de correo a Horacio, considerando que ninguno de los dos hablaba inglés.

No era extraño que este tipo de correo interno casi subversivo sucediera en 2009 en una cárcel que sobrepasaba con creces su capacidad. Además, había guardias que metían a la cárcel cualquier tipo de enseres prohibidos a cambio de plata. Todavía en 2018, un guar-

---

[8] Hechos que la autora presenció durante el juicio el 1 de octubre de 2009.

[9] J. C. Garzón (2008). *Mafia & Co.: The Criminal Networks in Mexico, Brazil, and Colombia*. Woodrow Wilson International Center for Scholars. Página 122. Enlace: https://www.wilsoncenter.org/sites/default/files/media/documents/publication/mafiaandcompany_reducedsize.pdf. / Cito aquí la edición impresa en inglés, aunque la primera edición también se publicó en español en junio de 2008. No obstante, la abogada siempre se refirió al título en inglés.

dia fue detenido porque introducía contrabando de comida, licor y teléfonos celulares.[10]

La cárcel fue clausurada en 2021, y a los detenidos los llevaron a otras prisiones; sucedió dos años después de que en 2019 el financista Jeffrey Epstein, acusado de abuso sexual continuado, se suicidó en su celda (aunque ocurrió en circunstancias que sugerían que fue un homicidio porque tenía lesiones consistentes con ello). Algunas sospechas no comprobadas revelaban descuidos —voluntarios o no— de los guardias que dejaron de echarle vistazos rutinarios a Epstein durante minutos cruciales.[11]

Por todo esto, no fue extraordinario que, en junio de 2009, el colombiano le pudiera enviar el libro con un mensaje a Jorge Mario sin problemas, aunque estaba prohibido. Lo que debió asustar a los fiscales Bansal y Strauber fue que esa movida de Horacio lo ponía en la cuerda floja como testigo. Si la jueza lo dejaba afuera, estaban fregados.

"*I find this troubling*" (me parece preocupante), reaccionó la jueza Batts. "Los veo a las dos de la tarde". Y así soltó a todos al receso del mediodía, dejando en suspenso las posibles consecuencias de aquel furtivo mensaje del colombiano hacia el *defendant.*

Al continuar la audiencia, la señora George exhibió el libro y la nota de Horacio en la corte, frente a Batts, y dijo que esta era una clara amenaza del colombiano contra Jorge Mario. La jueza regañó a los fiscales en un tono crispante —el mismo que, aunque el asunto no sea contigo, te deja con los nervios de punta—. También les recordó que ningún testigo de la fiscalía debía comunicarse con el defendido. "*Steps will be taken if needed*", les advirtió Batts. "Se tomarán medidas de ser necesario". La iniciativa de Horacio sí que tomó desprevenido a Bansal, y lo dejó en un campo minado. El fiscal, que pese a su trayectoria tenía una apariencia de novato que podía haber

[10] Stahl. *Op. cit.*

[11] M. R. Sisak y M. Balsamo. "US closing troubled NYC jail where Epstein killed himself". AP News. 10 de agosto de 2019. Enlace: https://apnews.com/article/health-coronavirus-pandemic-7f6797153ee7fa391731af9cf7c93603.

engañado a cualquiera, se disculpó en tono solícito y seco, y prometió que nada de esto volvería a suceder.

Después de aquel remezón, me preguntaba qué pretendía Horacio. Me preguntaba cómo había dado con el libro de Garzón. ¿Lo tendrían en la biblioteca? ¿O alguien se lo llevó a la cárcel? Era peculiar que, de todos los libros o formas en que pudo enviarle una nota a Jorge Mario, eligió precisamente esa, ese libro que lo mencionaba con su nombre casi completo y como la inequívoca identidad del Gordo. Además de querer advertirle lo que venía en camino, el colombiano parecía querer remendar algo que se había roto hacía mucho tiempo. ¿Era esa una muestra de lealtad seis años después de que habló por última vez con don Mario en Guatemala, en medio del vaho a hamburguesas y papas fritas de McDonald's, donde —según el colombiano— le dijo "váyase tranquilo" y le perdonó la vida?

En aquel entonces, abril de 2003, Horacio tomó el toro por los cuernos y fue a dar la cara, aun cuando no tenía cómo devolver los 9 millones de dólares que le debía. Y claro, también iba con la mínima esperanza de salvar su pellejo. Quizá no se veía capturado ni extraditado, ni teniendo que soltarlo todo años después para intentar salvarse de nuevo; esta vez no de la muerte segura, sino de dejar media vida en la cárcel. Como iba a declarar contra don Mario en el juicio, donde se iban a ver cara a cara, tal vez sintió la urgencia de explicarle que no tenía otra opción cuando aún podía dar un golpe de timón, declararse culpable para no ir a juicio, y evitar pasar al menos un par de décadas encarcelado. "El libro que me mandó ese señor Botero era algo que hablaba de Los Zetas, pero no sé cómo le dieron importancia a esa falsedad, y no entiendo cómo podían basarse en un libro", diría Jorge Mario años después, cuando le pregunté por qué creía que el colombiano le envió ese mensaje, esquivando la pregunta. "No sé por qué ese señor se prestó para mandarme eso".[12] Hablaba como si el libro también hubiera influido en su condena.

---

[12] Correspondencia electrónica de Jorge Mario Paredes Córdova del 4 de marzo de 2025.

Horacio le envió la notita a Jorge Mario en el libro casi a la vez que la fiscalía le anunció que también lo acusaba por la *Operación Grúa* en Panamá y que iba a tener que defenderse de eso en el juicio, además del caso de Nueva York. Parecía una coincidencia porque los fiscales no le preguntaron al colombiano en el juicio nada acerca del asunto en Panamá, aunque Horacio conocía al menos a dos de los involucrados.

El colombiano sabía de sobra lo que iba a desencadenar. Lo que iba a decir en la corte podía decidir la suerte de Jorge Mario, y la notita furtiva en el libro parecía más una advertencia que una amenaza —como creía la señora George—. Horacio, que ya había pasado por ese sistema 10 años antes, sabía cómo funcionaba. Pero Jorge Mario no hizo caso. El proceso en su contra era un camión que circulaba a toda prisa y sin frenos, y que su abogada no pretendía parar. Horacio admitió, interrogado por Bansal, que también le envió una carta a Otoniel. No explicó, ni el fiscal se lo preguntó, cómo sabía dónde estaba si aún estaba prófugo (lo estuvo hasta 2010).

Unas semanas antes del juicio, la jueza Batts dudaba de que la fiscalía pudiera conseguir testigos que conocieron a Jorge Mario en 2003 y lo pudieran identificar en 2009 en la corte sin auxiliarse de fotografías. Batts quizá recordaba que, dos años antes, Horacio había hablado vagamente de todo este asunto, cuando se declaró culpable. De hecho, ni siquiera se refirió a los involucrados con nombres propios, como si apenas hubiera tenido relación con el asunto. Además, George aseguraba que Horacio nunca había hablado con Jorge Mario, sino con un traficante mexicano (el Viceroy). Pero la fiscalía aplacó las dudas de Batts con el anuncio de que tenía a dos testigos que sí podían reconocer al defendido. Uno de ellos era Horacio, a quien Jorge Mario admitió que sí conocía.

Cuando comenzó el juicio, el colombiano llevaba cinco años encarcelado, los últimos cuatro en Nueva York. Primero estaba en el MCC. El 31 de marzo de 2008 lo trasladaron a la US Penitentiary en Otisville, en el mismo estado. En 2009, ya en preámbulo del juicio, lo habían movido de nuevo al MCC. Para entones, los abogados de Jorge Mario decían que Horacio tenía motivos ulteriores para hundir a su cliente: declarar en su contra para reducir la sentencia que le dictó la jueza Batts. La fiscalía, por su lado, quería al colombiano en la corte porque —decía— podía reconocer en persona a Jorge Mario Paredes como el mandamás en todo esto. Le había llegado la hora de cantar la melodía si quería poner pie en la calle más temprano que tarde.

"[Horacio] Botero puede identificarlo sin necesidad de las fotos", le dijo el fiscal Bansal a Batts, considerando que el colombiano aseguraba que lo había conocido en Guatemala en noviembre de 1999, y que trabajó para él hasta abril de 2003. Esa clase de familiaridad le hacía estar seguro de que todavía lo podía reconocer en persona en 2009.

"Él vio al señor Jorge Mario Paredes a través de una ventana un día y me dijo que lo reconocía", dijo el fiscal, unos días antes del juicio. Tenía que referirse a algún instante en que Horacio vio a Jorge Mario en medio del gentío encerrado en el MCC. No podía ser de otra forma. Tampoco podía ser durante un traslado de la cárcel a la corte porque sólo los movían de un sitio a otro por un pasadizo subterráneo que conecta ambos edificios.

La fiscalía llevó a varios expertos, testigos y evidencia para demostrar que Jorge Mario Paredes era el Gordo, un narcotraficante que había enviado cocaína desde Guatemala hasta Nueva York. Pero parecía que lo que dijo Horacio bastó para agujerear sin remedio la estrategia de la defensa ante el jurado. Su traje de preso, gris de pies a cabeza, parecía un *leisure suit* setentero. Bastante moreno, y de cabello ondulado y entrecano, Horacio mantenía ese aire a Musharraf hasta que abrió la boca desde el estrado —en medio de la jueza Batts y el jurado— y soltó todo a unos seis metros de Jorge Mario. Había perdido el tono impersonal con el que intentó sacudirse de todo este cuento cuando se reconoció culpable en 2007, un acuerdo que ahora lo tenía sentado allí porque lo obligaba a declarar contra su exjefe.

Un nervioso Bansal presentó a Horacio en el juicio como un testigo de la fiscalía. Se equivocó al deletrear su nombre, confundiendo el orden de vocales y consonantes. Pronto, el colombiano demostraría que el fiscal no era el único desencajado. Horacio dijo que tenía 49 años cumplidos y que había nacido en Medellín, un "pueblo" de Antioquia. El fiscal le preguntó si cumplía alguna sentencia. Respondió que sí.

—¿Por qué motivo? —continuó el fiscal.

—Por conspirar para importar cocaína [a Estados Unidos] —contestó Horacio—. Dos incautaciones me figuran en 2003. Una de 265 kilos [los mismos incautados a Sammy en Manhattan] y una de 55 kilos [vendidos en Harlem y relacionados al dominicano].

—¿Cuál era su papel en la recolección del dinero? —le preguntó Bansal.

—Me mandaron a reclamar los 265 kilos —respondió—. Lo incautado era parte de lo que debía cobrar.

—¿De parte de quién? —preguntó el fiscal.

—De parte de Jorge Mario Paredes —respondió el colombiano.

—¿Lo reconoce sentado aquí en esta corte? —preguntó el fiscal.

—Tiene camisa clara y está sentado a la par de la señorita —Horacio lo señaló con el índice derecho. La señorita a la que se refería era la abogada George, y Jorge Mario era el único en esa banca que no llevaba un saco encima.

—¿Desde cuándo lo conoce? —continuó el interrogatorio.

—Desde 1999 [cuando] comenzamos a hablar de negocios de narcotráfico.

Horacio hablaba sin apuro, y parecía tranquilo hasta que pidió un vaso de agua. El intérprete se lo sirvió, y el colombiano lo bebió en un solo sorbo, sin parar. Colocó el vaso vacío de cristal sobre una repisa del estrado y cruzó varias miradas fugaces con Jorge Mario, como quien no quiere ver, pero no lo puede evitar.

Bansal le preguntó si tenía algún acuerdo con la fiscalía y cuál era. El colombiano le dijo que sólo se comprometió a decir la verdad a cambio de nada, aunque jamás admitió que en 2007 editó quirúrgicamente esa verdad al declararse culpable.

—La fiscalía me dio una carta de reducción de sentencia si digo la verdad, pero no me han prometido nada —agregó Horacio.

Claro, no podían hablar de números hasta que declarara en el juicio y su testimonio persuadiera al jurado a declarar culpable a Jorge Mario.

En la audiencia del 1 de octubre de 2009 el fiscal comenzó por preguntarle cómo acabó metido en este lío, una antesala al testimonio con el que pretendía derrumbar el argumento de la defensa: que la DEA le mostró un despliegue fotográfico y maliciosamente lo inclinó a identificar a Jorge Mario como "el Gordo", aunque nunca lo conoció en persona.

Horacio explicó que antes de conocer a Sammy y a Otoniel en el MCC, y de caer capturado en Nueva York, tenía un oficio similar al del dominicano: tenía 32 años de edad y seis como empleado de un *courier* de cocaína y narcodólares en esa ciudad, a donde llegó después de escapar de Colombia.

—Trabajé hasta 1993 cuando me arrestaron —dijo en la corte. Le había vendido droga a un agente encubierto en Manhattan.

—¿Y usted llevaba pistola? —le preguntó Bansal.

—Sí, un revólver, por seguridad de todo, propia y de la droga —respondió Horacio, mientras echaba un vistazo al jurado, a Jorge Mario y a mí. Suponía que era a mí porque sólo yo estaba sentada en ese extremo de las bancas.

—¿Usted obtuvo armas para otras personas? —le preguntó el fiscal.

—Sí, armas más grandes y fuertes, como calibre 0.357, pistolas, metralletas.

—¿Las usó alguna vez? —preguntó Bansal.

—No —respondió Horacio.

—¿Consumió droga? —lo presionó el fiscal.

—Cocaína y crack, pero tuve una niña aquí [en Nueva York] y dejé de consumir [seguido], sólo cada 15, 20 días, cada mes.

Mientras Horacio explicaba su sistema de consumo, yo pensaba qué significaba que dijera todo eso sentado sólo a unos seis metros de donde lo observaba Jorge Mario, peor cuando admitió que lo capturaron cuando le vendió cocaína a un agente encubierto (seis años antes de llegar a Guatemala). Eso no decía mucho de su sentido de precaución, de por sí ya considerado precario porque recomendó a Sammy sin saber que estaba en libertad condicional, un detalle que los arriesgaba a todos.

Los fiscales reprodujeron en la corte algunas de las grabaciones de las conversaciones telefónicas de 2003 para que Horacio identificara su propia voz, y las de todos. Y lo hizo. Las cintas revelaban a un Sammy fresco, que entre risas le decía al colombiano que todo iba a salir bien, aunque hablaba desde el cuarto de hotel donde estaba atrincherado con los agentes de la DEA.

Horacio, en cambio, sonaba aterrado.

"Voy a terminar enterrado debajo de mi amigo", pensaba en esos días en Guatemala, refiriéndose a Sammy, según lo relató en el juicio. "[Temía] que me iban a matar por esa plata". Era el dinero que el dominicano nunca entregó.[13]

Para esas fechas, Sammy ya les había dicho a Horacio, el Gordo y Otoniel que la policía había decomisado la camioneta con 2.2 millones de dólares que iba a enviar a México (que en realidad entregó a la DEA). El dominicano hablaba de conseguir el reporte policial del decomiso y la captura del conductor de la camioneta. Horacio escuchó, en la grabación, a un embustero Sammy decirle que todo ese asunto comenzaba a sonarle "a cuento", un cuento del conductor, su trabajador, y que estaba teniendo cuidado para averiguar qué había ocurrido. La grabación descubrió que toda esa verborrea del dominicano había relajado a Horacio, y que muy a pesar suyo Sammy le caía bien, porque comenzaron a bromear acerca de Saddam Hussein (recién derrocado dictador de Irak en 2003) y a reírse. El chiste y la sorna le sacaron la risa al colombiano en 2009, mientras declaraba en el juicio, tanto así que tuvo que cubrirse la boca con la mano. El micrófono captó lo que parecía el ahogado preámbulo de una carcajada.

El fiscal Bansal cortó aquello de tajo y le preguntó cómo conoció a Jorge Mario Paredes en Guatemala. El colombiano le dijo que en 1999 su amigo Otto Turcios le presentó a "don Mario". Mientras hablaba, Jorge Mario tomaba nota, escribiendo en un block de apuntes. La gran revelación de Horacio fue que "don Mario" (Paredes) le pidió —previa recomendación— que se comunicara con

[13] Notas de la autora durante el juicio, de la audiencia del 1 de octubre de 2009.

Sammy en Nueva York para preguntarle si podía recibir cocaína en esa ciudad, recolectar el dinero de la venta y enviarlo a México (de donde lo llevaban luego a Guatemala). El colombiano luego dijo que Sammy viajó a Guatemala en 2000 y conoció a "don Mario" en persona. Remató declarando que él mismo estaba a la par suya en Guatemala cuando telefoneaba a Sammy a Nueva York (aunque ninguna llamada salió de un número guatemalteco).

Jorge Mario nunca admitió que conocía al dominicano, pero Sammy se encargó de declarar que viajó a Guatemala para conocerlo, que visitó el país varias veces, y que Jorge Mario Paredes y el Gordo eran la misma persona (aunque se supone que no lo reconoció en la Corte). Sammy en realidad lo vio por espacio de varios días en cada visita, pero era Horacio quien alternó con Jorge Mario —según el expediente— entre 1999 y 2003. Por eso, el colombiano era clave para la fiscalía.

Horacio soltó en el juicio que "don Mario" le confió que enviaba cocaína a México y Estados Unidos, y que recibía cargamentos desde Sudamérica. También dijo que Otoniel le pidió si le podía "conseguir cocaína en Colombia", si lo podía conectar con un proveedor. Este tipo de pedidos, según Horacio, ocurría cuando Otto le sacaba plática mientras él obtenía el porcentaje de pureza de la merca que recibían y hacía el corte de la coca.

En la audiencia del 1 de octubre de 2009 la foto de Otoniel apareció en público por primera vez, con su nombre completo, como una evidencia de la fiscalía desplegada en una pantalla gigante. Era una instantánea que le mostraba moreno y con bigote. Además, presentaron la foto de Miguel, un sujeto pálido, de cabello negro y ondulado, sin ningún rasgo sobresaliente. Minutos después, las fotos desaparecieron de las pantallas en la corte; la siguiente y última vez que la foto de Otoniel apareció en público fue en algunos diarios de Belice, después de su captura en 2010 en ese país. Nadie fuera de su círculo inmediato, y de los fiscales, sabía qué apariencia tenía.

En el juicio de Jorge Mario y por instrucciones de la fiscalía, Horacio confesó que servía como testigo, aunque no le hubieran prometido rebajar la sentencia. La fiscalía solo iba a recomendar a la corte una reducción si la ayudaba a conseguir una condena.[14]

El fiscal Bansal le recordó a Horacio, mientras este declaraba en el estrado, cuán asustado estaba en Guatemala cuando no conseguía que Sammy devolviera la cocaína o enviara el dinero que debía. Reprodujo la grabación de 2003 en la que el colombiano le suplicaba con voz quebrada a Sammy que entregara la plata o la droga. Entonces, el colombiano se volvió a descomponer. Sentado a escasos seis metros de Jorge Mario, Horacio habló quebrado otra vez. "En Guatemala, yo estaba seguro de que don Mario me iba a matar", dijo, sin despegar la vista del fiscal para evitar la mirada de Jorge Mario.

—¿De qué tenía miedo? —le preguntó el fiscal Bansal, quien observaba las reacciones de Horacio.

—De Jorge Mario y su gente —respondió el colombiano sin titubear ni retirar la vista del fiscal—. Yo fui el que presenté a Samuel [Santiago], y Jorge Mario nos estaba acusando de que él [Sammy] y yo nos queríamos robar la plata.

El fiscal le preguntó a Horacio si había escuchado todas las grabaciones de las llamadas al dominicano y leído las transcripciones. El colombiano respondió que sí. "Puse mis iniciales al final de cada una", confirmó, como muestra de que el contenido era verídico y que reconocía las voces como las identificó la DEA: "Samuel Santiago, Jorge Mario Paredes y a Otoniel Turcios", agregó el colombiano.

Una de las últimas cintas que reprodujeron en la audiencia fue de una conversación del 25 de febrero de 2003, en la que Otoniel le pidió a Sammy ayudar a un amigo que tenía 100 kilos de cocaína varados en Nueva York, y necesitaba ya un comprador para deshacerse de la carga. Jorge Mario sacudía la cabeza mientras escuchaba la grabación. Luego, Horacio —desde el estrado— confirmó que las voces eran de Samuel y de Otoniel. Unos minutos después, cuando la fiscalía reprodujo la segunda parte de la cinta, el colombiano dijo que era "don Jorge Mario" quien hablaba con "Samuel Santiago"

---

[14] Caso 03-CR-00987 en Corte Distrito Sur NY. Documentos 109, 140 y 145.

(cuando intentaba persuadirlo de que lo visitara en Guatemala o en la frontera norte de México). Después reconoció las voces en otra cinta.

En algunas grabaciones que la fiscalía reprodujo en la corte, era fácil identificar que la voz que le atribuían al Gordo tenía acento colombiano. En otras tenía acento mexicano. En ocasiones, en una misma frase mezclaba modismos mexicanos como "checar" y colombianos como "hágale pues". Sin embargo, habían bastado al jurado los testimonios de Sammy y Horacio, y algunos agentes de la DEA, para dejar por sentado que la voz atribuida al "Gordo" era la voz de Jorge Mario Paredes.

Era jueves, y las audiencias continuaron la semana siguiente. La última en hablar ese día fue la jueza Batts.

"Sé que no será el caso, pero de todas maneras todavía puedo desearles que tengan un buen fin de semana", dijo a los fiscales, los abogados defensores, a Jorge Mario y al jurado. Y así acabó la primera semana del juicio.

Horacio debía salir de la cárcel en 2020, con una sentencia de cárcel que comenzó a correr desde su captura en Colombia en 2004, pero salió libre en 2011. El 28 de noviembre de ese año, la jueza Batts le dictó "sentencia servida". La notificación incluía una pequeña anotación de rutina, informando que el *defendido* (Horacio) tenía el derecho de apelar.[15] La ironía. Seguramente lo deportaron de regreso a Colombia más rápido que pudiera decir co-ca-í-na. Para entonces, sus hijos en ese país ya tenían ocho, 10 y 17 años, y habían pasado casi toda su vida con el padre en prisión en Estados Unidos.

A Horacio lo había defendido el abogado Ernest H. Hammer, quien en 1999 tuvo una "conducta inapropiada" —su récord público no dice cuál— y en 2007 recibió un llamado de atención de la autoridad estatal de Nueva York por indisciplina. Eso no le impidió aprovechar su experiencia en casos de distribución de droga en Nueva York, ya con medio siglo como abogado, y logró un efectivo acuerdo de colaboración para el colombiano. Le aparece un *rating* de

[15] Caso 03-CR-00987 en Corte Distrito Sur NY. Documentos 140, 145, 321 y 322.

cinco estrellas votado por sólo dos clientes, en 2013 y 2020. Ninguno de los dos era Horacio.[16]

En el juicio en 2009, José Batista, el otro abogado de Jorge Mario, dijo que las declaraciones del colombiano eran puras mentiras. Batista había salido de la sala unos minutos mientras Horacio hablaba desde el estrado, y al regresar se sentó a mi lado, unas 10 bancas atrás del resto de la defensa. El colombiano relataba cómo conoció a Jorge Mario en Guatemala, mientras el abogado decía entre dientes: "Eeeese hiiijo de puuuta".

[16] Avvo.com, *ratings* de abogados en Nueva York. Enlace: https://www.avvo.com/attorneys/10004-ny-ernest-hammer-826136.html#reviews.

11
El plan B, el reportaje y el jurado desconectado

En la acusación original de 2003, la única evidencia reina de la fiscalía eran los 265 kilos de cocaína que le incautaron a Sammy, las grabaciones y las declaraciones de los demás acusados, principalmente el dominicano y Horacio. Con la *Operación Grúa*, y la incautación de 1 347 kilos de cocaína en Panamá en julio de 2005, los fiscales consiguieron ampliar la acusación: recordemos que, según otros capturados en esa operación, al menos 347 kilos de ese cargamento pertenecían a Jorge Mario, a quien identificaron como uno de los dueños de la carga que pretendían transportar en barco desde Panamá hacia México, y luego por tierra a Estados Unidos.

La misma fiscalía, guiada por cuanto decían otros capturados en ambos casos, le endilgaba a Jorge Mario el tráfico de miles de kilos de cocaína. Esos testimonios eran la única referencia que los fiscales tenían para relacionarlo con cargamentos mayores que los 265 kilos incautados en Nueva York y los 347 en Panamá. Una persona que trabajó con la defensa, pero que habló bajo condiciones de anonimato, dijo que la fiscalía relacionaba a Jorge Mario con el trasiego de al menos 5 500 kilos de cocaína. Los fiscales también decían que había traficado "múltiples toneladas de droga", pero no había nada concreto en la sección pública del expediente, ni nada de esto se ventiló en el juicio, aunque lo repetían varios comunicados de prensa de la DEA y la fiscalía cuando Jorge Mario fue capturado en 2008.

—Este es un caso bastante grande, y el señor Paredes era un *high roller*, un jugador de grandes ligas —dijo la persona relacionada con la defensa.

—Pero Paredes ha dicho que lo hicieron ver más grande de lo que era en realidad en el negocio del narcotráfico —le comenté.

—Sí, claro, ese siempre es el caso —respondió.

Volví a Nueva York cuando faltaban pocos días para que el jurado entrara a deliberar. Esperaba estar allí para escuchar el veredicto, pero eso era como jugar a los dardos cuando no tienes buena puntería. No había seguridad de cuánto tiempo se iba a tomar el jurado para decidir qué hacer con Jorge Mario, aunque yo tenía la corazonada de que no iban a tomarse más de dos días. Había cubierto el caso por mi cuenta y no podía costearme una estadía indefinida en la ciudad. Entonces, seguí el proceso a control remoto desde Guatemala, revisando el expediente en línea y telefoneando cada cuando a la corte para monitorear cuál podría ser la semana final del juicio y asegurarme de estar allí.

En octubre, la publicación en *El Diario NY* había colocado la historia de Jorge Mario Paredes en un escaparate público —al menos en la comunidad hispana de la ciudad—, aunque eso no significó que más personas llegaran al juicio. Para el 2 de noviembre, las bancas de la sala de audiencias seguían vacías, salvo por cuatro personas que parecían familiares de Jorge Mario: una mujer de unos 75 años, y quizá la madre, tenía su misma expresión en unos ojos tristes y un rostro surcado por la vejez; otra mujer morena y alta que guardaba también cierto parecido (¿quizá una hermana?), y otra mujer blanca, bajita y de cara redonda con ojos verdes y amables, tenía el pelo recogido en un moño que descubría un par de diminutos aretes dorados. Eso era lo más llamativo que cualquiera de ellas llevaba encima. Podrían haber pasado desapercibidas, algo que resonaba con lo que había escuchado decir de su familia a personas en El Progreso y Zacapa: lo suyo era el bajo perfil, nada de bulla, nada de escándalo. Sin embargo, ahora estaban en esa sala por alguien a quien la DEA consideraba uno de los traficantes centroamericanos más buscados. La mujer de ojos verdes y la madre escuchaban la interpretación al español de la audiencia con audífonos. Llevaban con ellas a un niño moreno de unos cinco años. ¿Un hijo de Jorge Mario? No sé. No iba a ponerme a verlo fijamente para divisar algún parecido. Estaban sentados tres bancas antes del final de la sala, en el extremo izquierdo. Yo estaba en una banca atrás, en el extremo derecho.

Una tarde, la señora de ojos verdes tuvo un ataque de tos. Me recordé que tenía una menta en el bolso y me acerqué para dársela. El lugar más cercano que vendía dulces o algo de beber estaba en el primer nivel, 24 pisos abajo. Ella sonrió y me susurró un "gracias". Le sonreí de vuelta mientras sentía un tambor de guerra en el pecho. Sabía que eso no iba a ser un paliativo cuando supieran que yo había escrito el reportaje en *El Diario NY* publicado semanas atrás, ni iban a pensar que a lo mejor yo no era tan terrible.

Lo del reportaje ya publicado y los familiares en la corte me ponía nerviosa aun si sólo había reproducido el contenido del expediente, y no supieran todavía que yo lo había escrito.

Los miembros del jurado ya no disimulaban el tedio. Después de seis semanas de juicio, sólo dos tomaban nota, y una mujer de unos 60 años recostaba la barbilla sobre la palma de su mano, en un intento de poner atención. El resto parecía desconectado: viendo hacia el techo o con la mirada perdida o clavada en el suelo. No era para menos. Este era un caso con bastantes números: de teléfono, de kilos de cocaína, de cantidades de dinero. Parecía que los miembros del jurado habrían querido largarse de allí hacía mucho tiempo.

Observé en las primeras filas de las bancas que la señora George hablaba sonriente con Jorge Mario. Luego, la abogada cruzó un par de palabras con Kacerosky. ¿Acaso todavía esperaba ganar el juicio? Porque bastaba observar las reacciones del jurado para saber que no iban por ese camino. Yo tenía el estómago revuelto como el primer día y opté por apuntar todo lo que escuchaba sin despegar la vista de mi libreta. No quería encontrarme con la mirada de nadie encima. Eso incluía a un muchacho moreno de unos 25 años, de rasgos latinos, que también escuchaba por audífonos la interpretación al español de la audiencia, pero que no estaba sentado con los familiares. Imaginaba a varios conocidos (¿antiguos socios?) de Otoniel o Jorge Mario ávidos por saber qué se ventilaba en el juicio, y que aquel muchacho podría ser uno de ellos. No estaba segura de si era el mismo que vi en la Corte en octubre.

Al final de la audiencia, cuando la jueza Batts se levantó y salió de la sala, todos en el salón permanecimos de pie. Los abogados de la defensa y los fiscales comenzaron a recoger sus documentos y maletines. Jorge Mario comenzó a caminar hacia un costado de la banca, donde lo esperaba el *marshal* para llevarlo de vuelta a la prisión. Pero antes observó a la madre con pesar. Le sonrió brevemente y siguió caminando. La madre seguía sonriendo, aunque con los ojos tristes, cuando se volteó a hablar con las otras mujeres.

Jorge Mario volteó a ver una vez más hacia las bancas; ahora a mí, por espacio de segundos, hasta que lo perdí de vista detrás los fiscales y abogados que comenzaban a salir del salón. Entre ellos iba George. Me levanté y la seguí. Me presenté como periodista de *El Diario* y le pedí una entrevista otra vez, con ella y su cliente. La primera solicitud fue por email en 2009. Ahora, en persona, otra vez respondió que no era un buen momento, que tal vez más adelante.

Al día siguiente, 3 de noviembre, el fiscal Bansal hilaba un argumento contra Jorge Mario.

—... Y como somos la ley —decía Bansal, refiriéndose a la fiscalía, cuando la jueza lo paró en seco.

—¡No! Ustedes no son la ley. ¡Están cerca! Pero no lo son —corrigió una mordaz Batts. Sonreía con sarcasmo. Hubo risitas en la corte.

—Lo siento, su señoría, quise decir que como representamos la ley... —corrigió un disminuido Bansal.

Durante un receso de la audiencia, regresé a la sala justo cuando George hablaba con las familiares de Jorge Mario. Esta vez ya no estaba la madre. Una vez continuó la audiencia, mantuve la vista clavada al frente o en mi libreta, hasta que llegó la hora de salir. Entonces, les eché un vistazo intentando un disimulo que salió mal, porque de inmediato vi que me clavaban dos dagas verdes encima. Era la mujer a la que le había dado la menta el día anterior, y que ahora ya no sonreía para nada. Yo suponía, y seguro no me equivocaba, que por su mente no pasaba nada bueno y que la abogada ya les había dicho que yo había escrito el reportaje que salió en *El Diario NY* en octubre. Me deslicé cómicamente sobre la banca en dirección al *marshal* que custodiaba la puerta, por si acaso. Pensaba que sentada más cerca de aquel hombrote no me podían ir a gritar.

No habría sido para menos, y lo podía entender, aunque no por eso estaba menos asustada. Unos segundos después salí del salón y busqué las gradas, bajé dos niveles y tomé el ascensor en el extremo opuesto del edificio para evitar encontrarme con aquellas mujeres. Eran las cuatro de la tarde.

12

Una lotería cantada

El miércoles 4 de noviembre a las nueve y media de la mañana la fiscalía y la defensa —en ese orden— iban a tener una última palabra. Jorge Mario también, si así lo quería. Este día, estaban ahí otra vez sus familiares y el muchacho moreno del día anterior, siguiendo la audiencia con audífonos para escuchar la interpretación en español.

"En cinco semanas han visto al *defendido* como realmente es", disparó primero la fiscal Strauber, "un narcotraficante que conspiró para llevar decenas de miles de kilos de cocaína hasta diferentes ciudades de Estados Unidos, generando ganancias que ascienden a millones de dólares, y por distintas vías: desde México a Estados Unidos, de Colombia a México en lanchas rápidas, o de Guatemala a México y luego Houston [Texas], o de Panamá hacia México y luego a Estados Unidos".

Strauber confirmó que a raíz de la captura de Sammy el 24 de enero de 2003 con 265 kilos de cocaína encima, y cuya propiedad atribuía a Jorge Mario, inició el operativo de escuchas telefónicas en Nueva York. La fiscal dijo que podía confirmar que el *defendido* sabía acerca del cargamento que llegó a Nueva York porque, después de su captura en 2008, le dijo a la DEA que Otoniel Turcios y Horacio Botero enviaron la cocaína a esa ciudad, y que la droga era de ellos.

La fiscalía relató que Horacio Botero "trabajó con el *defendido* en Guatemala, y también lo presentó con [los colombianos] Pablo Rayo y Jackson Orozco", y Daniel "el Loco" Barrera, aproximadamente en 1999, que después le vendieron cocaína. También se refirió a la *Operación Grúa*, la incautación en Panamá. Strauber mencionó que el testimonio del corrupto agente aduanero Arnulfo Reyes Duarte permitió ampliar la acusación contra Jorge Mario Paredes cuatro meses antes de que comenzara su juicio para incluir el asunto en Panamá.

Luego explicó que los testimonios de Reyes, Horacio y otros acusados les permitieron identificar cinco fases en la trayectoria del *defendido* como narcotraficante:

1) De 1998 a 1999, Rayo y Orozco le enviaban entre 300 y 350 kilos de cocaína en lanchas rápidas de Colombia a Panamá, donde eran cargados a un camión y llevados a Guatemala. Después, movían la droga a México, donde otros socios del *defendido* la enviaban a Houston, Texas (aquí había una contradicción porque, según el expediente, Horacio conoció a Jorge Mario hasta noviembre de 1999, y después lo presentó con Rayo y Orozco, que entonces no podrían haberle enviado coca en 1998).
2) En 1999 Horacio llegó a Guatemala y Otoniel lo presentó con el *defendido*, quien lo empleó para cortar y catar la cocaína que recibía. También hacía ese trabajo para Otoniel.
3) De 2000 a 2002 el *defendido* traficó cocaína de Colombia a México, y de Guatemala a Nueva York, con la Organización Arriola Márquez en México. Mantenía contacto con Rayo y Orozco para enviar cocaína a México.
4) De 2002 a 2003 el *defendido* envió cocaína de Guatemala a Nueva York, según lo comprobaban las escuchas telefónicas.
5) De 2003 a 2005 el *defendido* traficó cocaína entre Panamá y México con otros cómplices en varias operaciones, incluyendo la *Operación Grúa*.

La fiscal Strauber también mencionó que el *defendido* era un intermediario entre el traficante mexicano sólo identificado como "don Memo" y Rayo. Al escuchar esto, Jorge Mario volvió a escribir algo en su block de apuntes.

Para comprobar que los testigos no eran piezas desarticuladas y sí conocían al *defendido*, la fiscal Strauber dijo que varios de ellos mencionaron que se conocieron en una fiesta en Guatemala en mayo de 2004. Este era el año en que un recién capturado Jorge Mario le dijo a la DEA que había dejado el narcotráfico.

"Todos en la fiesta estaban armados con pistola", dijo uno de los testigos a la fiscalía. Entre los invitados estaba el colombiano Hoover Salazar (dueño de la grúa en la *Operación Grúa* de 2005, y también cliente de George). La fiscal mencionó que Jorge Mario reconoció haberlo visto en la fiesta. También estaba su trabajador, Choto Zepeda (asesinado en 2009), a quien Horacio y Sammy identificaban como su "mano derecha", y quien lo representaba ante el agente aduanero Reyes Duarte y el colombiano Barrera.

—La evidencia sólo puede llevar a una conclusión: que el *defendido* Jorge Mario Paredes Córdova es culpable más allá de la duda razonable —dijo Strauber, y, dirigiéndose a la corte, agregó—: ahora el asunto está en sus manos.

—No exactamente —respondió la jueza, porque el asunto en realidad estaba en manos del jurado.

Entonces, Batts llamó a un receso.

Mientras hablaba Strauber, habían entrado a la sala un hombre y una mujer afroamericanos, y una mujer latina, todos en traje sastre, como con pinta de abogados. Se sentaron dos bancas atrás de Jorge Mario y la defensa. Durante un pequeño receso, la latina saludó a George en inglés, después conversó animadamente con la otra mujer, minutos antes de que la abogada presentara sus argumentos finales. La afroamericana hizo la mímica como de quien toca un redoblante en señal de suspenso, y las dos rieron con la ocurrencia. Nadie más sonreía en la sala.

Lo que dijo la defensa

El receso acabó a las 12:15 de la tarde sin que regresaran las familiares de Jorge Mario a la audiencia. George se puso de pie.

"El *defendido* fue arrestado en Honduras y traído a Nueva York con base en el testimonio no corroborado de criminales condenados", dijo la abogada. Los describió como testigos que estaban tratando de salir de la cárcel, y agregó que la fiscal Strauber intentaba armar un rompecabezas con piezas que no casaban entre sí, y por eso habían detenido a la persona equivocada, a su cliente.

Era curioso que entre esos testigos que declararon contra Jorge Mario estaba Hoover Salazar (condenado en 2008 a 30 años por el asunto de la grúa), cliente de George, a quien la abogada se cuidó de no mencionar como sí lo hizo con otros.

"Samuel Santiago tiene más de una década de experiencia criminal, y sabe cómo manipular el sistema", soltó George. Era verdad, aunque también lo era de los demás. Luego dijo que la DEA pescó a Sammy y a Horacio para que identificaran al Gordo.

Recordó cómo, según la fiscalía, Horacio y Otoniel escoltaron a Sammy a Guatemala, y que la DEA tendenciosa y erróneamente indujo a Sammy a reconocer que Jorge Mario Paredes era el Gordo en julio de 2003. La abogada preguntó que si la DEA vigiló a Sammy entre el 27 de enero y el 1 de abril de 2003, por qué no le pidió identificar al *defendido* en ese lapso, y por qué esperó hasta tres meses después de que acabó la operación de escuchas telefónicas, cuando Sammy estaba preso, para que identificara a su cliente en un despliegue fotográfico.

El dominicano sí había identificado a Jorge Mario Paredes como "el Gordo" durante la operación de escuchas telefónicas, pero la abogada también tenía algo que decir respecto a lo que llamaba la errónea identificación de la voz de su cliente en las grabaciones.

"Mintió [acerca de] la voz en las grabaciones", comenzó George respecto a Sammy. "[Tuvo que decir:] 'Toca la cinta otra vez... Oh, sí, *esa* voz es de él también'". La abogada mencionó cómo los expertos de la defensa identificaron tres voces diferentes, que no eran la de su cliente, pero que sí se le atribuyeron. "¿Cuántas veces lo entrevistaron para corroborar su versión?", preguntó respecto al dominicano. "Lo que tenían era un testimonio que llevó a cuestas al resto de testimonios, y si un montón de personas dice que algo es morado, entonces es morado".

La abogada dijo que Sammy no identificó a Jorge Mario ni una sola vez en la corte. "Es imposible que Samuel Santiago hubiera conocido en persona al Gordo", dijo.

George argumentó también que dos testigos se contradecían respecto a la *Operación Grúa*. Jorge Patricio Asaf Gómez (el "Pato Asaf", presente en la fiesta de 2004) no recordaba que habló con Reyes Duarte después acerca de los dueños de la cocaína incautada en la *Operación Grúa* en Panamá en 2005 y de cómo Jorge Mario era uno de ellos. Según la abogada, lo que decía Asaf no coincidía con el testimonio de Hoover Salazar al respecto (la única vez que mencionó a su cliente).

"Asaf tenía ocho meses en la cárcel y no identificó la voz [de Jorge Mario Paredes], aunque dijo que lo conocía", dijo la abogada.

George decía que otro testigo, Ardila Rojas, tampoco mencionó a Jorge Mario Paredes cuando comenzó a hablar del caso de la grúa. Sin embargo, los fiscales tenían el testimonio del agente aduanero Reyes Duarte asegurando que "era verdad" que Jorge Mario Paredes era uno de los dueños de la cocaína oculta en la grúa incautada en 2005.[1]

El fiscal Bansal explicó después que Asaf, Hoover Salazar y Reyes Duarte se conocían porque habían traficado cocaína en los barcos cargados con chatarra entre Panamá y México antes del fallido envío con la grúa. Es decir, la fiesta de 2004 en Guatemala no era el único lugar donde habían coincidido.

Bansal dijo que "Si [Asaf] habló [con la fiscalía] sólo para salir de la cárcel, hubiera dicho algo mejor", algo más minucioso acerca de la fiesta y los invitados, aun si su paso por aquel evento y el país fue fugaz. Además, el fiscal preguntó: "¿Qué hacía [Asaf] en Guatemala por 45 minutos si no era por narcotráfico?". Ese era el lapso que, se supone, permaneció en la fiesta y en el país.[2]

George también decía que otros dos testigos detenidos por la *Operación Grúa* no podían comprobar que Reyes Duarte o Jorge Mario Paredes tenían relación con la cocaína —y que uno de los testigos ni siquiera había estado en Panamá—. Decía que se dejó llevar

[1] Documento 76 en el expediente 4:06-CR-00422 en la Corte Distrital del Distrito Sur de Texas, fechado el 21 de mayo de 2009 y archivado el 11 de septiembre de 2009. Página 18.

[2] Notas de la autora tomadas durante el juicio, el 4 de noviembre de 2009.

por las habladurías de Reyes Duarte acerca de un tal "Jorge Mario", pero que no le constaba nada. Sin embargo, la fiscalía neoyorkina tenía varias páginas con esos testimonios, firmadas y selladas, como prueba contra Jorge Mario.

La defensa también cuestionó las cambiantes cantidades de cocaína que le endilgaban a Jorge Mario en la acusación y los diferentes testimonios, y que variaban entre 330 kilos, 345 kilos, 347 kilos y 350 kilos. Otros dos inversionistas, también procesados, supuestamente eran dueños de 500 kilos cada uno, para un cargamento total de 1 345 a 1 350 kilos. Algunos testimonios indicaban que otros inversionistas habían pedido enviar más droga, que si 1 100 más, y otras cifras que, según George, habrían sumado al menos 2 250 kilos. Es decir, las cantidades que los testigos de la defensa mencionaron —todos quienes fueron capturados en la *Operación Grúa*— sumaban más de los 1 347 oficiales, aunque varios no estaban seguros de si la cocaína al fin había sido agregada al pedido original.

La abogada observó que Reyes Duarte fue el único que dijo que Jorge Mario estaba involucrado. Los demás testigos hablaron más de la complicidad entre ambos. George resaltó que nadie corroboró sus testimonios. Agregó que la incautación de la cocaína en Panamá comprobaba nada por sí sola y que la fiscalía no tenía más evidencia que los testimonios sin corroborar. Decía que Asaf y Ardila sabían nada y que Reyes Duarte se reunió con la fiscalía tres veces a la semana durante cuatro semanas, como sugiriendo que lo habían entrenado durante 12 reuniones respecto a qué decir. "Entonces, ¿por qué no corroboraron lo que dijo?", preguntaba George. Agregó que la fiscalía no podía comprobar lo que decía este testigo.

Mientras todo esto sucedía, sólo un miembro del jurado —un angloamericano sesentón— parecía prestar atención a cuanto decían la defensa y la fiscalía. Tenía una mirada incrédula y una mueca que casi era una sonrisa.

"La fiscalía quisiera que ustedes declaren culpable al defendido, aunque no corroboró ningún testimonio", les dijo George. Ahora el mismo miembro del jurado entrecerraba los ojos, como tratando de enfocar mejor la vista, y luego fruncía el ceño mientras observaba a la abogada.

"Los argumentos de la fiscal Strauber no se sustentan en la credibilidad de los testigos, sino en cómo encajan en [la historia]", agregó la abogada. "No es el señor Paredes quien aparece en las grabaciones, y hay suficientes razones para dudar que lo es".

Bansal recordó luego cómo George se cuidó de no mencionar las declaraciones de Jorge Mario en Miami, un día después de su captura, cuando admitió que sí había traficado droga (aunque sólo en Guatemala y "hasta antes de 2005"), y que conocía a Otoniel y a Horacio.

"Pero no hay nada que cuestionar aquí", decía Bansal, respecto a argumentos de la fiscalía. "Desde 2005 el *defendido* condujo sus negocios en secreto. Él sabía [qué estaba haciendo]. Que si los testigos no ofrecieron testimonios que encajaban perfectamente, eso no funciona así. [Siempre] hay pequeñas variaciones [...]. Ellos dicen lo que recuerdan. Ardila y Asaf no conocían todas las particularidades de la operación, pero Ardila sí conocía a [Hoover] Salazar, y sabía de la grúa y su bodega...". Bansal dijo que Sammy, Horacio, Reyes Duarte y Asaf (acusado con Ardila en un proceso separado)[3] simplemente dijeron lo que recordaban, sin necesariamente incluir todos los detalles.

"Ahora la señora George encuentra impactante que Reyes Duarte y otros dos testigos están bajo protección", agregó Bansal, respecto a que eran testigos protegidos. Pero George estaba convencida de que, como hablaron con la fiscalía cuando estaban encarcelados, habían dicho lo que fuera para salir libres.

El 4 de noviembre Kacerosky tampoco regresó a la audiencia después del receso del mediodía. Tenía un vuelo a las 4:45 de la tarde y ya no escuchó cuando Bansal dijo que la defensa intentó convencer de que la voz de Jorge Mario no aparecía en las llamadas telefónicas

[3] El documento 127 del caso 05-CR-517 en la Corte del Distrito Sur de Nueva York contiene datos de la acusación contra Asaf y Ardila. La fiscalía del mismo distrito llevaba el caso, así como el proceso contra Paredes.

grabadas usando otras grabaciones del *defendido* leyendo las mismas frases de las llamadas, pero en una voz "practicada y robótica". El fiscal explicó que si había diferencias entre la voz del *defendido* en persona y su voz en las llamadas era porque la voz suena diferente según el tipo de teléfono utilizado, la calidad de la recepción y el sonido del entorno.

"La única conclusión que tiene sentido aquí es [que lo declaren] culpable", dijo el fiscal, refiriéndose a Jorge Mario.

Y eso fue todo. Jorge Mario no dijo sola una palabra. George le aconsejó que no testificara.

La jueza Batts anunció que los miembros del jurado comenzarían a deliberar al día siguiente, a discutir si debían declarar al *defendido* culpable o no culpable, y giró estas instrucciones:

"Los miembros del jurado deben decidir conforme a los hechos, no con base en su simpatía o animosidad por la fiscalía o el *defendido*. Deben presumir que es inocente a menos que la fiscalía haya comprobado que es culpable más allá de la duda razonable. No permitan que sus sentimientos personales interfieran en su decisión. Los argumentos de los abogados no son evidencia porque no son testigos. La credibilidad de los testigos determina si la evidencia tiene credibilidad. Pregúntense: '¿Qué impresión tengo del testigo? ¿Habló con candidez? ¿Lo que decía sonaba inventado?'". Cuando la jueza Batts decía esto, yo pensaba en Horacio y cuando se le quebró la voz mientras relataba durante el juicio lo asustado que estaba porque pensaba que "don Jorge Mario" lo iba a matar.

La jueza explicó que las inconsistencias no eran motivo para descartar un testimonio, que tampoco debían considerar como falso si el testigo había sido declarado culpable de algún delito —algo que aplicaba a Sammy—. Batts les dijo que la fiscalía tenía la responsabilidad de comprobar la acusación, y por eso el *defendido* no tenía la obligación de declarar. Por lo tanto, que no lo hiciera no debía ser tomado en su contra.

"Comiencen por examinar lo que dijo inmediatamente después de ser detenido", instruía Batts, aludiendo a cuando lo interrogó la DEA en Miami. "Consideren si habló de manera voluntaria".

Mientras la jueza hablaba, dos miembros del jurado dormían y cabeceaban con los ojos cerrados. Los podía observar cualquiera en la sala. Ya eran las cuatro de la tarde.

"Sólo pueden declararle culpable más allá de la duda razonable [sin lugar a dudas] o absolverlo de uno o los dos cargos", seguía Batts. Se refería a la intención de importar cocaína a Estados Unidos y a la conspiración, de dos o más participantes, para violar leyes estadounidenses.

No había garantías de cuánto tiempo tomaría el jurado para deliberar, aunque con el tedio que algunos miembros del jurado no se molestaban en disimular, era obvio que no iban a permanecer allí más de lo necesario. Yo iba a seguir el veredicto desde Guatemala. Ya tenía mi boleto de regreso en un vuelo al día siguiente, el jueves 5 de noviembre por la noche, para llegar en la mañana del 6 de noviembre a Guatemala, y no tenía plata para cambiarlo. Asumía que la familia se quedaría para escuchar el veredicto y volver al país el fin de semana o la semana siguiente.

El 6 de noviembre estaba en el aeropuerto de Guatemala a media mañana, esperando mi maleta en las bandas de equipaje. Todavía no se me espantaba la modorra por haber dormido poco en el avión, y en el aeropuerto de Atlanta, donde las bancas parecían especialmente diseñadas para desestimular la tentación de acostarse o cualquier tipo de comodidad. De pronto volteé a ver distraídamente a las personas de una banda con el equipaje de otro vuelo. Miraba sin ver a la gente arremolinada tratando de ubicar sus maletas, oteando la banda donde daban vuelta, cuando mi vista se fijó en un niño. Un niño morenito de unos cinco años que se me hacía conocido. Entones la punzada en el estómago fue instantánea, y la modorra se me fue al carajo cuando me di cuenta de que era el mismo niño que estaba con las familiares de Jorge Mario en la corte dos días atrás. Esperando inútilmente equivocarme, mi mirada buscó con rapidez a las mujeres que había visto con el niño en la corte y, en efecto, allí estaban la morena alta y la mujer blanca de ojos verdes. Todavía no me habían visto, ni el niño tampoco, demasiado distraídos esperando divisar su equipaje. ¿Cómo era posible? Era otra de esas casualidades demasiado jodidas. Otra vez quise soltar una risa loca. Ahora porque, después de tanta payasada de precaución tomando las gradas y otro elevador en la corte en Nueva York, las tenía a pocos metros de distancia en el aeropuerto en Guatemala. Entonces, maleta en mano, salí del edificio dando las zancadas más grandes que jamás se haya visto, agradeciendo que no me habían detenido en aduanas para pasar mi maleta por la máquina de rayos X, y me fui a parar detrás de una de las enormes columnas en la salida —lentes oscuros encima— hasta que llegó el taxista por mí. Me sentía un poco ridícula. No sé qué podía haber pasado, pero no me iba a quedar allí para averiguarlo.

Ese 6 de noviembre de 2009, después de solo un día de deliberación, el jurado anunció que encontró a Jorge Mario Paredes culpable. Un miembro del jurado leyó el veredicto a las 2:10 de la tarde, hora de Nueva York: culpable de integrar un grupo que se organizó para enviar cocaína a Estados Unidos (lo que en términos judiciales en Estados Unidos llaman una "conspiración") y culpable de traficar la droga a ese territorio. No la tenía que haber transportado personalmente. Bastaba que él fuera parte de la cadena en otro país.[4] En seis meses, la jueza Batts anunciaría cuántos años permanecería en la cárcel.

El jefe de la Fiscalía del Distrito Sur de Nueva York, Preet Bharara, lo asumió como un triunfo.[5] "El veredicto de hoy finaliza la carrera de narcotráfico de casi una década de Jorge Mario Paredes Córdova en el hemisferio occidental", dijo el fiscal en un comunicado de prensa. "Esta oficina continuará sus esfuerzos para perseguir a los narcotraficantes más prolíficos y peligrosos donde quiera que estén. Agradecemos a nuestros socios en diferentes agencias de gobierno aquí [Estados Unidos] y en el extranjero por sus esfuerzos excepcionales en traer a este capo de la cocaína ante la justicia".

---

[4] Caso 03-CR-00987 en Corte Distrito Sur NY. Documento 9b6tpar1 con el veredicto del jurado.

[5] Comunicado de prensa de la fiscalía y la DEA del 6 de noviembre de 2009. Enlace: https://www.dea.gov/sites/default/files/divisions/nyc/2009/nyc110609ap.html.

Seis semanas después, Sammy salía de la cárcel como un hombre libre —otra vez—. En 2024 el buscador electrónico del Buró Federal de Prisiones todavía mostraba que "Samuel Santiago —con el número de *inmate* 28518-054— salió de la cárcel el 21 de diciembre de 2009, a los 54 años de edad".

Para entonces, la jueza Batts había anunciado que la audiencia para sentenciar a Jorge Mario estaba programada para 2010.

13

Caída en cámara lenta

La corte anunció la sentencia de Jorge Mario el 16 de abril de 2010. Tres semanas antes, Myve Lorena se declaró culpable de una acusación por narcotráfico en una corte del Distrito Sur de Texas y también en el caso de Jorge Mario, en la Corte del Distrito Sur de Nueva York.

El 24 de marzo de 2010, a las cuatro de la tarde, en una corte de Houston, aceptó que era verdad todo lo que dijo la fiscalía neoyorkina en relación con su papel en las finanzas del *defendido*.

Su consentimiento para renunciar a ir a juicio en Nueva York, y para comenzar a cumplir su condena de inmediato también lo firmaron el fiscal Preet Bharara, jefe de esa fiscalía, y el juez José A. Moreno. Entonces, Myve Lorena empezó a hablar, aunque el acuerdo formal de colaboración se oficializó hasta el 10 de diciembre del mismo año. Se escuchó condenada a 100 meses de cárcel (ocho años y cuatro meses) hasta 2013, pero ese cronómetro había comenzado a correr desde su captura en 2007. Salió libre el 21 de julio 2014, un año antes de cumplida su sentencia, según registros del Buró Federal de Prisiones en Estados Unidos.[1]

Myve Lorena admitió que era verdad que lavó 25 millones de dólares para Jorge Mario entre 1997 y 2002, como lo aseguró la DEA, y que conspiró con él y otros acusados para importar cocaína a Estados Unidos entre 2001 y agosto de 2003. Ese "sí" a todo implicó que también reconocía que presenció esa primera reunión entre Jorge Mario y el colombiano Daniel "el Loco" Barrera en 1999 en Panamá, y que luego ella regresó a ese país para pagarle el primer

[1] Véase el documento 7 (página 7) del caso 10-CR-259 en la Corte Distrital del Distrito Sur de Texas (Houston). Para la sentencia, véase el documento 23 del mismo caso.

cargamento de cocaína que les envió a Guatemala. Además, reconoció que recolectó y almacenó dinero en efectivo del narcotráfico que, según la fiscalía, le "permitía al señor Paredes y a su organización seguir operando". Su testimonio era otro contrapeso al de Jorge Mario, quien perjuraba que nunca tuvo una relación de trabajo con Myve Lorena.

Cuando Batts sentenció a Jorge Mario, parecía que era la audiencia de otro caso porque la sala estaba casi llena, poblada de periodistas de algunos diarios neoyorkinos en inglés, de más funcionarios de la fiscalía y la DEA, y algunos curiosos atraídos por el morbo. Allí estaba la muchedumbre que yo esperaba ver el primer día del juicio. A buena hora.

No llegó ninguno de los familiares de Jorge Mario que había visto en el juicio en 2009, pero la jueza Batts anunció que la corte había recibido las cartas que escribieron su familia y amistades en su favor.[2] Naturalmente las busqué en el expediente, pero no estaban accesibles al público. La jueza le preguntó a Jorge Mario si quería decir algo antes de que la corte lo sentenciara. Él tomó unos segundos para escuchar la interpretación al español en los audífonos que llevaba puestos. "Sí", respondió, y empezaba a levantarse para hablar de pie cuando la jueza le ordenó permanecer sentado. Entonces, se sentó de nuevo y habló.

"Siempre pensé, su señoría, que bajo el sistema de justicia en este país iba a estar en juicio por las cosas que hice y no por las cosas que nunca hice", comenzó. "Me siento muy arrepentido de las cosas que hice, y quiero pedir perdón a usted, su señoría, a esta corte, a mis hijos y a mi familia, por las cosas que he hecho [...], [pero] le juro desde el fondo de mi corazón, por la vida de mis hijos y de mi madre, que son las personas que más amo en el mundo, que yo no soy la persona que aparece en las grabaciones".

Jorge Mario también dijo que podía colaborar con la fiscalía, aunque esa oportunidad ya había despegado hacía mucho tiempo. Y ese día sus cartas ya estaban echadas. Pronunció 32 palabras después,

[2] Caso 03-CR-00987 en Corte Distrito Sur NY. Documento 311.

que en la transcripción de la audiencia aparecen tachadas con marcador negro. Así respondió la corte a la solicitud que George hizo al final de la audiencia, de mantener bajo llave lo que dijo su cliente para que nadie pudiera leerlo y evitar represalias contra Jorge Mario y su familia. Ningún periodista presente tampoco lo publicó.

"Estoy dispuesto a pasar por un detector de mentiras respecto a lo que estoy afirmando", continuó después Jorge Mario. "Si no lo paso, entonces usted me puede imponer la pena más alta. Gracias". Parecía pensar que Batts podía retrasar su decisión para comprobar si lo que decía podía atenuar la sentencia.[3]

En una audiencia anterior al juicio, cuando le preguntaron si negaba estar involucrado en narcotráfico, dijo que no, que admitía que sí era un narcotraficante, pero sólo en Guatemala, y que nada tenía que ver con el movimiento de cocaína hacia Nueva York. En la audiencia en la que esperaba ser sentenciado, Jorge Mario sostenía —como cuando lo interrogaron en Miami dos años antes— que era un pez pequeño, aunque había poco en el expediente que apuntaba en esa dirección salvo por sus propias declaraciones.

En las transcripciones de las llamadas telefónicas en español, se quedó perdido para siempre este detalle: cuando Sammy le explicó al interlocutor identificado como el Gordo que necesitaba más tiempo para recuperar la cocaína que estaba en la bodega en Nueva Jersey, este le respondió: "Bueno, vamos a ver qué me dice el señor". Esa es la única señal de que había alguien con más autoridad sobre Jorge Mario Paredes, la identidad del Gordo, según la fiscalía. Esa persona, ese "señor" con la última palabra, tenía que ser alguien que Sammy conocía porque nunca le preguntó al Gordo a quién se refería —aunque no sabemos si le dijo a la DEA quién era, si es que la DEA se lo preguntó—.

De todas formas, la defensa de Jorge Mario no podía usar esa grabación para demostrar que él no estaba a cargo de todo este

[3] La transcripción de la audiencia para sentenciar a Jorge Mario Paredes, el 20 de abril de 2010, aparece en un documento con el registro 04GHPARS, en el caso 03-CR-00987 en Corte Distrito Sur NY.

negocio, y que había alguien con más jerarquía, porque sus abogados insistían en que la voz en las grabaciones que le achacaban a Jorge Mario no era suya. Además, en todo el asunto entre Guatemala y Nueva York, Horacio y Sammy nunca mencionaron a otro sujeto que tuviera más autoridad que "don Jorge Mario" o el Gordo, a quien identificaron como Jorge Mario Paredes.

En la audiencia para sentenciar a Jorge Mario, la fiscal Strauber recordó que sí comprobaron que las voces de Otoniel y Horacio estaban en las grabaciones de las llamadas telefónicas, y que el *defendido* (Jorge Mario) admitió (después de su captura) que los conocía a ambos, y reconoció que había traficado drogas. Strauber también pidió a la jueza que la sentencia lo castigara por haber violado leyes estadounidenses.

En los pocos minutos que la señora George tuvo para hablar pidió que se reexaminara la evidencia, otro pedido a destiempo. Batts no iba a pedir eso a esas alturas. Después, George apeló a un recurso desesperado.

"Primero hay que comprender el contexto socioeconómico de Guatemala, donde hay tanta pobreza que las personas están obligadas a hacer lo que sea para sobrevivir", comenzó. "Por eso mi cliente traficó cocaína para poder mantener a su familia". Batts ni parpadeó. Yo escuchaba eso y pensaba: "Bueno, ya no está negando que su cliente traficaba cocaína". Pero después hubo una serie de explosiones sucesivas en mi cabeza mientras me decía: "Noooo... ¡No es cierto que está diciendo eso!". Se me ocurría que, en Guatemala, al escuchar aquello, más de algún juez no habría mantenido la compostura.

Bajo esa premisa, 60% de la población que vive en la pobreza tiene una justificación para traficar drogas. Ningún abogado serio usaría ese argumento. La jueza Batts, que no estaba impresionada ni conmovida, la observaba con una expresión de piedra, sin alzar una ceja, como cuando se congela la imagen en un video.

Luego, acorralada por la inminencia de una inevitable y larga condena de cárcel para su cliente, George seguía culpando a Horacio de engañar a todos respecto a la identidad del Gordo.

"Creo que [Horacio] Botero engañó a Sammy, y Sammy realmente no sabía ni quién era quién", elucubraba la abogada. "La identificación del señor Paredes ocurrió debido a una sugestiva maniobra del agente Weil [de la DEA]; entonces, [cuando reprodujeron las grabaciones] Sammy dice: 'Sí, ese es el tipo; ese es el Gordo', y Sammy sigue creyendo lo que dice que cree".

Este parecía un argumento descabellado cuando ya se había ventilado en la corte que Sammy llegó a Guatemala tres veces, entre los años 2000 y 2002, que admitió que conoció a Jorge Mario en persona, y Horacio lo confirmó, asegurando que él presentó al dominicano con "don Mario". Pese a todo esto, George seguía insistiendo en que Jorge Mario y Sammy nunca se encontraron en persona y no se conocían.

La abogada reveló que había varias versiones de las declaraciones de Sammy y que se reunió varias veces con la fiscalía después de que acabó la operación de escuchas telefónicas en abril de 2003. George preguntó en la corte cuántas veces la fiscalía y la DEA entrevistaron a Sammy, y sugirió que la fiscalía hasta se inventó una reunión para conciliar sus diferentes versiones.

"Las personas que conocen la verdad en todo esto son Horacio Botero y Otto Turcios, quien es un fugitivo en Guatemala y quien hasta el día de hoy hemos tratado de localizar", decía George. "Sabemos dónde está, sabemos qué está haciendo, y vamos a llegar hasta él hoy, mañana o cuando sea, porque ellos saben la verdad". Nunca sucedió, ni siquiera cuando la fiscalía le puso las manos encima a Otoniel seis meses después, cuando finalmente fue capturado, y decidió colaborar. De lo que dijo se sabe nada porque los documentos con sus declaraciones no son públicos.

En este punto, la transcripción de ese día, de la audiencia para sentenciar a Jorge Mario, mostraba otros 23 renglones tachados en negro. La mayor parte de la intervención de George y parte de una pregunta de la jueza Batts. Imposible saber el contenido, pero le precedía su continuado intento por desacreditar a los testigos. Ocurrió antes de que entré a la sala.

Sí escuché cuando la abogada habló de Ardila Rojas, un testigo en la *Operación Grúa*, quien dijo que Jorge Mario traficó cocaína de

Panamá a México. George lo describió como un testigo que interrogó en otro juicio. No dijo cuál, pero podía ser en el caso de su otro cliente, el colombiano Hoover Salazar, el dueño de la grúa, aunque no fue a juicio porque se declaró culpable. "El señor Ardila me habló", dijo George. "No quiero entrar en muchos detalles, pero algo que dijo me molestó mucho, porque admitió esto: 'Dije lo que tenía que decir para salir de aquí' [refiriéndose a que salió de la cárcel rápido porque declaró contra Jorge Mario]. Entonces, ¿qué sucede con el hecho de que debemos corroborar lo que la gente dice? ¿Qué sucedió con la corroboración?".

Ardila reveló varios detalles de la *Operación Grúa* sin mencionar a Jorge Mario, aunque lo relacionaba con el tráfico de cocaína entre Panamá y México, y la fiscalía razonó que conocía a todos los demás involucrados en la operación y sus declaraciones coincidían con las de otros testigos que sí lo mencionaron.

Y así Batts tomó una decisión.

La sentencia golpeó a Jorge Mario como una almágana. Estaba de pie con sus abogados para escucharla. La jueza, sin entretener el momento, anunció que lo condenaba a 372 meses de cárcel —31 años—. En el acto, a Jorge Mario se le desplomaron los hombros. Agachó la cabeza, y el abogado José Batista le palmoteó el brazo izquierdo, en un lerdo intento de consolarlo. *The New York Post* reportó que lloró cuando se escuchó sentenciado a vivir tres décadas en la cárcel. Pero no sé cómo supieron que lloraba cuando él estaba de espaldas, nunca se volteó, y los periodistas estaban varias filas atrás. Yo lo observé desde la penúltima banca porque el público permanecía sentado, en una sala todavía llena.

Esos 31 años fueron la mayor sentencia recibida por cualquier acusado en este caso. George dijo que la iba a apelar, pero esta ya era una batalla perdida. Cuando acabó la audiencia, y Batts salió de la sala, quise hablar con Batista o Kacerosky para saber qué iban a hacer ahora —si es que quedaba algo que hacer, además de apelar la sentencia—. Me levanté y corrí para encontrarlos cuando salían de la sala. La muchedumbre estaba de pie, y fue imposible divisar a Jorge Mario después.

Encontré al abogado y al investigador de pie a un costado del elevador, en el vestíbulo frente a la sala. Asumí que no querían hablar allí, y estaba a punto de preguntarles si nos podíamos reunir afuera de la corte más tarde ese día, cuando vi de reojo la silueta oscura de George acercarse a toda prisa como un tren de carga y bramar a un par de centímetros de mi cara: "¡Espero que usted sea una periodista responsable!". Lo decía porque yo también escuché lo que reveló Jorge Mario en la audiencia, antes de ser sentenciado, las palabras que la abogada le pidió a Batts que la corte tachara en el expediente público para protegerlo. Era una medida que no impedía que quienes lo escuchamos en la sala publicáramos lo que dijo (algo que por prudencia no pensaba hacer). El encontronazo me enroscó las orejas del susto y sólo atiné a responder en un tono apocado: "Por eso vine al juicio; por eso estoy aquí", pero George ya no me escuchó. Estaba ocupada arreando a Batista y a Kacerosky hacia el elevador, a pocos pasos de distancia, mientras les gritaba: "*We do not talk to the press! We do not talk to the press!*" (¡No hablamos con la prensa! ¡No hablamos con la prensa!). Ninguno de los dos me volteó a ver ni dijo palabra, y yo no quería otra gritada, así que sólo los observé caminar mansamente al lado de George y entrar en el ascensor. Desaparecieron tras las puertas metálicas que se cerraron lentamente y en silencio, como un pesado telón al final de una densa función de teatro.

Una conversación extraña

Esperé un par de horas antes de escribir a Kacerosky, para que los ánimos se enfriaran un poco —los de George—, y me fui a la redacción de *El Diario* en Brooklyn para escribir la nota acerca de la sentencia. Alrededor de la una de la tarde le mandé un mensaje de texto para explorar si todavía podíamos hablar. Me respondió que George estaba furiosa por la sentencia, pero que estaba de acuerdo con que habláramos —él y yo, no ella—. Me dijo que nos reuniéramos en Nueva Jersey, y me dio indicaciones para llegar a un *diner* que estaba a un costado del puente George Washington. No se me escapó la ironía de que seis años antes aquel era el mismo puente por donde Sammy movía cocaína hacia Nueva York antes de su captura. Miguel también lo había recorrido varias veces con su furgoneta rentada, para comprobar que no sería peligroso transitarlo con la merca que él suponía en Nueva Jersey (pero que la DEA ya la había incautado a Sammy). También recordaba que Sammy era asiduo a reunirse en un *diner* en Queens con Lico y Miguel.

Antes de escribirle a Kacerosky, había pensado en un encuentro simple, inocuo, en un bonito café en Manhattan, pero esa expedición hasta Nueva Jersey me puso nerviosa. No era por Kacerosky, sino porque los antecedentes del lugar, cerca del puente, no me daban buena espina.

Tomé el *subway* de regreso al bajo Manhattan, y luego 185 cuadras hacia el norte, hasta la calle 181 en la antesala del Bronx. Caminé hacia un estacionamiento debajo de las bases del puente George Washington del lado de Nueva York, donde salían microbuses hacia Nueva Jersey. No era muy distinto a los estacionamientos ni a los microbuses en cualquier zona popular en Guatemala, aunque sin los remolinos de gente, pero sí era un sector muy latino donde ráfagas de merengue o bachata salían de automóviles en circulación, tiendas o alguna carretilla de comida frita en la acera. Subí al primer microbús de la fila. El chofer hablaba español. Confirmó que podía dejarme cerca del *diner.* Otras cinco personas viajaban a bordo. Recorrimos una distancia de 1 450 metros sobre un puente que se elevaba unos 65 metros sobre el río Hudson. Una vez en Nueva Jersey, caminé casi dos cuadras prácticamente desoladas hasta dar con el lugar. Los pocos transeúntes eran latinos, migrantes, caminando de prisa, posiblemente a su próximo turno de trabajo.

Desde afuera, el *diner* se veía tan hermético que pensé que estaba cerrado. Era un sitio oscuro, exactamente el tipo de lugar a donde vas cuando no quieres que te vean hablando con alguien, y donde nadie va a escuchar lo que estás diciendo si hablas a susurros. Kacerosky ya me esperaba. Asumía que eligió ese *diner* por obvias razones, pero además estaba a pocos minutos de Hackensack, Nueva Jersey, donde George tenía su oficina y a donde probablemente fueron después de la audiencia. No le pregunté. Sólo quería escuchar qué tenía que decir del caso y asumía que sería una charla corta.

Pedimos café negro. No era el tipo de lugar que sirve capuchinos. Tenía cubículos con bancas largas y mesas de formica con manteles individuales de papel. Kacerosky fue al grano, sin esperar que hiciera la primera pregunta. Le dio la vuelta a su mantel, sacó un bolígrafo, y empezó: "Te voy a decir quiénes manejan el narcotráfico en Guatemala". Yo afiné las orejas. Esperaba que algo de eso me explicara más acerca de Jorge Mario Paredes.

Comenzó por dibujar cuatro círculos con un bolígrafo azul. Dos, dijo, eran narcotraficantes guatemaltecos no buscados por la justicia en Guatemala ni por Estados Unidos. Otro era Otoniel, aún prófugo en abril de 2010. El cuarto era Miguel Treviño Morales, el mexicano segundo jefe de Los Zetas, conocido con el mote de "Zeta 40" y el número uno del narco en ese momento en Guatemala, según Kacerosky.[4] A un costado, otro círculo representaba a un alto funcionario en el Ejecutivo en el país, el supuesto puente del Zeta 40 con el gobierno. El exagente federal decía que Otoniel estaba vinculado con Los Zetas en Alta Verapaz, un departamento al norte de la capital, que era su centro de operaciones y donde Otoniel tenía propiedades.

En 2009 un investigador de la Fiscalía de Narcoactividad me dijo que los Turcios Marroquín eran "un grupo pequeño vinculado al narcotráfico en Alta Verapaz". Y ese vínculo con Los Zetas apareció como referencia de Otoniel en los diarios de Belice, cuando lo capturaron en 2010 en ese país. También lo publicaron algunos diarios de Guatemala. Ese año, Los Zetas, que fueron el brazo armado del Cártel del Golfo en México, operaban con relativa independencia. Kacerosky me dijo que Treviño tenía una finca en Alta Verapaz y otra en Antigua Guatemala (donde yo había observado la inusual circulación de vehículos con placas mexicanas ese año).

[4] En una entrevista, el presidente de Guatemala en 2010, Álvaro Colom (fallecido en 2023), me dijo que Treviño era el que mandaba en el narcotráfico del país. Otra parte de esa entrevista se incluyó en un capítulo acerca de Guatemala en un libro que publicó el Woodrow Wilson Center en Washington D. C., en 2011.

Entonces, le pregunté por las grabaciones de las llamadas. Respondió que no se explicaba por qué las grabaciones sirvieron para condenar a Jorge Mario. Él no dudaba que era un narcotraficante (George misma lo admitió ese día antes de escuchar la sentencia), pero creía que la fiscalía torció la evidencia para culparlo. De hecho, sospechaba que una de las voces en las grabaciones, que le achacaban a Jorge Mario y tenía acento mexicano, era la de Treviño Morales. Pero era improbable. En Guatemala hubo una fuerte presencia de Los Zetas entre 2007 y 2011, pero las grabaciones eran de 2003. Ese año todavía estaban integrados al Cártel del Golfo en México y cuidaban sus intereses adentro y afuera de ese país. En 2003, cuando las autoridades mexicanas capturaron al jefe del cártel, Osiel Cárdenas Guillén (que siguió mandando desde la cárcel), Treviño no estaba ni cerca de ser jefe de Los Zetas, menos de poder negociar el envío de cargamentos a Nueva York. Ni siquiera era el segundo jefe —posición que tenía el Lazca (Heriberto Lazcano), quien asumió el liderazgo en 2004—. Que la voz fuera de Treviño no era imposible, pero sí poco probable.[5]

De cualquier manera, ya no importaba. La fiscalía y sus testigos, Horacio y Sammy, habían convencido al jurado en el juicio en 2009 de que Jorge Mario Paredes era "el Gordo" en las grabaciones de las llamadas telefónicas.

Kacerosky habló también del narcotráfico en Honduras, sin mencionar a Jorge Mario, pero sí a funcionarios públicos en cargos altos que estaban metidos hasta las rodillas en el tráfico de cocaína. Después de casi una hora de hablar, y de hacer más ruedas, rayas y flechas en su diagrama en el reverso del mantelito de papel, me hizo una advertencia.

"Pero no puedes publicar nada de esto", me dijo. "Si no, te puede matar este, o este, o este, o este, o me pueden matar a mí". Señalaba y presionaba con fuerza el dedo índice sobre los cuatro pilares del narcodiagrama que dibujó, y sobre las otras ruedas que

[5] Osiel Cárdenas Guillén fue extraditado desde México a Estados Unidos en 2007, durante el gobierno de Felipe Calderón.

representaban los funcionarios públicos de alto perfil, que eran socios del narco.

"No, tranquilo", le dije. "Esto aquí se queda". En ese entonces, todos los protagonistas de su diagrama estaban libres o prófugos, en Guatemala y Honduras. Actualmente dos están libres.[6]

Acto seguido, Kacerosky tomó el mantelito y lo hizo retacitos. El promontorio de confeti blanco quedó a un costado de la mesa, cerca de un pimentero y un salero, y el investigador se levantó.

"Podemos hablar más adelante, pero ahora debo irme", agregó. Hubo un brusco y efímero apretón de manos, y salió rápidamente del *diner.* Nunca volvimos a hablar, salvo por evasivos mensajes por email acerca de reuniones a futuro que nunca sucedieron. Después de que se marchó, pasé al baño un momento a lavarme las manos y a respirar profundo. No sabía qué hacer con todo eso. Cuando salí a la calle me sorprendió la claridad. El día aún no terminaba. Meses después, publiqué en *El Diario NY* lo poco que se podía corroborar, algunos detalles relacionados con Los Zetas y la presencia de Treviño en Guatemala.

Algunos indicios clave

Entre los cables del Departamento de Estado de Estados Unidos que filtró WikiLeaks, un cable del 28 de marzo de 2008 (08GUATEMALA387) reveló que "fuentes de la DEA" sugerían que posiblemente "Treviño trataba de controlar el narcotráfico en algunas zonas en Guatemala, El Salvador y Honduras" (nada mencionaba de 2003). Lo identificaba como un responsable indirecto del asesinato de Juancho León, el 25

[6] Uno de los protagonistas libres, sin cuentas pendientes (al menos, sin orden de captura ni investigaciones abiertas en Guatemala ni en Estados Unidos), es Otoniel Turcios Marroquín, quien regresó a Alta Verapaz después de que los estadounidenses lo deportaron en 2015, habiendo cumplido su sentencia en ese país. Unos meses antes de su retorno, varios trabajadores en una de sus fincas decían que "el patrón" ya iba a regresar, según un contacto de la zona. El otro personaje libre es un exfuncionario público en Guatemala, también libre de cargos después de pasar una temporada en la cárcel.

de ese mes.[7] Después de la captura de Jorge Mario el 1 de mayo, algunos artículos de prensa también le achacaban ese asesinato y el de otras 10 personas que murieron en la refriega. Citaban fuentes policiales, pero después el Ministerio Público comprobó que Los Zetas lo habían planificado. Una fuente confidencial en este caso agregó en esa época que este grupo de narcotraficantes mexicanos no tenía ningún vínculo con Jorge Mario.

Para mediados de 2010, el entonces presidente de Guatemala Álvaro Colom repetía lo que dijo Kacerosky unos meses antes, que Treviño "era el número uno del narco en el país".[8]

En septiembre de ese año, cinco meses después de dictada la condena a Jorge Mario, el hallazgo de un botín relacionado con el narcotráfico lo devolvió a los titulares de prensa. Una nota de NBC *News* lo asociaba, citando a la policía salvadoreña y autoridades estadounidenses, con 28.5 millones de dólares incautados en El Salvador. El dinero estaba oculto en toneles enterrados. Uno lo descubrieron en una finca de ganado en la costa, que era "del tamaño de 42 cuadras en Manhattan", y dos más en propiedades de vecindarios de alta plusvalía en San Salvador.[9]

Un mes antes, la policía había capturado a uno de los dueños de la finca en El Salvador, el guatemalteco Bildardy Obdulio Ortega Vásquez. Lo detuvieron en ese país cuando pretendía viajar a Panamá junto a dos mujeres y 36 000 dólares en efectivo sin declarar. Lo defendieron cinco abogados. La nota de NBC citaba a autoridades

---

[7] El cable "reference id" 08GUATEMALA387 está fechado el 28 de marzo de 2008 y firmado por el entonces embajador de Estados Unidos en el país, James Derham. Este cable fue descargado el 28 de octubre de 2011 de esta dirección: http://www.cablegatesearch.net/cable.php?id=08GUATEMALA387, que en 2025 ya no está disponible. La autora tiene una copia impresa. Sí aparece en esta dirección: https://archive.org/details/08GUATEMALA387.

[8] El perfil de Treviño bajó en Guatemala cuando asumió la primera jefatura de Los Zetas en México, y dejó la plaza de Guatemala, después que en 2012 murió el primer jefe de Los Zetas, Heriberto Lazcano ("el Lazca"), en un enfrentamiento con las autoridades mexicanas. Treviño fue capturado en México en 2013 y extraditado a Estados Unidos.

[9] K. Corcoran. "Mexican Drug Cartels Move into Central America". *NBC News*. 13 de marzo de 2011. Enlace: https://www.nbcnews.com/id/wbna42060262.

que identificaban a Ortega Vásquez como "el supuesto contador de [Jorge Mario] Paredes". Howard Cotto, director adjunto de la Policía Nacional Civil salvadoreña, fue más cauteloso al explicar que los dólares incautados en distintas propiedades parecían haber sido empacados de la misma forma, quizá por una misma persona, pero que todavía "no sabía quién estaba detrás del dinero". Un diario guatemalteco citó a autoridades del país diciendo que Ortega Vásquez era el sucesor de Choto Zepeda (asesinado en Guatemala en 2009) en el manejo del dinero de Jorge Mario Paredes.[10]

El 31 de octubre de 2010 la policía en Honduras capturó a cuatro guatemaltecos, tres argentinos y siete panameños cuando pretendían llevar 7.5 millones de dólares en su equipaje hasta Panamá. Las autoridades hondureñas y de Guatemala dijeron a la prensa que los detenidos supuestamente eran testaferros de Jorge Mario Paredes, y que los guatemaltecos detenidos eran dueños de fincas de grandes extensiones, ganado, vehículos y voluminosas cuentas bancarias.[11] Todas estas capturas no hicieron ninguna diferencia en el caso en Nueva York, donde el *defendido* apeló la sentencia sin resultado alguno.

Cae el gran ausente

El 25 de octubre de 2010, seis días antes de las capturas en Honduras, cayó Otoniel en Belice. La policía lo capturó a solicitud de la DEA en San Ignacio, a 15 kilómetros (unos 25 minutos en carro) de la frontera con Guatemala —país donde todos los intentos de captura para extraditarlo fallaron—. ¿Podía tener que ver en eso que Otoniel era

[10] K. R. y A. S. "MP sin recibir información de contador de Paredes Córdova". *elPeriódico*. 12 de noviembre de 2010. Edición impresa. Página 6.

[11] Nota de prensa en Honduras que cita a *Prensa Libre* de Guatemala: Redacción. "Chapines serían testaferros del Gordo Paredes". *La Prensa*. 10 de noviembre de 2010. Edición electrónica. Enlace: https://www.laprensa.hn/sucesos/chapines-serian-testaferros-del-gordo-paredes-AQLP480891.

contratista del Estado?[12] Quién sabe, pero tenía una constructora que hizo obras para el gobierno, y había financiado al partido oficial, Unidad Nacional de la Esperanza (UNE), según un miembro del partido dijo a *InSight Crime.*[13] Además, la prensa beliceña publicó su foto por primera vez, que no había aparecido en internet.

Una versión extraoficial reveló que Otoniel había viajado a Belice en automóvil desde Guatemala y que la DEA lo siguió. Cuando los agentes observaron que cruzó la frontera, alertaron a la policía beliceña. Sin embargo, un diario beliceño publicó que Otoniel ya vivía en Belice, y viajaba con frecuencia entre Belice y Guatemala sin problemas. Lo describió como un sujeto adinerado y "un dedicado agricultor".

Ninguna autoridad beliceña dijo cuánto tiempo llevaba Otoniel viviendo en ese país con sus hijos y esposa. La policía divulgó que lo detuvo cuando conducía su vehículo acompañado de su familia (otros diarios revelan que lo acompañaban dos adultos más, que fueron dejados en libertad). "Hay registros de que tiene seis casas en México y casas en las zonas 6 y 18 de la capital de Guatemala, y en Carrizo Grande, Morazán, en El Progreso, donde nació", publicó la prensa en Belice.[14] Debían ser registros oficiales, que garantizaban que podía costear su residencia en Belice. No había mención de su casa en las afueras de la capital, donde Botero dice que lo llevaron, y donde posiblemente la policía capturó a la esposa de Otoniel.

Lo curioso es que por espacio de unos días después de la detención de Otoniel, nadie supo dónde estaba, ni siquiera sus abogados. "La policía arrestó al señor [Turcios] Marroquín en San Ignacio el 25 de octubre de 2010, lo retuvo en la estación de policía de Belmopan,

---

12 H. Bin. "Descarte la esperanza en Alta Verapaz. Las elecciones traen más de lo mismo". *Con Criterio.* 29 de mayo de 2023. Enlace: https://concriterio.gt/descarte-la-esperanza-en-alta-verapaz-las-elecciones-traen-mas-de-lo-mismo/.

13 Steven Dudley. "The Zetas, Drug Money and the Colom Campaign in Guatemala". InSight Crime. 9 de agosto de 2018. Enlace: https://insightcrime.org/investigations/the-zetas-drug-money-colom-campaign-guatemala/.

14 Newsroom. "Turcios Marroquin will stand trial in New York". *National Perspective.* 7 de noviembre de 2010. Edición impresa. Página 6. Enlace: https://issuu.com/national_perspective/docs/november_7__2010.

y después desapareció de allí, entonces comenzamos a indagar acerca de su paradero", dijo el abogado Elston Kaseke a 7 *News*. Parecía que se lo había tragado la tierra. Luego, la prensa reveló que "la policía de Belice lo trasladó de una celda a otra, en diferentes estaciones policiales, para ocultarlo", entre el 25 y 28 de octubre.[15]

Al parecer, todas esas vueltas para moverlo furtivamente de un sitio a otro eran para ganar tiempo mientras Estados Unidos enviaba la acusación contra Otoniel a Belice, donde el gobierno exigió una copia certificada para permitir que la DEA lo sacara del país. El Departamento de Justicia la envió el 28 de octubre,[16] aunque para estas alturas el ministro de Defensa y Migración de Belice, Carlos Perdomo, ya había aprobado la expulsión Otoniel del país. Pero, como en el caso de Jorge Mario, no lo expulsaron hacia Guatemala, sino a las manos de la DEA.

Según 7 *News*, el segundo superintendente de la policía, Lincoln Hemsley, tenía la copia del registro de salida del país que Otoniel firmó, y una declaración jurada (aunque con fecha del 1 de noviembre). Hemsley, también jefe de la unidad antinarcótica policial, relató ante un juez que en la tarde del 28 de octubre escoltó a Otoniel hasta un avión en el Aeropuerto Internacional Philip Goldson de Belice, en la Ciudad de Belice (a dos horas de San Ignacio). El policía dijo que otras cuatro personas estaban a bordo, dos de ellas estadounidenses.

"El 28 de octubre lo subieron a un jet donde oficiales estadounidenses de la DEA lo transportaron a Fort Lauderdale, en Florida, Estados Unidos", continuó la publicación. "[Otoniel] Turcios ya estaba en Nueva York para cuando Kaseke y Oswald Twist [otro abogado] llegaron a la Corte Suprema de Belice a solicitar un *habeas corpus* para su cliente ese mismo día". Kaseke dijo que todo este asunto mostraba "mala fe" y que su cliente había sido víctima de una desaparición forzada.

---

[15] Redacción. "The Marroquin Matter". 7 *News*. 1 de noviembre de 2010. Enlace: https://www.7newsbelize.com/sstory.php?nid=18140.

[16] Caso 03-CR-00987 en Corte Distrito Sur NY. Memorando del Departamento de Justicia a la jueza Debra C. Freeman fechado, archivado y microfilmado el 28 de octubre de 2010.

El mismo día, Otoniel acabó frente a un juez en Nueva York a las 3:40 de la tarde, hora local. Un formulario de la audiencia indica que lo capturaron en esa fecha, con un signo de interrogación entre paréntesis a la par —aunque había ocurrido tres días antes—. El documento atribuía la captura a autoridades beliceñas, en una anotación a mano al margen de la hoja. Otoniel se declaró no culpable (aunque eso duraría poco). Habló en español y todo lo que dijo lo repitió en inglés un intérprete de la corte.

El 7 de noviembre de 2010 un diario de Belice publicó que a Otoniel lo acusaban de traficar 1 600 kilos de cocaína (otros medios mencionaban 600 kilos) a Estados Unidos en el mismo caso de Jorge Mario y Myve Lorena.[17] Enfrentaba la misma acusación que Jorge Mario. La prensa también divulgaba que el expediente incluía la transcripción de una llamada telefónica en la que Otoniel hablaba de un traficante mexicano y la distribución de 100 kilos de cocaína en Nueva York. Era la misma conversación de 2003 cuando Otoniel le pidió ayuda a Sammy porque su socio mexicano necesitaba vender la droga en esa ciudad.

Al menos entre 2006 (cuando Jorge Mario se fue a Honduras) y el año de su captura, Otoniel manejaba "una de las cuatro columnas de poder que Los Zetas utilizaron para entrar en Guatemala", según un oficial militar de Guatemala le dijo en 2012 a InSight Crime.[18] Eso me recordaba al diagrama que Kacerosky dibujó en 2010 para describir quiénes mandaban en el narcotráfico en el país.

El gobierno se enteró de que Los Zetas estaban en Guatemala en 2008, cuanto mataron a Juancho en Zacapa. Para entonces, ya había indicios de que se movían en Alta Verapaz, donde estaba su base de operaciones, así como Izabal y el sur de Petén. En estos departamentos, según el oficial militar dijo a InSight Crime, Otoniel traficaba cocaína mientras manejaba sus empresas de transporte y construcción, y plantaciones de palma africana.

---

[17] Redacción. "The Marroquin Matter".

[18] F. Sandoval Alarcón. "Sombra de la mafia: el desplazamiento". InSight Crime. 2012. Enlace: https://insightcrime.org/wp-content/uploads/2023/08/Sombra_mafia_desplazamiento.pdf.

"[Otoniel] Turcios, igual que muchos otros narcotraficantes de la zona, antes de ser capturados, ya eran todos unos pioneros en la siembra y el cultivo de palma", le dijo a *Plaza Pública* Miguel Castillo, analista político y asesor para empresas que producen ese cultivo.[19] Después de su captura, arrendó los lotes de palma, según InSight Crime. Unos meses antes, en febrero de 2010, la policía capturó a su esposa Dina Ramírez en su casa en la zona 8 de Cobán, donde también encontró un pequeño arsenal y un poco de dinero: 30 armas de fuego, entre escopetas, fusiles, pistolas y rifles, además de 57 cargadores y 1 292 cartuchos para esas armas, y 5 420 dólares en efectivo.[20] Era la segunda esposa de Otoniel detenida en circunstancias similares (la primera fue detenida en 2003, también con armas de fuego y dinero sin origen justificable). La prensa beliceña que publicó que lo capturaron cuando viajaba con su esposa no divulgó su nombre. Se desconoce si era una tercera señora de Turcios o si era Ramírez.

El asunto es que tres días después, el 28 de octubre de 2010 en la noche, Otoniel estaba de vuelta en la misma cárcel de donde salió en 1999, el MCC en Manhattan. Su hermano Lico llevaba seis años preso en Illinois, por el mismo caso. En 2012 Otoniel se encontró en el MCC con un extraditado Walter Overdick Mejía, a quien las autoridades en Guatemala identificaban como el principal socio guatemalteco de Los Zetas, y a quien Otoniel debía conocer porque vivía en Alta Verapaz, donde tenía propiedades.

---

[19] O. J. Hernández. "Desplazar para no ser desplazados: palma, narcos y campesinos". *Plaza Pública*. 30 de septiembre de 2012. Edición electrónica. Enlace: https://www.plazapublica.com.gt/content/desplazar-para-no-ser-desplazados-palma-narcos-y-campesinos.

[20] Publicación de *Prensa Libre* del 27 de febrero de 2010. En junio de 2024, hasta 14 años después, un juzgado autorizó que los bienes confiscados en la propiedad de Otto Turcios pasaran a ser propiedad del Estado, en un proceso por extinción de dominio. En este proceso, Turcios fue el acusado, aunque las autoridades capturaron a su esposa cuando incautaron las armas, municiones y dinero en 2010. Véase H. Quino. "Armas, municiones y dinero del narco 'Loco Turcios' pasarán al Estado". *Prensa Libre*. 5 de junio de 2024. Edición electrónica. Enlace: https://www.prensalibre.com/guatemala/justicia/armas-municiones-y-dinero-del-narco-loco-turcios-pasarian-al-estado-breaking/.

En 2013 también llegó extraditado a Nueva York el expresidente de Guatemala Alfonso Portillo (2000-2004), a quien la Fiscalía del Distrito Sur de Nueva York acusaba de lavado de dinero. Un testigo que lo conocía, y que habló conmigo bajo condiciones de anonimato, dijo que Otoniel apadrinó a Portillo y le enseñó las reglas no escritas que le permitirían sobrevivir en aquel sitio ya conocido como la Guantánamo de Manhattan y donde el hacinamiento generaba descontrol. Sally Butler, una abogada que representó en esos años a sujetos encerrados en esa cárcel, aconsejaba a sus clientes hacer lo que pudieran para no estar en la mira de los guardias de la prisión. "Si un oficial te dice que saltes, tú saltas", les decía.[21]

Otoniel se encontró con un Portillo recién salido de una celda de aislamiento, donde supuestamente había pasado tres semanas según el testigo (cuando lo usual eran 72 horas), con la luz encendida todo el tiempo —la táctica de los guardias para impedirles dormir a los internos y ablandarlos antes de su traslado a un dormitorio colectivo o una celda compartida con otro interno—. El testigo dijo que "Otoniel lo recibió en Nueva York y lo cuidó" y Portillo estaba "muy agradecido con él", tanto que después lo interesó en la lectura (una de las pocas distracciones en el MCC) y, cuando ambos estaban afuera de la cárcel en 2015, Portillo le regaló un toro. El expresidente nunca concedió una entrevista para hablar de su paso por el MCC y confirmar estos datos, aun después de escribirle por mensaje de texto o llamarlo 10 veces entre junio de 2022 y septiembre de 2023.

El expediente de Otoniel en la corte de Nueva York muestra que el acceso a la mayoría de los documentos está bloqueado al público, y que no fue a juicio. Aunque enfrentaba exactamente la misma acusación que Jorge Mario, él sí colaboró con la fiscalía y se declaró culpable, permaneció cinco años en el MCC en Nueva York, y en julio de 2015 la jueza Batts dictó su sentencia como cumplida. Salió de la cárcel y volvió a Guatemala casi cinco meses después que Portillo.

El 22 de febrero de 2024 le escribí por correo electrónico a James Roth, un abogado de Nueva York que representó a Otoniel

---

[21] Stahl. *Op. cit.*

después de su captura, y después de que salió libre, y le pregunté si era posible que me pusiera en contacto con su cliente, si es que todavía se comunicaban. Le expliqué que había publicado el reportaje de 2009 en *El Diario NY*, pero que ahora trabajaba en un libro y quería hacerle algunas preguntas acerca del caso, para escuchar su perspectiva. Roth me respondió el mismo día. Me pidió que le enviara el reportaje en *El Diario NY*, y así lo hice. Para el 22 de abril, después de dos meses, no había tenido noticias suyas, así que le volví a escribir para preguntarle si su cliente estaría dispuesto a hablar respecto a qué dijeron otros acusados acerca de él y de lo que la prensa publicó de su caso en Guatemala y Belice. Esta vez, Roth volvió a responder ese mismo día de nuevo y, amable pero sucintamente, dijo que "apreciaba mis esfuerzos" en este asunto, pero que el señor (Otoniel) Turcios no estaba disponible para comentar el tema. Así que hasta allí llegó esto.

En mayo de 2015 un sujeto de 60 años llamado Carlos Gómez López —como el colombiano Miguel— salió de la cárcel, pero no fue posible confirmar si era la misma persona, el hermano del cuñado de Horacio Botero. La parte pública del expediente no incluía documentos acerca de su condena, ni más indicios acerca de su cooperación con la fiscalía que la minuta de la audiencia en la que cambió su declaración de "no culpable" a "culpable". Si era él, estuvo en la cárcel el mismo promedio de años que los demás procesados: de cinco a nueve años —salvo por Jorge Mario Paredes, claro, y Hoover Salazar—.

Otoniel parecía haber salido del MCC poco antes de que todo allí empeorara aún más. Un año después, en 2016, como parte de la mayor captura de pandilleros en la historia de la ciudad de Nueva York, llegó Melvin Rodríguez, quien pasó tres semanas en esa cárcel en octubre de ese año. Lo habían capturado en el Bronx por venderle drogas a un informante confidencial. "Yo pensaba que no había ningún lugar peor que Rikers Island", dijo Rodríguez al periódico *Gothamist*, también famosa por sobrepoblación y la facilidad con que guardias o internos pueden morir asesinados o recibir palizas. Rodríguez y otro interno —ya en el MCC— se referían a una horrible plaga de insectos hasta en la ducha, y ratones en la despensa, donde roían las cajas de comida.[22]

En 2020 ocurrió el contagio desenfrenado del coronavirus entre los internos, que se quejaban de las condiciones "miserables" en la cárcel; también se denunció el caso de una pistola ingresada de contrabando, la muerte de un interno y el cambio constante de directores. En 2021 el Departamento de Justicia anunció el cierre "al menos temporal" del MCC para atender problemas de negligencia en los guardias, corrupción y otras irregularidades, que resultaron bastante obvios después de que, en 2019, el financista caído en desgracia y acusado de tráfico sexual de menores de edad, Jeffrey Epstein, se suicidó en su celda. La cárcel, que alguna vez fue llamada una de las más seguras del país, permanecía cerrada en 2024.[23]

Una lucha casi inútil

Jorge Mario Paredes era candidato para recibir una sentencia que podía oscilar entre los 360 meses de cárcel (30 años) y cadena perpetua, según la ley de sentencias, por al menos tres razones: declararse "no culpable", no colaborar con la fiscalía e ir a juicio, donde el jurado decidió que sí era culpable. Fue un escenario justamente opuesto a lo que George le ofreció. Aunque no lo parecía, la jueza Batts había optado por algo magnánimo: 372 meses, 12 meses arriba del mínimo posible, para un total de 31 años, cuando lo podía haber enviado a la cárcel por el resto de su vida. La insistencia de George de ir a juicio, con la esperanza de que el jurado lo absolviera, lo acercó —más que cualquier otra cosa— a este destino.

Declararse culpable también lo hacía candidato a cadena perpetua, pero le daba un mínimo de 20 años en prisión. Lo que estuviera dispuesto a decirles a los fiscales si colaboraba (delatando gente y declarando en su contra) iba a determinar si la corte fijaba su sentencia

[22] *Idem.*

[23] Sisak y Balsamo. *Op. cit.*

más cerca del mínimo o máximo. Luego, el Buró Federal de Prisiones podía decidir si le descontaba algunos años y lo soltaba antes por buena conducta, o si la jueza Batts autorizaba su salida por problemas crónicos de salud.

En diciembre de 2012 la Corte de Apelaciones para el Segundo Circuito confirmó la sentencia de 31 años que Jorge Mario recibió en 2010.[24] Él la apeló alegando que le negaron un juicio justo porque el jurado recibió las instrucciones equivocadas respecto al delito por el que le juzgaron, y la fiscalía entregó tarde evidencias relacionadas con las llamadas telefónicas —evidencias que lo hubieran beneficiado (el expediente no especifica cuáles)—. Además, pidió repetir el juicio porque la acusación duplicaba algunos elementos. La defensa también alegó que la fiscalía tampoco comprobó que el caso en Nueva York tenía relación con la *Operación Grúa* en Panamá.

La Corte de Apelaciones le negó todo. Dijo que la evidencia "sugería" que sí había un vínculo entre los casos, aunque "la organización criminal [...] hubiera cambiado de miembros y esferas de operación", que la acusación no duplicaba nada y que "el jurado tuvo amplias y suficientes pruebas" para concluir con tiempo suficiente que Jorge Mario era parte de la conspiración por la cual lo acusaron. Además, le recordó que él renunció voluntariamente a sus derechos (como a tener un abogado presente durante su primer interrogatorio) en Miami después de su captura.

En agosto de 2014 la fiscalía pulverizó otro intento de Jorge Mario por corregir la sentencia en su contra en una corte civil, aunque también estaba a cargo de la jueza Batts.[25] Esta vez, cinco años después de ir a juicio, denunció que su defensa le mal aconsejó cuando le dijo que rechazara un acuerdo de colaboración con la fiscalía. Para entonces, estaba en una cárcel de máxima seguridad en Indiana (la Institución Correccional Federal, o FCI, en Terre Haute).

---

[24] Caso 03-CR-00987 en Corte Distrito Sur NY. Véase el documento 273 del caso 10-1868 en la Corte de Apelaciones para el Segundo Circuito en Nueva York.

[25] Caso 03-CR-00987 en Corte Distrito Sur NY. Documento 8 del caso civil 1:14-CV-01764-DAB archivado el 18 de agosto de 2014, relacionado con la acusación S8 del caso criminal 03 Cr. 987 DAB. Página 21.

Bharara, jefe de la Fiscalía del Distrito Sur de Nueva York, dijo que antes del juicio tuvo que haber hecho una declaración jurada explicando, por escrito, que hubiera aceptado el acuerdo con la fiscalía de no ser porque tuvo una defensa legal deficiente. Pero al seguir negando que era culpable de la acusación de la fiscalía, como lo hizo desde su captura hasta el día cuando lo sentenció Batts, el *defendido* contradecía que quería aceptar ese acuerdo. De haber cooperado, habría recibido una oferta mínima de 240 meses de cárcel (20 años, en lugar de 31), que usualmente es reducida aún más a pedido de la fiscalía.

Jorge Mario explicó que su abogada hizo una "defensa pobre" en el juicio, aunque le creyó cuando ella le dijo que estaba un "95% segura de obtener una absolución", y que por eso debía rechazar el acuerdo con la fiscalía. Bharara respondió a la corte que, a esas alturas (en 2014), ya no podía comprobar que no estaba de acuerdo con la estrategia de su defensa en 2009. "En cambio, me parece que aprovecha la excusa de la defensa pobre para poder reclamar [después] que fue mal aconsejado", dijo el fiscal. Bharara reconoció que Jorge Mario tenía derecho a una defensa efectiva, pero que debió "demostrar [por escrito, con la declaración jurada] que había una probabilidad razonable de que, si no fuera por los errores nada profesionales de su defensa, el resultado del proceso habría sido diferente".

Jorge Mario le había pedido la corte que, como ya no podía producir una declaración jurada, fijara una audiencia para establecer que en 2009 sí había en marcha un acuerdo de colaboración con la fiscalía. Pero la corte le negó la audiencia porque no podía probar que habían violado sus derechos. Así perdió la apelación en 2015.

Ocho años después

En 2016, Jorge Mario sí logró algo sólido. La jueza Batts dictó una nueva sentencia y aceptó reducirla a 292 meses (21 años), la mínima en su caso por una modificación retroactiva de 2014 en la ley de sentencias.[26]

[26] El documento de la Corte del Distrito Sur de Nueva York, y firmado por la jueza Deborah Batts, no tiene número, pero está fechado el 17 de febrero de 2016 y

En esa ocasión, como en la primera sentencia, Batts había demostrado que no pensaba que Jorge Mario debía pasar más tiempo del necesario en la cárcel, según lo que fijaba la ley. Así lo demostró en otros casos.

En 2020 la jueza también trabajaba en RISE (Levántate), un programa del Distrito Sur de Nueva York para apoyar a los exconvictos con un alto riesgo de reincidencia. La jueza principal en ese distrito, Colleen McMahon, dijo que la dedicación de Batts para evitar que los exconvictos reincidieran estaba entre sus mayores contribuciones al programa. "La devoción de la jueza Batts hacia estos individuos y su rehabilitación le ganó su lealtad y confianza", dijo McMahon.[27] Jorge Mario quizá no lo tuvo inmediatamente claro, pero podía haber sido sometido a una sentencia mucho más larga de no ser por Batts.

Ese mismo año, Jorge Mario también pidió a la corte que considerara su sentencia como cumplida por razones compasivas. Ya en tiempos de la pandemia del covid-19, estaba en el Instituto Correccional Federal II, en Oakdale, Louisiana, una cárcel de seguridad baja. Tenía 54 años, y decía que su obesidad, diabetes tipo II, hipertensión y colesterol alto hacían que un contagio para él fuera mortal, algo que era factible porque había población interna contagiada. Esto indicaba que había ganado peso de nuevo en relación con 2009.

La solicitud de Jorge Mario nunca llegó a manos de Batts porque la jueza falleció inesperadamente a los 72 años el 3 de febrero de 2020, por complicaciones luego de una operación en la rodilla.

Un año después, en febrero de 2021, el nuevo juez del caso, Paul A. Crotty, dijo que había errores de procedimiento en la solicitud de Jorge Mario, que su justificación para salir libre no era extraordinaria, y que no podía salir antes de tiempo.[28] Para entonces, el Buró Federal de Prisiones lo había trasladado al Correctional Institute Big Spring, Flightline, una subdivisión en una cárcel de baja seguridad en el condado de Howard, en Texas, que no reportaba contagios de covid.

aparece archivado en el expediente (Caso 03-CR-00987 en Corte Distrito Sur NY) un día después.

[27] Seelye y Weiser. *Op. cit.*.

[28] Caso 03-CR-00987 en Corte Distrito Sur NY. Documento 362. También véase https://casetext.com/case/united-states-v-paredes-cordova-1#N196761.

El juez Crotty explicó que la corte reconocía "los esfuerzos del *defendido* para aprovechar su tiempo en prisión de una manera productiva, por ejemplo, obteniendo su título de secundaria (un Diploma de Educación General, o GED, como le llaman en Estados Unidos) y tomando cursos para aprender a ser un padre financieramente estable cuando eventualmente sea excarcelado" (aunque se había graduado de bachiller en Guatemala).[29] Sin embargo, el juez dijo que esta no era una "rehabilitación extraordinaria" y que, aunque lo fuera, la rehabilitación por sí misma no era una razón extraordinaria ni suficientemente fuerte para considerar su sentencia cumplida por razones compasivas.

"[Tampoco] está claro que Paredes se haga responsable de sus crímenes", continuaba el juez en su resolución. Citó un memorándum de la defensa, de 2020, que se refería a "evidencia descubierta recientemente" que "hacía dudar seriamente de la justificación para su condena". El memo aclaraba que Jorge Mario no quería "disputar o minimizar la severidad de los supuestos crímenes, porque había expresado remordimiento por ellos". El término "supuestos" no le había sentado bien a Crotty.

Pero algo más sucedía que comenzó a descontarle unos meses por aquí y por allá a su sentencia.

En 2016 los registros electrónicos del Buró Federal de Prisiones mostraban que saldría libre el 13 de julio de 2029. Para 2022 le habían quitado seis meses de cárcel. Animado por eso, en febrero de 2023 Jorge Mario pidió salir antes de los seis años que le faltaban. George después siguió intentando que el juez Crotty lo liberara por razones compasivas. Pero el juez seguía inamovible. En abril de ese año el caso fue reasignado al juez Gregory H. Woods, quien de entrada se negó a dictar su sentencia como servida.

Pese a que el juez no cedió, en agosto de 2023 Jorge Mario aparecía con un año completo menos de sentencia. Su nueva fecha de salida era el 25 de enero de 2028. No había en el expediente público una razón para estas rebajas, pero podían obedecer a buena conducta.

---

[29] *Idem.*

Curiosamente, lo que George no logró con Jorge Mario lo consiguió con su cliente colombiano, Hoover Salazar, quien salió libre por razones compasivas antes que acabara 2023. Entre otras cosas, este tipo con apodo de aspiradora, que era el confeso dueño de la grúa donde la policía panameña encontró la cocaína en 2005 en Panamá, debía salir en 2037, después en 2029. En cambio, salió el 8 de noviembre de 2023 de una cárcel de Atlanta, después de que George consiguió que el juez Lewis Kaplan, en Nueva York, ordenara su sentencia como cumplida.[30] La abogada lo persuadió argumentando que su cliente de 72 años estaba prácticamente ciego y tenía problemas de movilidad por diversas enfermedades. La solicitud llevaba casi un año de trámite,[31] aunque el juez también ordenó que lo deportaran de inmediato a Colombia, donde enfrentaba otras acusaciones por narcotráfico.[32]

El mes que salió libre el colombiano le escribí por email a George para pedirle una entrevista. Jamás respondió. Su cliente, Hoover, salió libre después de 18 años en la cárcel (aunque lo condenaron a 30), el único de todos los acusados en el mismo caso que permaneció más tiempo encarcelado del que lleva Jorge Mario (quien lleva 17).

---

[30] Solicitud de George de marzo 2023 para la temprana liberación de su cliente colombiano Hoover Salazar. Enlace: https://www.anylaw.com/case/usa-v-salazar-espinosa-et-al/s-d-new-york/03-15-2023/0TBaMocBu9x5ljLUEoXv.

[31] "USA v. Salazar-Espinosa *et al.*". Documento del 14 de marzo de 2023. Enlace: https://www.anylaw.com/case/usa-v-salazar-espinosa-et-al/s-d-new-york/03-15-2023/0TBaMocBu9x5ljLUEoXv. / En un documento de la fiscalía del 10 de diciembre de 2008 se hace constar que ambos procesados están de acuerdo con ser representados por la misma abogada. Véase *docket* del caso 03-CR-00987 en Corte Distrito Sur NY.

[32] Caso "United States v. Salazar-Espinosa (1:05-CR-00517-LAK)" en la Corte del Distrito Sur de Nueva York. Véase registro de Court Listener: página 1 (documento 38 del 13 de abril de 2007) y página 2 (documento 223 del 6 de noviembre de 2023). Enlace: https://www.courtlistener.com/docket/11909659/united-states-v-salazar-espinosa/?page=1. / Orden judicial para liberación de Hoover Salazar notificada a Linda George: https://storage.courtlistener.com/recap/gov.uscourts.nysd.270954/gov.uscourts.nysd.270954.223.0.pdf.

La correspondencia con Paredes

El 8 de septiembre de 2022 le envié una carta a Jorge Mario por correo postal cuando él estaba en la cárcel de Lompoc, en California, a 238 kilómetros al noroeste de Los Ángeles. No era un sitio nada accesible. A falta de automóvil, requiere un viaje en tren, autobús y taxi, que permite llegar después de unas cuatro horas de camino luego de salir del aeropuerto angelino. Lo averigüé porque le dije que iba a solicitar permiso para visitarlo en octubre si él estaba de acuerdo. Bueno, igual ninguna visita puede llegar si el interno no la quiere recibir.

Le expliqué que yo era periodista y había seguido su caso desde su captura en 2008 y que, si le parecía, podíamos conversar algunas cosas sencillas por correo (porque el personal de la cárcel siempre lo revisa).

Escribí por vía electrónica a la cárcel en Lompoc para solicitar visitar a Jorge Mario el 25 de octubre de 2022. Tres días después, una asistente del director dijo que rechazaron mi solicitud porque mi visita podía "causar disturbios y romper el buen orden de la institución". ¡¿Que qué?! Era una decisión que tomaban con base en un artículo del reglamento interno, que busqué y no aclaraba para nada la respuesta. Parecía una decisión discrecional, a voluntad.[33]

Hacia finales de octubre recibí una carta de Jorge Mario, de su puño y letra, fechada el 5 de ese mes. Era la misma letra de la carta que Jorge Mario había enviado a la jueza Batts unos años antes.

Jorge Mario me agradeció por haberle escrito. Yo asumía que a estas alturas del partido sólo se comunicaba con su familia.

Me preguntó por qué quería entrevistarlo. Yo le había dicho que estaba muy interesada en saber por qué —a diferencia de los

[33] La asistente del *warden*, o director de la cárcel, respondió esto: "La razón para la prohibición de la visita está incluida en el Program Statement 1480.05 (la declaración 1480.05 del programa), que indica en parte que 'en la opinión del *warden*, la entrevista probablemente causaría *serious unrest or disturb the good order of the institution* (serios disturbios o alteraría el buen orden de la institución). Recibí la respuesta el 20 de octubre de 2022. Revisé el Program Statement 1480.05, pero aclaró nada.

otros acusados en su caso y muchos otros— había ido a juicio. Me propuso comunicarnos más rápidamente por el sistema de email para los internos en las cárceles federales. Es una especie de intranet porque no tienen acceso a la internet. Por la forma en que escribía, podía leer que se había contagiado de los modismos del español latino en Estados Unidos.

"Si usted gusta, me hace saber [una traducción literal del *let me know* gringo]", me dijo, esperando que respondiera si aceptaba que nos comunicáramos por vía electrónica. Le escribí otra vez por correo postal para enviarle mi dirección de correo electrónico, porque sólo él podía solicitar a la administración de la cárcel establecer ese tipo de comunicación con un nuevo destinatario. Para finales de diciembre recibí la notificación de la cárcel y la dirección de email a donde podía escribirle. Para empezar, le mencioné mi intención de escribir el libro. También le pregunté un chorro de cosas, desde cómo fue capturado en Honduras, hasta por qué no cambió de abogada (que era lo que más me intrigaba), pero respondió escuetamente sólo algunas de las preguntas. En los meses siguientes soltó información a plazos, aunque desde un principio dejó claro que George lo había jodido.

Le expliqué que estaba intrigada con el caso desde 2009, cuando asistí al juicio, lo suficiente para no haber desistido de la idea de publicar el libro, y que era una historia que no debía ser contada sólo por la DEA, la fiscalía, sus abogados y los demás acusados, sino también por él. Le dije que quería mostrar por qué su situación particular había sido tan distinta, y por qué todos los otros acusados ya estaban libres, mientras que él seguía en la cárcel. Quería entender por qué.

Le escribí de nuevo el 13 de enero de 2023, ahora ya por correo electrónico. Respondió tres días después, en seis líneas. Me dijo que sí quería hablar, pero que en su "situación tan compleja" no podía "aportar mucho", que posiblemente lo cambiarían de cárcel y entonces tal vez sí aprobarían la visita. Le respondí sólo para decirle que apreciaría bastante si, de todo lo que le había preguntado en las cartas anteriores, había algo que podía responder sin que le causara problemas.

No lo quería fastidiar, pero el run-run en mi cabeza de querer saber qué había pasado me hizo volver a la carga el 17 de enero. Comencé con preguntas acerca del día de su captura que —pensaba— no perjudicarían su situación legal o en la cárcel, aunque sabía que le estaba pidiendo recordar probablemente uno de los peores días de su vida. Le pregunté para dónde iba ese día, quiénes le acompañaban, la hora, la calle, en qué tipo de carro y cómo había comenzado el día. Le escribía pensando: "A ver qué día de estos me manda por un tubo o simplemente ya no me contesta".

Pero envió nueve renglones. Respondió a la mayoría de las preguntas.

Me dijo que quería hablar en persona, para contar una historia sin que salieran perjudicados sus hijos y su familia. Aclaré que no quería causarle problemas a nadie, ni publicar algo que los pusiera en riesgo. De ahí el cambio o la omisión de algunos nombres de su esposa y uno de sus hijos. Le expliqué que usaría información que estaba en el expediente, que ya conocía la fiscalía, y a la que habían tenido acceso otros procesados en el caso. No había nada nuevo que pudiera complicar su caso.

Hubo dos emails más en febrero de 2023. Al principio lo cosí a preguntas acerca de los demás acusados y lo que decían de él, la mayoría de las cuales tampoco respondió. Después volví a escribirle en abril, pero no contestó. Me dije y le dije en un breve mensaje que, "al entendido por señas", que no iba a insistir, pero que yo allí estaba por si quería escribirme más adelante.

Volvió a escribir el 6 de octubre. Eran dos renglones crípticos para contar que había posibles cambios en su situación, que contaría más cuando estuviera todo más claro. Acusé recibo y estuve atenta, aunque el único cambio que advertí fue que para agosto le habían bajado un año de cárcel: de enero de 2029 a enero de 2028, según el registro electrónico del Buró Federal de Prisiones.

Volví a escribirle el 9 de noviembre y respondió al día siguiente. Le había pedido comentar qué sabía acerca de cómo Otoniel, Horacio y Sammy se conocieron en la cárcel en Nueva York, y que ahora estaban libres, mientras él seguía en prisión, y cómo para el jurado pasó desapercibido que al menos algunas de las voces que le atribuían a él —Jorge Mario— tenían acento mexicano y colombiano, o que un número que la fiscalía decía que él usó para llamar a Sammy desde Guatemala en realidad era de Kentucky, y cómo la fiscalía nunca lo ventiló. Pero Jorge Mario no respondió nada de esto. En cambio, dijo otras cosas.

Le preocupaba que hablar de todo empeorara su situación de alguna manera, aunque él mismo razonaba que era imposible por el tiempo transcurrido. Le reiteré que usé información del expediente que ya conocían la fiscalía y los otros acusados, nada nuevo que lo pudiera complicar.

Le volví a escribir el 14 de noviembre por la mañana, y respondió esa noche, para contarme acerca de la modificación de una ley en febrero de 2024 que podría ayudarlo a salir antes de 2028. No lo bombardeé con más preguntas del caso que, obviamente, a esas alturas no quería comentar, y le dije que volvería a solicitar la visita cuando él lo creyera conveniente, pero ya no volvió a mencionar el asunto.

El 29 de noviembre le escribí para contarle que había entrevistado a su abogado anterior Thomas Liotti el 16 de ese mes. Había hablado una hora con él, grabadora encendida, y con su autorización para publicar todo. Le conté que también le había pedido una entrevista a George, pero que nunca me respondió.

Jorge Mario respondió al día siguiente. No parecía menos decepcionado de Liotti que de George, aunque tenía peores cosas que decir de ella.

"Sobre eso de los abogados, sólo le digo que todos se lucraron con mi persona, pero más Linda [George]", escribió Jorge Mario. "Estoy decepcionado de haber conocido a esa señora. El peor error de mi vida fue haber confiado en esa abogada, ya que sólo me dejó abandonado. ¿Imagínese cómo me podía sentir?", escribió en un correo electrónico. "Es muy duro lo que me hicieron, e injusto".

No era exagerado decir que su defensa había sido "pobre", como Jorge Mario mismo la describió, si no, que lo digan todos los demás acusados que se declararon culpables: ninguno pasó más de nueve años en la cárcel, salvo por Hoover Salazar.

"La abogada, si se le puede llamar abogada a la señora Linda [George], es una persona no muy buena que se fue por el lado financiero, por su bolsillo, [para] llevarme a juicio obligado, por mi ignorancia de no saber cómo era este sistema", escribió Jorge Mario el 10 de noviembre de 2023.

George nunca concedió una entrevista para pedirle una corroboración, aunque ella misma se quejaba de que la fiscalía nunca verificó lo que decían sus testigos.

Casi 15 años después de salir del caso, Liotti también estaba seguro de que la abogada se aprovechó de Jorge Mario.

"Él no conocía cómo es el sistema [de justicia] americano y se aprovecharon de él", dijo Liotti en una entrevista en noviembre de 2023.[34] "Él desconocía las leyes, y Linda George y otros se aprovecharon de él, entre ellos, Bernie Kerik". Se refería al excomisionado de la Policía de Nueva York caído en desgracia que asistió a George en la defensa de Jorge Mario, sólo meses antes de ser acusado (y luego condenado) de fraude, evasión de impuestos y violaciones a normas éticas de la policía, entre otros delitos.

"El señor Paredes tenía buenos abogados", continuó Liotti. "Frank Rubino [que defendía al general retirado Antonio Noriega] y yo hubiéramos arrasado en ese caso. No podíamos estar totalmente seguros, pero teníamos un buen margen para pelear y hubiéramos montado una defensa fuerte". Habló con nostalgia.

El abogado explicó que ganar un caso así era imposible, que había que negociar con la fiscalía, que es lo que solía recomendar a sus clientes según lo que le ofrecieran a cambio.

Le comenté a Liotti que no podía creer que absolutamente todos los demás acusados ya estaban libres después de negociar con la fiscalía, mientras Jorge Mario seguía en la cárcel. "Sí; eso es increíble", coincidió. "Yo fui exitoso la mayoría de las veces que negocié declaraciones de culpabilidad, con resultados muy distintos a 31 años de cárcel". Se refería a la sentencia de cárcel que recibió Jorge Mario como un rotundo *strike* a la defensa que empleó George.

[34] Liotti, 2023.

Este ítalo-americano de 76 años, que además es escritor y que Amazon describe como un abogado "legendario", tenía siete meses de haberse jubilado y cerrado su bufete en Long Island, Nueva York, cuando lo entrevisté en noviembre de 2023. Había litigado casos criminales durante 46 años. Ahora hablaba desde la habitación de un hospital en Mineola (Long Island), en la Unidad de Cuidados Intensivos, a la hora de visita. Un día antes, su esposa me dijo que Liotti se había caído, pero que me podía recibir en el hospital por breves minutos. Pensaba llegar sólo para enseñar la cara, saludarlo en persona, para luego entrevistarlo por teléfono o Zoom. Eso le dije cuando lo encontré sentado en un sofá, viendo televisión, con un semblante relajado. "No, no, no", respondió en seguida, abriendo los ojos aún más. "Hablemos ahora, y puedes grabar todo. ¿Qué me quieres preguntar?". Hablamos durante una hora.

El 12 de diciembre de 2023 le escribí de nuevo a Jorge Mario para mantener el contacto. Respondió al día siguiente. Me contó que su mamá estaba en el hospital desde hacía un mes, que alguna vez había esperado poder verla al salir de la cárcel, pero que eso ya no estaba en sus manos. Más adelante, dijo que su mamá falleció antes de que acabara el año.

Desde que está encarcelado, también perdió a otros tres familiares, dos en hechos violentos. "Mi hermano, mi sobrino y un primo muy allegado [...] ya no están", escribió.[35] Los tres viajaban con él cuando lo detuvo la policía en San Pedro Sula en 2008, horas antes de que la DEA lo llevara a Estados Unidos. No explicó qué les sucedió, pero los diarios publicaron que en noviembre de 2010 un comando armado acribilló a su hermano Arturo, de 54 años, en Izabal, Guatemala. Seis meses después, su sobrino Heber Omar Paredes Ayala, de 38 años, también fue asesinado a balazos en El Progreso, Guatemala.[36] No encontré detalles del caso de su primo,

[35] Correspondencia electrónica de Paredes que la autora recibió el 11 de enero de 2025.

[36] Agencia EFE. "Matan a otro hermano del 'Gordo Paredes'". *La Prensa*. 29 de mayo de 2011. Edición electrónica. Enlace: https://www.laprensa.hn/sucesos/matan-a-otro-hermano-del-gordo-paredes-KELP541784. / G. Galeano. "PNC investiga

pero sí publicaciones de la desaparición forzada en Zacapa de otro sobrino (político), Marvin Arriaza Morales, en mayo de 2008, casi tres semanas después de la captura de Jorge Mario en Honduras.[37] En los tres casos, las autoridades sospechaban de que los hechos tenían una vinculación con el narcotráfico, pero no divulgaron conclusiones oficiales.

Mientras tanto, todos estos años, Jorge Mario ha apelado su sentencia en vano para salir de la cárcel. En diciembre de 2023 esperaba que le aplicaran una ley que entraría en vigor en febrero del año siguiente. "Es lo que más ruego a Dios; ya estoy cansado", escribió en ese entonces.

Pero el juez Woods decidió que no. En 2024 volvió a pedir su libertad anticipada por motivos compasivos, y una corte de apelaciones se la negó en enero de 2025 con 59 años recién cumplidos.[38] Horacio, Sammy y Otoniel —entrados en sus sesenta— llevaban al menos 10 años en libertad. Jorge Mario, en cambio, volverá a poner un pie en la calle hasta enero de 2028, casi 20 años después de su captura en Honduras.

---

a 'Zetas' por asesinato de Heber Paredes". *elPeriódico*. 30 de mayo de 2011. Edición impresa. Página 6.

[37] Redacción. "Desaparece familiar de 'El Gordo' Paredes, acusan a policías". *elPeriódico*. 31 de mayo de 2008. Edición impresa. Página 6.

[38] Caso 24-1365 en la Corte de Apelaciones para el Segundo Distrito en el Estado de Nueva York, Estados Unidos. Véase el documento 15.1 del 14 de agosto de 2024, página 1, y documento 22.1 del 23 de enero de 2025, página 1.

EPÍLOGO

Una gota en el océano

En 2008 fue evidente que un capturado Jorge Mario Paredes era un trofeo para el Departamento de Justicia de Estados Unidos. Cuando el jurado lo encontró culpable el 6 de noviembre de 2009, el jefe de la DEA en Nueva York, John P. Gilbride, dijo que el veredicto probaba que el sistema de justicia de su país podía perseguir judicialmente a los más peligrosos narcotraficantes en el mundo.

"Las organizaciones de narcotráfico, para su propio enriquecimiento, han explotado la frontera entre Estados Unidos y México, mientras que la DEA y sus contrapartes en el extranjero han atacado a estas organizaciones para reducir la oferta y la demanda [de drogas] en Estados Unidos", decía Gilbride en un comunicado de prensa de la DEA.[1]

Pero las cifras lo contradicen. En la frontera sur de Estados Unidos las autoridades detenían 12 kilos de cocaína de cada 100 que los narcos metían al país en esa zona en 2003. O esa era la estimación. Para 2023, con mayores volúmenes de droga traficados, interceptaban sólo nueve kilos de cada 100.[2]

En 2005, dos años después de que la DEA capturó Sammy en Nueva York, 95 000 personas consumieron 16.4 toneladas de cocaína pura en Nueva York, según un estudio del Instituto de Investigación Biomédica y Farmacéutica de Nuremberg, que publicó la revista *Der Spiegel*. La cifra en Nueva York duplicó la de Washington D. C. y cuadruplicó la de San Francisco, California.[3] Esto sucedió

---

[1] Comunicado de la DEA del 6 de noviembre de 2009. Enlace: https://www.dea.gov/sites/default/files/divisions/nyc/2009/nyc110609ap.html.

[2] Isacson. *Op. cit.* Páginas 8 y 9.

[3] M. Becker. "New York Blows Away the Competition". *Der Spiegel*. 22 de noviembre de 2006. Enlace: https://www.spiegel.de/international/international-cocaine-consumption-new-york-blows-away-the-competition-a-450078.html.

después de la *Operación Choque* que detuvo el tráfico semanal de al menos 600 kilos de cocaína de los Arriola[4] de México hacia diferentes ciudades estadounidenses, incluyendo Nueva York.

En 2008, año de la captura de Jorge Mario, las autoridades en Estados Unidos incautaron 46 toneladas menos de cocaína que en 2007, sea porque había menos cocaína en circulación o las autoridades fueron menos efectivas en incautarla. Eso, aunque en Nueva York les pusieron las manos encima a 1 481 kilos, que sólo era 4% de la cocaína que anualmente pasaba por Centroamérica hacia Estados Unidos, según la Sección de Asuntos Narcóticos (NAS) de ese país.

Ese mismo año, un kilo de cocaína de alta pureza costaba 35 000 dólares en Nueva York, un precio que se duplicó desde 2003 (cuando Sammy lo estimó en 17 000 dólares). El precio incluía 9 000 dólares de costos de transporte y 26 000 de ganancia, según Vicente Zambada Niebla, del Cártel de Sinaloa.[5]

En 2011, un año después de que a Jorge Mario lo sentenciaron a 31 años de cárcel, y que Otoniel fue capturado y llevado a Nueva York, el académico mexicano Raúl Benítez Manaut hizo estas declaraciones a *The Washington Post*: "El Chapo [Guzmán con el Cártel de Sinaloa] trafica un kilo de cocaína por la frontera estadounidense prácticamente cada 10 minutos". Era una estimación espeluznante. Sin embargo, palidecía en contraste con un dato de la Casa Blanca, que ese año reportó el ingreso a Estados Unidos de 488 000 kilos de cocaína (ya descontando lo que incautan en la frontera). Eso era, en promedio, un kilo por minuto traficado a través de la frontera.[6]

---

[4] Ravelo. *Op. cit.* Páginas 113-121.

[5] Hernández. *Op. cit.* Página 134.

[6] W. Booth y N. Miroff. "'El Chapo', Wanted Drug Lord, Grows Stronger in Mexico's Sierra Madre". *The Washington Post*. 27 de octubre de 2011. Edición electrónica. Enlace:http://www.washingtonpost.com/world/americas/el-chapo-wanted-drug-lord-grows-stronger-in-mexicos-sierra-madre (ya no disponible). La autora tiene una copia impresa del día de la publicación. Por aparte, el informe de la Casa Blanca señala que de 847 toneladas que salieron en 2011 de Sudamérica, 64% se traficó rumbo a Estados Unidos. Es decir, 542 toneladas. En la frontera sur, la incautación rondó una media de 10% entre 2003 y 2023. Por lo tanto, un total de 488 toneladas sí fueron ingresadas de contrabando al país, para un promedio de 56 kilos por hora. La referencia aparece aquí: Oficina de la Política Nacional del Control

En esto también tenía que ver la corrupción en la frontera México-Estados Unidos, de uno y otro lado. De hecho, Hillary Clinton, como secretaria de Estado en la administración de Barack Obama (2009-2013), denunció que investigaban a 2000 agentes en la frontera sur estadounidense (entre Patrulla Fronteriza y DEA) por vínculos con el crimen organizado, principalmente el narcotráfico. Después de un par de días, la noticia desapareció de los titulares.

Gilbride nada mencionó de la corrupción del lado estadounidense.

Mientras tanto, en Guatemala en 2007 el Ministerio de Gobernación anunció que los narcotraficantes habían estado usando bases militares clausuradas para operar,[7] y en 2008 hubo 1700 agentes expulsados de la PNC por corrupción. No por nada el exagente de la DEA Michael Vigil decía que el narcotráfico no podría existir sin la corrupción. Las capturas y extradiciones, y las expulsiones como las de Jorge Mario y Otoniel, no han reducido el trasiego porque las estructuras corruptas permanecen intactas. Además, la cooperación de grandes capos detenidos lleva, en varios casos, a condenas de cárcel en Estados Unidos que no son proporcionales al papel que tuvieron en el narcotráfico regional. Más bien premian las delaciones y cuántas otras capturas permitieron.

En 2013, cuando Jorge Mario cumplía tres años de estar en la cárcel de máxima seguridad en Terre Haute, Indiana, Otto Herrera salió libre después de seis años de cárcel —en lugar de los 10 a los que originalmente lo sentenciaron—. Salió con libertad condicional, un permiso de trabajo que al menos hasta 2016 era renovado anualmente, y una orden de deportación que era pospuesta por otro año más si su colaboración había sido sustancial. Es decir, si soltaba

---

de Drogas. "Tráfico de cocaína en el 2011". Obama White House Archives, 2011. Página 3. Enlace: https://obamawhitehouse.archives.gov/sites/default/files/ondcp/cocaine_smuggling_in_2011_spanish_reduced.pdf /. También véase Isacson. *Op. cit.* Páginas 8 y 9, para estimación de cocaína incautada en la frontera sur de Estados Unidos entre 2003 y 2023.

[7] A. Ordóñez y A. Sas. "Ruta de narcotráfico opera sobre área de bases militares clausuradas". *elPeriódico*. 2 de febrero de 2007. Edición impresa. Página 4.

información y delataba a otros narcos a requerimiento del Departamento de Justicia. Este era el trato para Herrera, que fue una de las bisagras entre los cárteles de Sinaloa en México y el de Cali en Colombia; le respondía directamente al Mayo Zambada, y manejaba movimiento de dinero, compra de aviones y transporte de cocaína.

En contraste, Jorge Mario Paredes no era un narco de quinta —según autoridades de Estados Unidos—, pero tampoco era Herrera codeándose con el Mayo, ni colaboró con la fiscalía neoyorkina por consejo de su abogada. Por eso todavía está en la cárcel mientras Herrera está libre.

La fiscalía de Nueva York usó toda su artillería legal contra Jorge Mario, en un caso con sentencias que tuvieron un impacto discutible. Si la captura en 2016 del Chapo Guzmán, condenado a cadena perpetua, no ayudó a frenar el narcotráfico, menos lo iba a hacer la de Jorge Mario.

En su libro de 1985, el periodista Charles Nicholl mencionó que los grandes capos eran intocables.[8] Habría que agregar lo que decía Jung. Eran intocables "si sabían jugar con las reglas del sistema". De lo contrario, tenemos a Carlos Lehder, socio de Pablo Escobar, que fue capturado en 1987 y extraditado a Estados Unidos, donde salió de la cárcel en 2020. También está Escobar, que murió acribillado por las autoridades en un tejado en Medellín en 1993. No así tipos como Jon Roberts (traficante estadounidense), detenido en la primera mitad de los años ochenta,[9] que después se jubiló del negocio a una vida bastante cómoda. O Jung, "el gringo de Boston", capturado a mediados de los años noventa, en libertad después de cumplir una tercera parte de su condena original. Lo mismo pueden decir Herrera y Marllory Chacón, la más prolífica lavadora de dinero en Centroamérica (palabras del Departamento del Tesoro de Estados Unidos), libre después de cuatro años de cárcel, la tercera parte de su condena.

---

[8] Nicholl. *Op. cit.* Página 61.

[9] J. Roberts y E. Wright (2011). *American Desperado*. Crown. Páginas 295-501.

Además, los personajes sin rostro del otro lado del negocio, en Estados Unidos, son los grandes ganadores —rara vez (¿nunca?) son capturados—. El abogado mexicano Fernando Glaxiola dijo en 2012 que "si el gobierno de Estados Unidos le atribuye al Cártel de Sinaloa *billions* [millardos] de dólares en ganancias, [en ese país] hubo quien ganó el doble". El abogado le dijo a la periodista Anabel Hernández que "cuando el Mayo [Zambada] hace 100 millones de dólares, alguien en Estados Unidos hace 200 millones de dólares por la misma operación".[10] Esto sucedía 12 años antes de la captura de Zambada en julio de 2024.

Jorge Mario fue capturado y llevado de Honduras a Estados Unidos en mayo de 2008. En ese semestre aterrizaron al menos 30 avionetas con cocaína en Guatemala.[11] Los traficantes introdujeron al país un mínimo de 13000 kilos al tiempo que la policía sólo interceptó 2000. Mientras tanto, Jorge Mario fue llevado a juicio en Nueva York con una evidencia que sólo incluía 265 kilos incautados en Manhattan en 2003, y 347 kilos incautados en Panamá en 2005, además de los testimonios en su contra de los otros acusados.

Su captura y condena se contaron entre los resultados de una de 50 operaciones de escuchas telefónicas que la DEA comenzó en 2002, y Jorge Mario Paredes era sólo una gota en el océano.

---

[10] Hernández. *Op. cit.* Página 133.

[11] D. Huitz. "Aterrizan 30 avionetas con coca en 7 meses". *Siglo Veintiuno*. 10 de julio de 2008. Edición impresa. Páginas 2 y 3.

Penguin Random House Grupo Editorial, S.A.U.
Travessera de Gràcia, 47-49
ECZ, 8021
ES
https://www.penguinlibros.com/es/content/1334-seguridad-de-los-productos
seguridadproductos@penguinrandomhouse.com
+34 93 366 03 00

The authorized representative in the EU for product safety and compliance is

Penguin Random House Grupo Editorial, S.A.U.
Travessera de Gràcia, 47-49
ECZ, 8021
ES
https://www.penguinlibros.com/es/content/1334-seguridad-de-los-productos
seguridadproductos@penguinrandomhouse.com
+34 93 366 03 00

ISBN: 9798890987099
Release ID: 156016905

www.ingramcontent.com/pod-product-compliance
Lightning Source LLC
LaVergne TN
LVHW041148150826
845673LV00001B/101

* 9 7 9 8 8 9 0 9 8 7 0 9 9 *